Colin McGinn

DAS GUTE, DAS BÖSE UND DAS SCHÖNE

Über moderne Ethik

Aus dem Englischen von Joachim Schulte

Klett-Cotta

Klett-Cotta
Die Originalausgabe erschien unter dem Titel »Ethics, Evil, and Fiction« im Verlag Oxford University Press, Oxford

Printed in Germany
Schutzumschlag: Klett-Cotta-Design unter Verwendung eines Fotos von © Bettmann/Corbis/Picture Press
Gesetzt aus der 10,5 Punkt Janson von topset Computersatz, Nürtingen
Auf säure- und holzfreiem Werkdruckpapier gedruckt und gebunden von fgb – freiburger graphische betriebe
ISBN 3-608-91968-6

Die Deutsche Bibliothek – CIP-Einheitsaufnahme
Ein Titeldatensatz für diese Publikation ist bei Der Deutschen Bibliothek erhältlich.

Inhalt

Vorwort 9

KAPITEL 1
Einleitung: Die Reichweite der Moralphilosophie 15

KAPITEL 2
Das Gute 23
Der moralische Psychologismus 23
Der naturalistische Fehlschluß? 26
Relativismus 43
Logischer Vorrang und Bikonditionale 46
Ein verlockender Irrweg 48
Moralische Intentionalität 50
Psychologismus und moralische Fragestellungen 55
Das Wesen des Guten 58
»Gut« und »sollen« 60

KAPITEL 3
Erkenntnis des Guten 63
Ethische und wissenschaftliche Erkenntnis 63
Die Erklärung unserer Überzeugungen 65
Naturwissenschaft und Induktion 67
Ethik und Mathematik 71
Das Wesen der ethischen Erkenntnis 77
Wahrheit und Zwang 85
Moralität und Volkspsychologie 94
Erkenntnistheoretische Sonderbarkeit 97

KAPITEL 4
Der böse Charakter ... 102
Zwei moralpsychologische Typen ... 102
Klärung der Analyse ... 107
Einige Anwendungsfälle ... 114
Die Erklärung des Bösen ... 117
Die Anziehungskraft des Leidens ... 120
Das primitive Böse ... 132
Die Rationalität des Bösen ... 137
Die Herkunft des Bösen und dessen Verhütung ... 141

KAPITEL 5
Die Schönheit der Seele ... 147
Ästhetische Moralität ... 147
Reid über die Ästhetik der Seele ... 150
Die Äußerung der inneren Schönheit ... 153
Brief Encounter ... 164
Nabokovs Formel ... 170
Konsequenzen dieser Theorie ... 177
Tugend und Kunst ... 184

KAPITEL 6
Das Bildnis: Dorian Gray ... 192
Kunst und Sünde ... 192
Bild und Person ... 199
Die Grenzen des Ästhetizismus ... 212
Die Bedeutung von Dorian Gray ... 219

KAPITEL 7
Wer ist Frankensteins Monster? ... 223
Die Bedeutung der Monstrosität ... 223
Das menschliche Monstrum ... 231
Isolation: Angehörige, Freunde und andere ... 238
Wut, Rache, Neid ... 251
»Ich werde in deiner Hochzeitsnacht bei dir sein« ... 254

Tod 257
Fazit 258

KAPITEL 8
Schluß: Geschichten und Moral 262

Anmerkungen 272
Literaturverzeichnis 287
Register 290

Vorwort

Wahrscheinlich lautet die dringlichste Frage in allen Bereichen der Philosophie: Wie soll man verfahren? Welches ist die richtige *Methode*, derer man sich bedienen sollte, um etwas philosophisch Lohnendes herauszubekommen? An diesem Punkt nimmt die philosophische Auseinandersetzung leicht besonders harsche Formen an. Viele verschiedene methodologische Empfehlungen haben in Blüte gestanden: Manchen galt die Introspektion als richtige Methode; andere haben den Methoden der Physik den Vorzug gegeben; manche haben die Mathematik als geeignete Grundlage angesehen; wieder andere haben einen phänomenologischen Ansatz vorgeschlagen, bei dem der »natürliche« Standpunkt außer Kraft gesetzt wird; einige haben gemeint, die Sprachanalyse sei der Schlüssel, während andere die Verdienste der Kognitionswissenschaft geltend gemacht haben. Die meisten größeren Umwälzungen in der Philosophie sind nicht theoretischer, sondern methodologischer Art gewesen – es ging nicht um neue Theorien über die Dinge, sondern um neue Verfahrensweisen. Aus dieser Sachlage ergibt sich gewiß eine tiefreichende metaphilosophische Lehre, die womöglich nicht sonderlich hoffnungsvoll stimmt. Auf jeden Fall gilt für das ganze Fach, daß es überall von methodologischen Sorgen geplagt ist.

Die Moralphilosophie ist da keine Ausnahme. Unser Ziel besteht (um es möglichst unvoreingenommen zu formulieren) darin, Aspekte des Lebens zu erhellen, die Moralbegriffe beinhalten. Zum Teil liegt das Problem hier darin, daß man wissen möchte, welche Begriffe als moralisch gelten sollen; außerdem möchte man erfahren, welche sonstigen Begriffe in Zusammenhang mit den Moralbegriffen ins Spiel gebracht werden müssen. Aber selbst nachdem man in bezug auf diese Probleme eine Entscheidung getroffen hat, stellt sich immer noch die Frage, welche Art von Methode man sich aneignen sollte – also die Frage, wo und wie man nach moralischer Aufklärung Ausschau halten sollte. Naheliegenderweise hat man dazu geneigt, irgendwelche jeweils geltenden methodologischen Voraussetzungen aus anderen Bereichen der Philosophie – wie Metaphysik und Erkenntnistheorie – zu übernehmen. Das ist nicht unbedingt ein vernünftiges Verfahren. Es kann ja sein, daß die Ethik ein nur für diesen Gegenstandsbereich kennzeichnendes Vorgehen verlangt, das den spezifischen Charakter dieses Bereichs widerspiegelt. Bestimmt vermeiden sollte man jede vorgefaßte Methode, durch die möglicherweise fruchtbare Denkwege *ausgeschlossen* werden.

Das vorliegende Buch wurde aus der Überzeugung heraus geschrieben, daß genau dies der Moralphilosophie passiert ist. Vor allem die möglichen Leistungen der schönen Literatur sind systematisch vernachlässigt worden. Denn die Literatur hält sich nicht an eines der methodologischen Vorbilder, die in der Philosophie insgesamt eine maßgebliche Rolle gespielt haben. Dabei werden ethische Themen in der Literatur mit einer Tiefe und Resonanz behandelt, die in der menschlichen Kultur ohnegleichen sind. Die Literatur ist der Ort, an dem das moralische Denken auf dem Papier lebt und atmet. Darum müssen die Moralphilosophen ihr Beachtung schenken. Und wenn sie es tun, ist es wahrscheinlich, daß das Gebiet der Moralphilosophie ein völlig anderes Aussehen und eine völlig andere Gestalt annimmt.

Ich selbst bin durch zwei getrennte, wenn auch miteinander zusammenhängende Umstände auf den Weg zu dieser Sichtweise gelangt. Der erste Umstand war mein eigenes Interesse am Schreiben von Literatur. Nachdem ich zwei Romane (von denen einer 1992 unter dem Titel *The Space Trap* bei Duckworth erschienen ist) und mehrere Kurzgeschichten geschrieben hatte, wurde mir durch das eigene Tun deutlicher, in welcher Weise moralische Überlegungen ins innere Gefüge der Konstruktion literarischer Arbeiten eingreifen. Der Autor muß ständig moralische Fragen behandeln und mit Rücksicht auf sie Stellung beziehen. Der zweite Umstand war der, daß ich mich bereit erklärte, an der Rutgers University eine Art von Lehrveranstaltung zu übernehmen, die sonst bald aus dem Lehrplan gestrichen worden wäre. Diese Lehrveranstaltung trug den Titel »Philosophische Ideen in der Literatur«. Der Dozent konnte die Texte nach Gutdünken wählen und sie in jeder beliebigen Weise erörtern, die philosophisch relevant erschien. Ich entschied mich für einige meiner Lieblingsromane und versuchte, das Seminar dieser Wahl entsprechend zu gestalten, anstatt ein philosophisches Thema herauszugreifen und dann (gute oder schlechte) Bücher ausfindig zu machen, die in dieser oder jener Weise das Thema betrafen. Der erste Roman, der in diesem Seminar behandelt wurde, war Nabokovs *Lolita*, den ich aufgrund seiner hohen literarischen Qualität und wegen der emotionalen Eindringlichkeit seiner Handlung ausgesucht hatte. Das philosophische Thema, das dabei natürlich zum Vorschein kam, war das Thema »Gut und Böse«, und auf diese Weise erhielt das Seminar seine Gestalt. Diese Lehrveranstaltung zu leiten war für mich eine überaus interessante (und schwierige) Erfahrung, denn es gab keine anerkannte Methode, nach der man den Fragestellungen, auf die ich in den ausgewählten Werken stieß, auf den Grund hätte gehen können. Dabei war der moralische Stoff so reichhaltig und dicht, wie man es nur wünschen konnte. Dennoch bestärkte mich die Reaktion der Studenten in der Annahme, daß dies eine fruchtbare Art und Weise war, an moralische Fragen heranzugehen; und die Leistungen der Teilnehmer an diesem Seminar gehören zu den besten, die mir je zu Gesicht gekommen sind.

Im Idealfall geht man bei dieser Art von Moralphilosophie so vor, daß die eingehende Lektüre des literarischen Texts von detaillierten Anmerkungen zu den dargestellten Figuren und Szenen begleitet wird. Ich habe es gern, wenn sich die moralischen Fragestellungen im gleichen Schrittmaß wie die Erzählung selbst entfalten. Das ist bei einem Buch wie dem vorliegenden aber nicht wirklich praktikabel, daher habe ich mir hier einen eher selektiven und weniger textverhafteten Ansatz zu eigen gemacht, wobei allerdings immer noch eine Menge konkreter Einzelheiten zur Sprache kommt. Vieles von dem, was ich zu sagen habe, hat seinen Ursprung jedoch in der eingehenden Lektüre der betreffenden literarischen Texte, wobei die Ergebnisse aus den Einzelheiten der jeweiligen Geschichte hervorgehen. Das beste Verfahren, das von mir Geschriebene zu lesen, bestünde darin, daß man zunächst die literarischen Texte selbst studiert – und zwar vorzugsweise zusammen mit anderen Personen, mit denen man über die Einzelheiten des Geschehens diskutieren kann –, um sich erst anschließend meiner Erörterung zuzuwenden. Mit meinen Ausführungen beabsichtige ich nicht mehr zu geben als zusätzliche Beiträge zur tatsächlichen Lektüre und Bewertung der hier von mir interpretierten Werke.

Die Anfangsteile des Buches halten sich an herkömmlichere Formen und behandeln einige Standardfragen der Metaethik. Hier muß ich zugeben, daß eines meiner Motive bei der Auseinandersetzung mit diesen Themen mein Widerwille gegen alle Arten von Relativismus, Skeptizismus und Subjektivismus in moralischen Fragen ist. Solche Anschauungen habe ich stets nicht nur für intellektuell unbegründet gehalten, sondern auch für moralisch abscheulich. Dabei verfolge ich das zugrundeliegende Ziel, nachzuweisen, daß es möglich und notwendig ist, die moralische Objektivität von jeder religiösen Weltanschauung abzutrennen, so daß man nicht an Gott zu glauben braucht, um das Sittliche sowohl für wichtig als auch für verbindlich zu erachten. Der Verfall der Religion ist kein Grund für die Hinnahme eines Verfalls der Moralität. Vonnöten ist demnach eine Moralphilosophie, die den Nachweis erbringt, daß Sittlichkeit ein nach wie vor ehrbarer Bereich der Wahrheit und Erkenntnis ist, obwohl die göttliche Autorität, die ihm nach traditioneller Auffassung Substanz verlieh, abhanden gekommen ist. Um diesen Nachweis bemühe ich mich im zweiten und dritten Kapitel.

Sowohl in thematischer Hinsicht als auch hinsichtlich des Schwierigkeitsgrades ist das Buch recht uneinheitlich. Da ich nicht nur von professionellen Philosophen gelesen werden möchte, sondern auch von allgemein interessierten Lesern, habe ich die abstrakteren Kapitel mit dem Mindestaufwand an gelehrtem Apparat und in der Hoffnung geschrieben, daß meine Berufskollegen die Dinge *cum grano salis* nehmen und die Schnörkel hinzufügen, derer es bedarf, um vollkommene analytische Strenge zu erreichen. Dennoch kann ich nicht so tun, als wären diese Anfangskapitel – zumindest hier und da – eine leichte Lektüre für philosophisch Ungeschulte. Nichtphilosophen gebe ich den Rat, diese Kapitel durchzulesen, ohne sich zu bemühen, jede Einzelheit des Gesagten zu verstehen. Die allgemeine Tendenz sollte trotzdem erkennbar sein, und die subtileren Punkte sind nicht unerläßlich, um die Grundargumente zu erfassen. Der Schwierigkeitsgrad wird im 4. Kapitel beträchtlich geringer; von hier ab wird es keinen Grund mehr geben, vor grollender Verwirrung die Stirn zu runzeln.

Mit der Thematik dieses Buches ist es mir überaus ernst, und es würde mich freuen, wenn der Leser meine Anliegen teilte. Das hat mich allerdings nicht davon abgehalten, an verschiedenen Stellen einen leichteren Ton anzuschlagen, was den Leser hoffentlich nicht dazu veranlassen wird, mich für schnodderig oder respektlos zu halten. Eines der großartigen Hilfsmittel der seriösen Literatur ist der Humor, zusammen mit seinen Spielkameraden Schalkhaftigkeit und Ironie. Wo mir diese Tendenzen angemessen erschienen, habe ich sie nicht unterdrückt.

Einer ganzen Reihe von Personen schulde ich Dank für Anmerkungen und ermunternde Äußerungen. Malcolm Budd und Thomas Nagel waren so freundlich, einen frühen Entwurf zu lesen und mit nützlichen Kommentaren zu versehen. Die Studenten in meinen Seminaren haben mich angeregt und zugleich unterhalten. Außerdem bin ich den folgenden Personen dankbar für Gespräche mit mir: Noam Chomsky, Robert van Gulick, Anne Hollander, Elizabeth Hollander, Mark Johnston, Peter Kivy, Kathleen Mancini, Robert Matthews, Aaron Meskin, Jonathan Miller, Eileen O'Neil, Jed Perl, Consuelo Preti und Galen Strawson. (Hoffentlich habe ich niemanden vergessen.) Im Zusammenhang mit dem Stoff zum Thema »das Böse« haben zwei (ungenannt bleibende) Personen durch ihr Beispiel mein Denken angeregt. Daß ich ihnen deshalb dankbar wäre, läßt sich nicht behaupten.

In diesem Buch lautet mein Wahlspruch: Sobald es um Moralität geht, stoßen die Dichter zu tieferer Wahrheit vor, als sich die Philosophen träumen lassen.

KAPITEL 1

Einleitung: Die Reichweite der Moralphilosophie

Worüber soll die Moralphilosophie Aussagen machen? Mit welchen Problemen sollte sie sich befassen? Im Hinblick auf diese Frage hat immer schon eine gewisse Unsicherheit geherrscht, wobei das Gebiet der Moralphilosophie je nach den vorherrschenden methodologischen Voraussetzungen und nach Maßgabe der jeweils dominierenden Auffassung vom Fach Philosophie gewachsen oder geschrumpft ist. Im Rahmen der heute praktizierten analytischen Philosophie werden der Ethik im allgemeinen zwei Abteilungen zugeordnet: Metaethik und normative Ethik. Metaethik ist die Untersuchung abstrakter metaphysischer Probleme bezüglich des Wesens ethischer Werte. Sie fragt, ob ethische Urteile objektiv oder subjektiv, absolut oder relativ sind, ob ethische Aussagen wirklich Tatsachen behaupten, ob sich alle moralischen Werte auf die Maximierung des Nutzens zurückführen lassen, ob die Autorität der ethischen Forderungen einer göttlichen Quelle entspringt usw. Dies sind die eher »philosophischen« Fragen, die sich im Bereich der moralischen Werte stellen; und immer wieder besteht eine wesentliche Verbindung zwischen ihnen und anderen Bereichen der Philosophie. Die normative Ethik hingegen soll praktische Fragen beinhalten, bei denen ethische Begriffe wesentlich zum Einsatz kommen. Sie befaßt sich mit Fragen wie der Moralität der Abtreibung oder der Kriegsführung, der Begründbarkeit von Zensur, Euthanasie, Tierrechten, Trunkenheit am Steuer und dergleichen. Bei diesen Fragen geht es darum, welches Handeln unter spezifischen, konkreten Umständen das richtige ist.

In der analytischen Philosophie haben sich Fragen der normativen Ethik erst neuerdings zu den Fragen der Metaethik gesellt. Die einst vernachlässigte praktische Ethik wird nun als ein Gebiet anerkannt, auf dem philosophische Kenntnisse etwas einbringen können, und durch das Hinzukommen dieser Fragen ist der Bereich erweitert worden, den der Moralphilosoph nutzbringend durchwandern kann. Inzwischen ist anerkannt, daß eine bloß auf traditionelle Fragen der Metaethik beschränkte philosophische Ethik zu eng ist – es gäbe eine Reihe ethischer Themen philosophischer Art, die nicht unter die Metaethik fallen. Diese Bereicherung hat dazu beigetragen, den häufig erhobenen Vorwurf abzuwehren, die von Universitätsphilosophen praktizierte Ethik sei ein trockenes und »belangloses« Unterfangen, bei dem Fragen von besonders großer ethischer Wichtigkeit systematisch unter den Tisch fielen. Deutlicher gesprochen, in manchen Kreisen herrschte – und herrscht auch heute noch – das Gefühl, die übliche Moralphilosophie sei langweilig und nicht imstande, auf moralisch wirklich interessante Themen einzugehen. Die normative Ethik verheißt, den üblichen abstrakten Fadheiten ein gewisses Maß an Leben und Substanz einzuflößen.

Dieser abschätzigen Einstellung zur Metaethik stimme ich zwar nicht zu, aber ich bin ebenfalls der Meinung, daß es Raum gibt für die normative Ethik, an der auch Bedarf besteht.[1] Zu Beginn und in der Mitte des 20. Jahrhunderts ist die Moralphilosophie tatsächlich zu eng aufgefaßt worden. Ich glaube aber nicht, daß die Hinzufügung der praktischen Ethik der Enge hinreichend abgeholfen hat. Es gibt immer noch Bereiche von moralischem Interesse, die von der üblichen zweiteiligen Auffassung des Fachs nicht angemessen erfaßt werden. Daher genügt die Moralphilosophie noch immer nicht den Anforderungen, die wir zu Recht an sie stellen dürfen. Es ist auch nicht bloß so, daß es neue Themenbereiche gibt, die ebenfalls berücksichtigt werden müssen; neue Methoden und Stile sind nötig, um die vernachlässigten Fragen mit einzuschließen. Der Moralphilosoph hat das Ziel, den Mannigfaltigkeiten der moralischen Erfahrung – dem gesamten Bereich des ethischen Lebens – gerecht zu werden, und dazu ist es nach meiner Überzeugung erforderlich, daß wir über die üblichen Voraussetzungen und Methoden hinausgehen. Der Bereich des Moralischen umfaßt mehr als nur die Bedeutung ethischer Wörter und Vorschriften, die angeben, wie hier und dort zu handeln wäre.

Eines der Hauptanliegen dieses Buches besteht darin, den moralischen *Charakter* von einem philosophischen Standpunkt zu betrachten. Das ist zwar keineswegs etwas unerhört Neues (Aristoteles[2] hat sich schon vor langer Zeit damit beschäftigt), doch die Art und Weise, in der ich mich mit dem Thema befassen möchte, fällt vielleicht ein wenig aus dem Rahmen. Ich werde mich auf den Charakter bestimmter Romancharaktere konzentrieren (die sprachliche Doppelbedeutung ist hier aufschlußreich), und dabei werde ich unweigerlich in Fragen der Interpretation und der Erläuterung von Texten geraten.[3] Die Literatur bezweckt unter anderem, Charaktere in solcher Weise darzustellen und erkennbar zu machen, daß sie zu moralischer Wertung auffordern: Wir werden dazu gebracht, uns in den durch Gefühle und Handlungen zum Ausdruck kommenden Charakter einer Person zu versetzen, und darauf reagieren wir mit verschiedenen – affektiven wie kognitiven – Werthaltungen. Literaturwissenschaft und Literaturkritik haben unter anderem den Zweck (oder sollten den Zweck haben), die ethische Bedeutung der Handlungen und Erlebnisse literarischer Charaktere deutlich zu machen. Demnach überschneiden sich Fragen der Ethik mit künstlerischen und literarischen Fragen. Sofern Werke der Literatur einen überzeugenden Weg zu Fragen der Charakterethik eröffnen, müssen wir als Philosophen Möglichkeiten entwickeln, über die literarischen Werke selbst zu reden, und es kann durchaus sein, daß diese Möglichkeiten nicht mit denen übereinstimmen, die anderen Arten der Befassung mit Literatur angemessen sind. In diesem Buch werde ich mich besonders eingehend mit zwei literarischen Charakteren beschäftigen: mit der Titelfigur in Oscar Wildes *Das Bildnis des Dorian Gray* und dem »Geschöpf« aus Mary Shelleys *Frankenstein*. Dabei hoffe ich, auf diese Charaktere selbst Licht zu werfen und zugleich die mir fruchtbar erscheinende Art von Untersuchung zu veranschaulichen. Beide Romane werden benutzt, um »Datenmaterial« für die ethische Reflexion zu gewinnen. Dabei werden viele Einzelheiten zur Sprache kommen, doch nach meiner Überzeugung lassen sich dem Schicksal dieser beiden Charaktere auch allgemeine Lehren entnehmen.

Allgemein vertrete ich den Standpunkt, daß das ethische Empfinden des Menschen besonders leistungsfähig ist, wenn es sich mit Einzelpersonen in spezifischen Kontexten beschäftigt; abstrakte Allgemeinheiten sind nicht der natürliche Modus operandi des Moralsinns. Konkrete moralische Einzelheiten werden zum Teil deshalb nicht beachtet, weil die Philosophie in so hohem Maße an Allgemeinheiten gebunden ist. Man hat das Gefühl, die konkreten Umstände seien zu sehr mit Details gesättigt, was jedoch auf eine naive und übermäßig vereinfachte Auffassung von der Beziehung zwischen dem Besonderen und dem Allgemeinen hindeutet. Einer der Gründe, weshalb wir uns von Werken der Literatur angezogen fühlen, besteht gerade darin, daß sie das Besondere und das Allgemeine auf Weisen miteinander verbinden, die uns natürlich und verständlich vorkommen. Das Allgemeine ist in das Besondere eingewoben, wodurch das Besondere Bedeutung und das Allgemeine Substanz erhält. Dieser Punkt wird noch deutlicher werden, sobald ich auf die betreffenden Werke der Literatur eingehe. Dann wird klar, daß es ihren Themen keineswegs an philosophischem Gehalt mangelt.

Außerdem werde ich eine Frage untersuchen, die für die Gesellschaft insgesamt von großem Interesse ist, von den Philosophen heute aber kaum je in Betracht gezogen wird, nämlich die Frage nach dem Wesen des Bösen.[4] Vor allem liegt mir an der Analyse und Erklärung des bösen Charakters: Worin besteht er, was könnte ihm zugrunde liegen, was ließe sich unternehmen, um Abhilfe zu schaffen? Das ist aus vielerlei Gründen eine Frage, bezüglich der wir uns unbedingt Aufklärung oder zumindest einen Begriffsapparat verschaffen müssen, mit dessen Hilfe wir unser Nachdenken über diesen Gegenstand in eine bestimmte Richtung lenken können. Mein Ziel ist es, die Grundzüge einer Moralpsychologie des Bösen zu entwerfen, um so die Struktur des Bösen offenzulegen und dessen geistigen Aufbau zu artikulieren. Diese Fragestellung fügt sich weder so recht in die Metaethik noch in die normative Ethik, wenn man diese Bereiche dem üblichen Verständnis entsprechend auffaßt. Dennoch handelt es sich gewiß um eine Hauptfrage jeder Untersuchung, die den Namen »Ethik« verdient. Außerdem ist es offenbar ein Thema, das für den Romancier von brennendem Interesse ist. Daß dieses Thema in der gängigen Moralphilosophie so gut wie gar nicht behandelt wird, sollte ein warnender Hinweis auf deren Borniertheit sein.

Ein weiteres Motiv, das erörtert werden sollte, aber ebenfalls nicht leicht in das übliche zweiteilige Bild einzubringen ist, betrifft das Verhältnis zwischen Ethik und Ästhetik. Damit meine ich nicht die Frage, ob beide Arten von Begriffen in dieser oder jener Weise – z. B. als etwas Objektives oder etwas Subjektives – aufgefaßt werden sollten, sondern die Frage, wie diese beiden Arten von Begriffen einander durchdringen. In welcher Beziehung stehen das Schöne und das Gute, vor allem insofern sie durch Personen exemplifiziert werden? Diese Frage stellt sich in fesselnder Weise in *Das Bildnis des Dorian Gray*, in dem ein augenscheinlicher Konflikt zwischen diesen beiden Arten von Werten angebahnt wird. Überdies interessiere ich mich für die allgemeinere Frage, ob sich das Ethische irgendwie durch das Ästhetische erklären läßt. An diese Frage gehe ich heran, indem ich die in unserer Allgemeinkultur keineswegs unbekannte und durch eine weit zurückreichende sowie reichhaltige Tradition untermauerte Vorstellung untersuche, Güte des Charakters und Schönheit der Seele ließen sich gleichsetzen. Trotz ihrer ausgezeichneten Herkunft und ihrer großen Volkstümlichkeit handelt es sich dabei um eine Vorstellung, die von der akademischen Moralphilosophie kaum beachtet worden ist.[5] Zumindest sollte es einen gewissen intellektuellen Raum geben, in dessen Rahmen darüber diskutiert werden kann. Wie sich zeigen wird, halte ich diese Vorstellung für einen ziemlich einleuchtenden und aus sich heraus interessanten Gedanken.

Zusätzlich zu diesen ausgefallenen Themen werde ich auch auf einige Fragen eingehen, die in der analytischen Tradition bekannter sind. Diese Fragen könnte man als notwendige Vorstufen der anderen Themen sehen, insofern wir eine Vorstellung vom allgemeinen Status des moralischen Diskurses benötigen, ehe wir uns seiner bedienen können, um jene anderen Fragen anzugehen. Insbesondere müssen wir uns vergewissern, daß sich der Begriff der moralischen *Erkenntnis* auf eine sichere Grundlage stellen läßt – und dazu wird es nötig sein, Klarheit zu gewinnen über das, *was* eigentlich erkannt wird, wenn man zu einem moralischen Urteil gelangt. Kurz, wir müssen nachweisen, daß der moralische Diskurs ein angemessenes Thema für ernsthafte theoretische Bemühungen ist. Daher werde ich bestimmte Positionen kritisieren, denen es angeblich gelingt, die Festigkeit und Objektivität des moralischen Urteils zu untergraben. Unter anderem möchte ich den Weg frei machen für eine unbefangene, nicht kleinlaute Anwendung moralischer Begriffe auf den Bereich meiner späteren Themen, indem ich mich für eine überaus objektivistische oder »kognitivistische« Auffassung der moralischen Wahrheit einsetze. Dazu werde ich die Vorstellung bekämpfen, die ethische Erkenntnis sei der wissenschaftlichen Erkenntnis irgendwie unterlegen, und zwar womöglich in dem Maße, daß sie nicht einmal das Beiwort »Erkenntnis« verdiene. Außerdem wende ich mich gegen die Vorstellung, moralische Eigenschaften ließen sich auf geistige Eigenschaften irgendeiner

Art zurückführen, und setze an deren Stelle eine völlig nichtpsychologistische Auffassung der moralischen Eigenschaften. Das ist der Punkt, an dem das Buch in seinen Belangen besonders metaphysische Formen annimmt und an dem es den akademischen Erörterungen unserer Zeit besonders nahe kommt. Leser, die dafür wenig übrig haben (oder die schon daran gewöhnt sind, sich ohne das Distanzierungsmittel impliziter Anführungszeichen der moralischen Sprache zu bedienen), werden diese Anfangskapitel vielleicht lieber überfliegen, um die eingehendere Lektüre bei den späteren, weniger abstrakten Kapiteln wiederaufzunehmen.[6]

Ein Teil des Buches wird also dem üblichen Geschäft gewidmet sein, während der andere Teil durchaus nicht üblichen Geschäften nachgeht. Dabei hege ich die allgemeinere Hoffnung, den Leser davon zu überzeugen, daß die Ethik auf einen umfassenden Bereich verschiedenartiger Gegenstände eingehen muß, um jene Form von Tiefe und Interesse zu gewinnen, die wir darin suchen. Dementsprechend handelt es sich hier um ein bewußt synoptisches oder eklektisches Buch, in dem Metaphysik, Erkenntnistheorie, Psychologie, Literatur, Film und persönliche Erfahrung miteinander vermischt werden. Hier wie auch sonst oft sollten wir unser Arbeitsgebiet nicht durch die von vorherrschenden Paradigmen angeratenen Methoden und den entsprechenden Stil einschränken lassen. Indem wir auf die Gegenstände reagieren, die unsere Aufmerksamkeit in Anspruch nehmen sollten, müssen wir uns neue Methoden zu eigen machen und neue Stile entwickeln. Zuerst die Ontologie; dann kann man sich die angemessene Methodologie zurechtlegen. Der Begriff der Strenge ist vom Thema abhängig, weshalb es sein kann, daß sich die für *ein* Gebiet geeigneten Maßstäbe nicht auf ein anderes Gebiet übertragen lassen. Freilich, wir sollten wichtige ethische Fragen nicht schon deshalb vernachlässigen, weil die Auseinandersetzung mit ihnen dem auserkorenen Paradigma der Strenge – etwa der Physik, der Logik, der Linguistik oder der historischen Forschung – nicht so recht entspricht. In diesem Buch habe ich mich hauptsächlich von dem leiten lassen, was mir *interessant* vorkam, ohne mich sonderlich darum zu kümmern, wie sich das, was ich zu sagen habe, zur hergebrachten analytischen Ethik verhält (obwohl ich dieses Fachgebiet durchaus nicht uninteressant finde). Ich meine in der Tat, daß die philosophische Ethik spannender sein sollte, als sie es normalerweise ist – denn Fragen nach Gut und Böse gehören zu den fesselndsten Fragen überhaupt. Also werde ich versuchen, das, was mir in ethischer Hinsicht ausschlaggebend vorkommt, in etwas zu verwandeln, was als Gegenstand einer philosophischen Untersuchung dienen kann. Dabei bin ich bestrebt gewesen, einige meiner eigenen ethischen Anliegen in etwas umzuformen, was als Philosophie durchgehen kann.

In der philosophischen Ethik liegt die Gefahr darin, daß wir das, was an philosophischer Genauigkeit hinzukommt, im Hinblick auf das innere Sachinteresse einbüßen – und umgekehrt. Daher stellt sich die Aufgabe, eine Moralphilosophie zu entwikkeln, die sowohl philosophische Substanz aufweist als auch unser wirkliches ethisches Interesse in Anspruch nimmt. Zweifellos wird es zwischen diesen beiden Bereichen menschlichen Interesses stets einen gewissen Abstand geben, aber es sollte möglich sein, sie besser als bisher üblich aufeinander abzustimmen. In dieser Weise könnte es gelingen, daß die Trennung zwischen Philosophie und Leben ein wenig an Schärfe verliert.[7]

KAPITEL 2

Das Gute

Der moralische Psychologismus

Was für eine Eigenschaft ist die Eigenschaft des moralisch Guten? Worin besteht das Gutsein von etwas? Häufig wird angenommen oder behauptet, das Gute lasse sich irgendwie als so etwas wie eine *psychologische* Eigenschaft analysieren. Die bekannteste und einleuchtendste Lesart dieser These besagt: Eine Sache ist gut, wenn bestimmte Einstellungen zu ihr eingenommen werden – die Einstellung der Zustimmung, die Einstellung der Billigung oder die Einstellung der Hochschätzung.[1] Moralische Werte werden demnach für subjektiv erachtet, insofern sie aus den geistigen Zuständen der Subjekte hervorgehen. Das Gute werde letztlich durch unser Bewußtsein des Guten konstituiert. Metaphysisch gesprochen, ist die Moralität demnach etwas dem Geist Innewohnendes. Sie ist, wenn man so will, eine Projektion unserer psychischen Natur.

In diesem Kapitel werde ich Gründe anführen, die gegen diese These des moralischen Psychologismus sprechen. Die Eigenschaft des moralisch Guten ist nach meiner Argumentation eine objektive Eigenschaft, insofern sie sich unabhängig von jeder geistigen Tatsache konstituiert. Ferner geht es mir darum, genau darzulegen, *warum* der moralische Psychologismus falsch ist, und zu zeigen, was sich aus der Falschheit des moralischen Psychologismus ergibt. Leser, die bereits davon überzeugt sind, daß das Gute keine psychologische Eigenschaft ist, finden es dann vielleicht interessant, die Gründe für diese Sachlage aufzuspüren.

Ich habe die Frage aufgeworfen, was für eine Eigenschaft das Gute eigentlich sei – aber es gibt eine ganze Richtung der Moralphilosophie, die der These anhängt, das Gute sei gar keine Art von Eigenschaft, sondern eine Scheineigenschaft.[2] Bei dieser Richtung handelt es sich um die nonkognitivistische Auffassung, wonach moralische Äußerungen keine Tatsachen behaupten, nicht wahr oder falsch genannt werden dürfen und keine wirklichen moralischen Eigenschaften bezeichnen, die den Dingen zukommen oder nicht zukommen können. Vielmehr brächten sie nur die Gefühle und Einstellungen der Sprecher zum Ausdruck. Auf derartige Anschauungen gehe ich hier nicht ausführlich ein. Ihr Motiv ist zumeist der Eindruck, daß der von mir befürwortete objektivistische Standpunkt scheitert. Wenn sich dieser Standpunkt dennoch als plausibel erweisen läßt, besteht also keine Notwendigkeit, die von der nonkognitivistischen These implizierte Art von Revisionismus zu betrachten. Außerdem ist ein großer Teil der Anziehungskraft dieser These vermutlich schon in der subjektivistischen Auffassung moralischer Eigenschaften enthalten, denn beide siedeln den Ursprung der Moralität in den psychischen Zuständen der Subjekte an. Außerdem vermeidet der Nonkognitivismus keineswegs das Problem, angeben zu müssen, was für eine Art Eigenschaft das Gute ist, denn zum Inhalt der Einstellungen, auf die er sich beruft, muß stets auch der Begriff *gut* gehören, sonst beinhalten diese Einstellungen keine wirklich moralische Wertung. Das Gefühl, das ich durch die Äußerung »Das ist gut« zum Ausdruck bringe, wird ein Gefühl der Billigung sein, doch dies ist ein Gefühl, in dessen Inhalt der Begriff des Guten vorkommt – es ist die Empfindung, *daß* etwas gut sei. Wenn wir nun diesen Begriff zu erklären versuchen, indem wir uns auf andere, ebenfalls durch moralische Wörter zum Ausdruck gebrachte Gefühle und Einstellungen berufen, erzeugen wir einen unendlichen Regreß, denn auch diese anderen psychischen Zustände werden den Begriff des Guten in sich enthalten müssen, da sie andernfalls gar keine *moralischen* Einstellungen wären. Das Problem liegt darin, daß das Gute, wenn es ein Scheinbegriff ist, nicht dazu dienen kann, den Inhalt eines psychischen Zustands anzugeben. Aber wenn es das nicht zu leisten vermag, gehen dem Nonkognitivisten die Mittel aus, mit deren Hilfe sich die Moralität kennzeichnen ließe. Durch den Übergang von der assertorischen Redeweise zum Optativ oder Imperativ oder dergleichen kommt man nicht um die Eigenschaft des Guten herum, sondern diese gelangt einfach in den psychischen Zuständen zum Vorschein, welche diesen Äußerungen zugrunde liegen, wenn sie als moralische gemeint sind. Durch einen Wechsel von Überzeugungen zu nichtkognitiven geistigen Zuständen gelingt es also nicht, sich der Eigenschaft des Guten zu entziehen. Vom Blickpunkt einer Erläuterung dessen, was es mit der Eigenschaft des Guten auf sich hat, ist die ganze nonkognitivistische Richtung eine falsche Fährte, denn diese Eigenschaft ist gar nicht aus dem Materialbestand entfernt worden, den sich diese Auffassung zubilligt. Der Nonkognitivismus verhält sich orthogonal zum Meinungsstreit um die Beschaffenheit der Eigenschaft des Guten und kann daher nicht eingesetzt werden, um dieser Frage aus dem Weg zu gehen. Deshalb werde ich im folgenden von der Annahme ausgehen, das Gute sei *irgendeine* Art von Eigenschaft. Das ist nach meinem Dafürhalten der Standpunkt des Common sense. Nehmen wir nun an, einerseits gebe es meinen geistigen Akt des Urteilens, daß etwas gut sei, und andererseits die intentionalen Gegenstände dieses Aktes, also das, worauf ich zusammen mit der davon ausgesagten Eigenschaft des Guten Bezug nehme. Mein Urteil ist genau dann wahr, wenn der Gegenstand diese Eigenschaft besitzt. Die Frage lautet: Welche Bewandtnis hat es eigentlich mit dieser Eigenschaft des Guten, die ich da zuschreibe? Ist es eine Eigenschaft, die irgendwie durch unsere psychischen Reaktionen auf Dinge konstituiert wird?

Die verheißungsvollste Lesart der subjektivistischen These besagt, das Gute sei eine Art von *dispositionaler* Eigenschaft.[3] Um zu erreichen, daß moralische Eigenschaften auf äußere Dinge angewendet werden können und dennoch als etwas psychisch Konstituiertes gelten, werden sie als Dispositionen der *Objekte* zur Hervorbringung von psychischen Reaktionen der *Subjekte* gedeutet. Das einschlägige Vorbild in der Natur sind die Farben: Gegenstände haben die Disposition, Betrachtern in bestimmter Weise zu erscheinen, und eben das macht es aus, daß sie Farben haben. Daß etwas gut ist, heißt demnach, daß es die Disposition hat, bei Personen das Urteil, es sei gut, oder eine Einstellung der Billigung bzw. ein positives Gefühl auszulösen. Es gibt viele Spielarten dieses Grundgedankens, doch was sie vereinigt, ist die These, daß moralische Eigenschaften aufgrund von Beziehungen zu psychologischen Subjekten gegeben sind. Die Eigenschaft, die etwas nach meinem Urteil hat, wenn ich urteile, es sei gut, ist demnach die Eigenschaft, so disponiert zu sein, daß ich und andere zu dem Urteil bewogen werden, es habe diese Eigenschaft. Es handelt sich um eine selbstbezügliche Eigenschaft. Nach dieser Anschauung besteht also eine innere Beziehung zwischen moralischen Eigenschaften und moralischen Reaktionen: Wenn man die Eigenschaften analysiere, stoße man auf psychische Elemente, die in sie eingebettet seien. Das ist eine Anschauung, die den Anspruch erhebt, moralische Eigenschaften seien in der natürlichen Welt der menschlichen Psyche anzusiedeln, und die daher eine von Geheimnissen freie Metaphysik und Erkenntnistheorie der Moral anzubieten behauptet. Der Plausibilität dieser Analyse wollen wir nun auf den Grund gehen.

Der naturalistische Fehlschluß?

Das erste und offenkundigste Problem besteht darin, daß bei dieser Auffassung ein naturalistischer Fehlschluß begangen wird. Es wird versucht, aus den naturgegebenen Fakten der menschlichen

Psyche ein moralisches »Sollen« abzuleiten.[4] Ich möchte die Sache wie folgt formulieren: Wenn ein Sachverhalt *S* gut ist, dann folgt daraus – einfach aufgrund der Bedeutungen dieser Wörter –, daß man für *S* eintreten sollte: »gut« und »sollen« stehen in einer logischen Beziehung zueinander. Das ist zwar offensichtlich, aber dennoch eine überaus bedeutsame semantische Tatsache. Denn »gut« nimmt offenbar weder auf Akteure noch auf Handlungsvorschriften Bezug, aber es *impliziert* trotzdem Formulierungen, die tatsächlich einen solchen Bezug herstellen. Aus der bloßen Aussage, ein Sachverhalt habe die einstellige Eigenschaft des Guten, kann man eine Feststellung über Akteure und die ihnen vorgeschriebenen Handlungen *ableiten*. Und das ist ein Definitionsmerkmal des Begriffs des Guten – es gehört zum Begriffsinhalt. Darum kann keine Analyse dieses Begriffs angemessen sein, die diese Ableitung nicht zuläßt. In Anlehnung an Tarskis bekannte Konvention W kann man hier von der Konvention G sprechen. Die Konvention W besagt, jede geeignete Wahrheitsdefinition müsse die Wahrheit von Bikonditionalen der Form »s ist genau dann wahr, wenn p« stützen (und keine dürfe mit ihr unvereinbar sein), wobei »s« der Name eines Satzes ist und »p« den Inhalt dieses Satzes wiederholt. Das heißt, diese durch Tilgung der Anführungszeichen entstehenden Aussagen gehören zur Bedeutung von »wahr«.[5] Ähnlich besagt die Konvention G, jede angemessene Definition von »gut« müsse Bikonditionalen der folgenden Form gerecht werden: »*S* ist genau dann gut, wenn es der Fall sein sollte (im moralischen Sinn von ›sollen‹), daß die Akteure *H* tun, sofern sie dazu imstande sind«, wobei *S* ein Sachverhalt ist und *H* eine Art von Handlungen, die *S* förderlich sind. In dieses G-Schema lassen sich auch logische Wahrheiten einsetzen. Daher gilt, daß eine Definition von »gut«, bei der sich diese logischen Wahrheiten nicht erzeugen lassen, die Bedeutung von »gut« nicht erfaßt. Ebenso, wie die Wahrheit Tilgung der Anführungszeichen zulassen sollte, so sollte aus dem Guten das Sollen folgen.

Der sogenannte naturalistische Fehlschluß kommt zustande, wenn eine vorgebliche Definition von »gut« Hilfsmittel benutzt, die ihrem Wesen nach außerstande sind, Beispiele hervorzubringen, die unter die Konvention G fallen. Der Einwand gegen die hier betrachtete dispositionale These läuft darauf hinaus, daß die These der genannten Forderung nicht entspricht. Das liegt einfach daran, daß aus der bloßen Tatsache, daß die Menschen zu dem Urteil disponiert sind, *S* sei gut, *nicht* folgt, daß die Handelnden für *S* eintreten sollten. Dazu wäre überdies die Aussage nötig, das Urteil sei wahr, d. h., *S* sei tatsächlich gut. Aber damit bringt man in unanalysierter Form eben den Begriff wieder ins Spiel, den wir zu erklären versuchen. Aus der ursprünglichen Definition folgt bestenfalls, daß die Leute *denken*, wir sollten für *S* eintreten, da es nach ihrem Urteil gut ist. Das ist aber nicht die Konvention G, die ja gar nicht verlangt, das Eintreten für *S* müsse für richtig *gehalten* werden, sondern fordert, das Eintreten für *S* müsse tatsächlich richtig sein. Das Problem liegt offenbar darin, daß man daraus, daß die Menschen zu denken geneigt sind, man solle *S* fördern, nicht ableiten kann, daß man wirklich für *S* eintreten sollte. Das wäre so ähnlich, als wollte man daraus, daß die Menschen etwas für wahr zu halten geneigt sind, den Schluß ziehen, es sei wirklich wahr. Das Analogon wäre eine Wahrheitsdefinition, aus der sich Beispiele ergäben, die dem Schema entspräche: »*s* ist genau dann wahr, wenn die Menschen zu glauben geneigt sind, daß *p*«, wobei »*p*« den Inhalt von »*s*« angibt. Ebenso gehört es einfach nicht zur Bedeutung von »gut«, daß wir Beispiele erhalten, die dem Schema entsprechen: »*S* ist genau dann gut, wenn die Leute glauben, man sollte für *S* eintreten.« Es ist nicht nur so, daß sich die Leute irren können in ihren Vorstellungen über das, was man ausführen sollte. Zu beanstanden ist, daß die Prämisse schlicht nicht vom richtigen logischen Typus ist, der die Konklusion ergeben könnte. Wollte man etwas anderes annehmen, würde man einen unverkennbaren Trugschluß zur Definition erheben. Eine

Analyse der derzeitigen Bedeutung von »gut« könnte daraus nicht hervorgehen, sondern bestenfalls die Festsetzung einer neuen Bedeutung für dieses Wort.

Zu beachten ist, daß dieses Problem im Fall der Farben nicht auftaucht, denn Farbausdrücke sind keine Wertbegriffe, weshalb hier auch gar kein Versuch unternommen wird, Wertungen auf Wertfreies zurückzuführen. Es gibt schließlich keine Konvention F, die angibt, jede angemessene Farbdefinition müsse gewährleisten, daß wir dann, wenn etwas eine bestimmte Farbe hat, für seine Existenz eintreten sollten! Die in dieser Hinsicht bestehende Unähnlichkeit reicht aus, um jede Bemühung, das Gute logisch auf die gleiche Stufe zu stellen wie die Farben, zum Scheitern zu bringen.[6]

Das ist, wie mir scheint, der entscheidende Einwand gegen psychologisch-reduktionistisch verfahrende dispositionale Theorien, aber es ist auch möglich, eine nichtreduktionistische dispositionale Theorie zu vertreten.[7] Man könnte die Ansicht vertreten, daß gut sein auf das gleiche hinausläuft wie in Einklang mit den Vorschriften der moralischen Vernunft moralisch hochgeschätzt werden. Das Gute wäre demnach das, was von der gesunden praktischen Vernunft begünstigt wird. Hier wird die Disposition durch bestimmte normative Maßstäbe eingeschränkt, so daß es den Anschein hat, als verfügten wir über die Art von Analyse, die es *möglich* macht, die erforderlichen Soll-Aussagen herzuleiten, denn wenn die gesunde praktische Vernunft etwas begünstige, dann sollte man sich doch wohl danach richten. Dabei werde kein naturalistischer Fehlschluß begangen, denn dann würden wir normativen Inhalt in die Analyse injiziert haben. Es könnte so aussehen, als wäre im Hinblick auf das Gute eine Form von Psychologismus möglich, die die Sollensimplikationen des Guten bewahrt: Bei der Angabe der Bedingungen dafür, daß etwas gut sei, nehmen wir wesentlich auf die Moralpsychologie Bezug, während wir verlangen, daß die resultierenden Urteile bestimmten normativen Maßstäben entsprechen.

Konstitutiv für das Gute sei nicht die bloße Tatsache, daß etwas nach dem Urteil der Leute als gut gilt, sondern konstitutiv sei, daß sie dabei so verfahren, daß die moralische Rationalität gewahrt bleibt.

Zunächst sollten wir festhalten, wie wenig Ehrgeiz diese Anschauung in analytischer Hinsicht an den Tag legt. Sie macht gar keinen Versuch, moralische Begriffe zu erklären oder zu analysieren, denn sie benutzt sie unverhohlen bei der Kennzeichnung der Disposition. Moralische Normen werden in nicht weiter zurückgeführter Form beibehalten. Aber nun erhebt sich die Frage, welchen Sinn diese Analyse haben soll: Warum sollte man das Gute nicht schlicht in seiner nicht zurückgeführten Form belassen und auf die Deutung mit Hilfe des Dispositionsbegriffs verzichten? Etwas ist genau dann gut, wenn es *gut* ist – nicht genau dann, wenn die moralische Vernunft dafür spricht. Die moralische Vernunft spricht doch gewiß deshalb dafür, weil es gut ist; also haben wir nichts Fundamentaleres ausfindig gemacht, worauf das Gute basieren könnte. Wenn die Normen nicht weiter zurückgeführt werden sollen, warum soll man den Versuch der Reduktion nicht von Anfang an unterlassen?

Hierauf kann man erwidern, zumindest werde die Postulierung von Werten in der Welt – etwa des Guten als einer Eigenschaft von Sachverhalten – vermieden, indem normative Begriffe ausschließlich zur Charakterisierung von Überlegungen verwendet werden. So erhalten wir keine seltsamen, nichtkausalen und zu keiner Erklärung tauglichen Eigenschaften, die irgendwo dort draußen ontologische Verlegenheit bereiten. Wir verfügen lediglich über die moralische Vernunft und die ihr angemessenen Standards. Dem ist jedoch erstens entgegenzuhalten, daß wir der angeblichen ontologischen Seltsamkeit auf diese Weise keineswegs entgehen, denn wir haben es immer noch mit normativen Begriffen zu tun, die auf das Denken angewandt werden, und diese Begriffe leisten hier ebensowenig an kausaler Erklärung wie dann, wenn sie auf Sachverhalte angewandt werden. Wenn ich einen von der Moralität geforderten Gedanken oder Wunsch forme, ist diese Eigenschaft des von der Moralität Gefordertseins immer noch eine naturalistische Eigenschaft des Gedankens oder Wunsches. Hier verhält es sich im Grunde nicht anders als bei dem, was sich ergibt, wenn moralische Eigenschaften letztlich immer geistigen Zuständen zukommen, etwa den Zuständen Lust und Schmerz. Die der Lust zukommende Eigenschaft des Guten ist keine naturalistisch erklärungsfähige Eigenschaft der Lust. Aber die einem Gefühl zukommende Eigenschaft der moralischen Angemessenheit, die einem Wunsch zukommende Eigenschaft des moralischen Gebotenseins oder die einer Überzeugung zukommende Eigenschaft der moralischen Berechtigung leisten das ebensowenig. Wo immer moralische Normen zum Vorschein kommen mögen, sie gehören einfach nicht zur empirischen Welt von Ursache und Wirkung. Die Dispositionstheorie verlagert sie bloß nach innen und hofft, sie würden weniger seltsam wirken, sobald sie sicher im Geist untergebracht sind. Mit logischen Normen verhält es sich genauso. Sie gelten ebenfalls für Gedanken, ohne naturalistische Eigenschaften von Gedanken zu sein. Freilich könnten wir den Versuch machen, diese Normen zum Verschwinden zu bringen, indem wir eine reduktionistisch verfahrende naturalistische Erklärung dieser Normen anbieten. Aber dadurch werden wir bloß zurückgeleitet zu dem anfangs erhobenen Einwand, daß man aus einer solchen Analyse des Guten kein »sollen« ableiten kann. Die Normen müssen wir also auch weiterhin irgendwo festhalten, und der Witz ist, daß sie dann, wenn man sie vom Geist prädiziert, ontologisch nicht harmloser sind als dann, wenn man sie von der Welt prädiziert. Logische Gültigkeit ist ein Merkmal des Denkens, dem jede kausale Erklärungskraft abgeht, und das gleiche gilt für das Merkmal, von der moralischen Vernunft empfohlen zu sein. Es ist nichts weiter als die Eigenschaft, so beschaffen zu sein, daß man das Betreffende denken oder wünschen *sollte* (im moralischen Sinn von »sollen«). Das

»sollen« ist hier nicht naturalistischer als das einfache, nicht weiter zurückgeführte »gut«, wenn es auf Sachverhalte angewandt wird.

Zweitens, warum sollte man sich den Kopf darüber zerbrechen, daß moralische Eigenschaften nichts zur Festlegung des Funktionierens der Welt beitragen? Warum spricht das gegen sie? Wieso ist es ein Grund, ihre Existenz zu bezweifeln? Es stimmt zwar, daß sie einer solchen kausal-empirischen Rolle entbehren, aber gibt das nicht bloß Auskunft darüber, um was für eine *Art* von Eigenschaften es sich handelt, ohne zu besagen, daß es sie gar nicht geben kann? Woher stammt das Dogma, das Reale decke sich mit dem Kausalen? Die Mathematik ist für dieses Kriterium ein offensichtliches, ein notorisches Problem. Man betrachte die Eigenschaft der Erklärungstauglichkeit selbst: Erklärt *diese* Eigenschaft überhaupt irgend etwas? Die Eigenschaft des Quadratischseins erklärt, warum dieser viereckige Pflock nicht in ein rundes Loch paßt – aber was wird durch die Eigenschaft der Erklärungstauglichkeit erklärt? Wenn wir die Erklärungstauglichkeit als einzigen Test für die Berechtigung einer Eigenschaft gelten lassen, ist nicht einmal die Erklärungstauglichkeit eine legitime Eigenschaft – und das läßt diesen Standpunkt nun doch selbstwidersprüchlich wirken. Daneben ist auch der ganze Bereich der wertenden Erkenntniseigenschaften zu nennen: berechtigt sein, triftig gefolgert sein, vernünftig sein usw. Das Gute ist nur eine von vielen Eigenschaften, die bei kausalen Erklärungen keine Rolle spielen. (Im nächsten Kapitel werde ich mehr darüber sagen.)

Auf jeden Fall ist etwas verkehrt daran, zu verlangen, moralische Eigenschaften sollten kausale Erklärungskraft haben. Diese Forderung läuft auf so etwas wie eine Kategorienverwechslung hinaus. Moralische Eigenschaften beinhalten – laut Konvention G – Wertungen, und daher teilen sie uns mit, was wir anstreben sollten. Das wäre sinnlos, wenn sie uns ebenfalls sagten, was wirklich geschehen *wird* oder geschehen *könnte* – wenn sie also prognostische Erklärungskraft besäßen. Nehmen wir an, »*S* ist gut« implizierte »Aufgrund nomologischer Notwendigkeit ist es wahrscheinlich, daß *S* geschieht«. Dann würde das Gute auf natürlichem Wege herbeiführen, was wir bewirken sollen, und zwar unabhängig von unserem eigenen Willen. Aber dann wäre es nicht der wertende und präskriptive Begriff, der es faktisch ist. Es liegt im innersten Wesen des Guten als einem evaluativen und handlungsleitenden Begriff, daß sich *nichts* daraus ergibt im Hinblick darauf, wie sich die Dinge unabhängig von unseren möglichen Handlungen entwickeln werden. Das Wort »gut« wird verwendet, um mögliche Sachverhalte im Hinblick darauf zu bewerten, welche von ihnen man herbeizuführen beschließen sollte. Es wird nicht verwendet, um Dingen eine Eigenschaft zuzuschreiben, durch die sie unabhängig von unseren Entscheidungen geschehen. Es ist nicht so, als erhöbe dieser Begriff irgendwie den Anspruch, diese Art von kausaler Rolle zu spielen, doch die philosophische Reflexion zeigt, daß er sie gar nicht spielen kann. Vielmehr ist es dem Begriff einbeschrieben, daß er *keine* solche Aufgabe hat. Wenn sich *per impossibile* herausstellte, daß er doch eine solche Rolle spielt, müßten wir ein neues Wort erfinden, das die Aufgabe der handlungsleitenden Wertung erfüllt. Der nichtkausale Charakter der Eigenschaft des Guten ist genau das, was von einem wertenden Begriff verlangt wird, denn dieser Begriff richtet sich auf das, was geschehen sollte, und nicht auf das, was geschehen wird. Es wäre völlig ungereimt, wenn das Gute durch seine bloße Exemplifizierung in Sachverhalten Wirkungen in der Welt hervorbringen könnte, die nicht auf dem Weg über unsere Einstellungen und Handlungen eintreten. Das liegt nicht daran, daß sich das Gute schuldhaft müßig verhielte, sondern einfach daran, daß es ist, was es nun einmal ist, nämlich ein Wertungsbegriff. Von dieser Eigenschaft lesen wir ab, was *wir* tun sollen. Dagegen verwenden wir ihn nicht, um Prognosen darüber aufzustellen, was ohnehin geschehen wird. Das ist der große Gegensatz zwischen moralischen Eigenschaften und naturalistischen Eigenschaften. Es gehört mit zum *Wesen* des Guten, daß es nicht die gleiche Erklärungsrolle spielt wie empirische Eigenschaften. (Dies ist eine Hinsicht, in der der Vergleich mit mathematischen Eigenschaften nicht ganz tragfähig ist, denn mathematische Eigenschaften haben dieses normative Wesen nicht. Der *Grund* für ihre kausale Trägheit ist nicht der gleiche wie bei moralischen Eigenschaften, denn mathematische Eigenschaften entbehren gleichsam einfach so der Kausalität, während ethische Eigenschaften aus prinzipiellen Gründen nichts Kausales an sich haben.)

Diese intuitive Einsicht läßt sich argumentativ durch eine Reductio untermauern. Angenommen, das Gute wäre eine naturalistische Disposition mit bestimmten charakteristischen Wirkungen auf den Gang der Natur. Diese Wirkungen werden dann ihrerseits gut, böse oder neutral sein müssen. Betrachten wir nun wiederum diese Wirkungen. Sind sie gut, kommt uns das Gute zuvor beim Tun dessen, was wir tun sollten – denn es tut die guten Dinge von sich aus. Also wäre die »Soll«-Komponente des Guten müßig; gute Wirkungen wären durch die Welt und unsere Handlungen überbestimmt. Hätte das Gute die Kraft, gute Sachverhalte hervorzubringen, würde man sich fragen, welchen Sinn es hätte, aufgrund der Anwendung dieses Begriffs zu beschließen, daß *wir* gute Sachverhalte hervorbringen sollten. »Sollen« impliziert »darf nicht«: Es kann nicht der Fall sein, daß ich einen bestimmten Sachverhalt hervorbringen soll, wenn dieser Sachverhalt ohnehin schon von der Natur hervorgebracht wird. Das Gute könnte nicht die Rolle der Akteure an sich reißen, um auf diese Weise seine eigene Verbreitung voranzutreiben. Wenn es dazu imstande wäre, würde es keine Verpflichtungen nach sich ziehen – was bedeutet, daß es nicht das Gute wäre.

Es nützt nichts, wenn man hier behauptet, das Gute könnte *einige* natürliche Kräfte zur Hervorbringung guter Sachverhalte besitzen und daneben einige (von jenen verschiedene) Sollensforderungen aufweisen, die moralischen Akteuren obliegen, so daß der Begriff auf der Grundlage seiner kausalen Kräfte eingeführt werden könnte, ohne zu seinen Sollensimplikationen in Widerspruch zu geraten. Es nützt deshalb nichts, weil wir dadurch nur einen verwässerten moralischen Begriff erhalten würden, der mit den angegebenen Kausalkräften zusammenfiele; der Begriff hätte dann immer noch einen Aspekt, dem die kausale Basis abginge. Dieser Aspekt müßte sich ebenfalls der Forderung stellen, seine kausale Berechtigung zu beweisen, sonst würde er nicht zu den objektiven Merkmalen der Welt gerechnet. Auf kausaler Grundlage könnten wir nichts weiter retten als einen vermeintlichen Aspekt des Begriffs des Guten ohne Sollensimplikationen. Das wäre aber schon genug, um den Begriff als moralischen Begriff zu disqualifizieren, denn die Sollensimplikationen sind Definitionsmerkmale des Moralischen. »Sollen« impliziert »wird nicht unabhängig vom Willen geschehen«, also werden alle der Hervorbringung guter Wirkungen dienenden Kausalkräfte nicht zur »Soll«-Komponente gehören. Wäre das Gute imstande, von sich aus das Gute zu bewirken, wäre es nicht das Gute, denn es würde uns nicht sagen, was *wir* hervorbringen sollen.

Wären die Wirkungen des Guten dagegen böse, dann könnten gute Dinge böse Wirkungen zeitigen – in diesem Fall sollten wir nicht dafür eintreten. Wäre das Gute eine natürliche Disposition zur Hervorbringung böser Wirkungen, wäre es keine Eigenschaft, deren Ausbreitung wir fördern sollten – in diesem Fall könnte es sich auch nicht um das Gute handeln.

Wäre das Gute neutral, sollten wir den Wirkungen des Guten moralisch gleichgültig gegenüberstehen. Aber wie können wir den Wirkungen einer Sache gleichgültig gegenüberstehen, zu der wir keine gleichgültige Einstellung haben? Sofern es rational ist, den Wirkungen einer Eigenschaft gleichgültig gegenüberzustehen, sollte es auch rational sein, zu dieser Eigenschaft selbst eine gleichgültige Einstellung einzunehmen. Das hieße jedoch, dem Guten gegenüber gleichgültig zu sein – und das wäre absurd.

Da dies die einzigen Alternativen sind, ist es ungereimt anzunehmen, das Gute könne eine natürliche Disposition sein. Es gibt nichts, *wozu* es derart disponieren könnte, daß es als die Eigenschaft dasteht, die es wirklich ist. Betrachten wir, um die Sache ganz deutlich zu machen, eine (un)mögliche Welt, in der das Gute die natürliche Tendenz hat, gerade die Wirkungen zu erzielen, von denen wir in der wirklichen Welt annehmen, daß es uns zu ihrer Hervorbringung anregen sollte – eine Welt, in der das Gute von sich aus genau das leistet, was wir tun sollten. Und warum sollte das keine logisch zu Gebote stehende Welt sein, wenn man von der Annahme ausgeht, das Gute könne *irgendeine* Art von natürlicher Disposition sein? Deshalb, weil die Institution des moralischen Handelns in dieser Welt jeglichen Sinn verliert und die normative Komponente des Begriffs völlig müßig wird. Es gibt einfach nichts, was wir – moralisch gesprochen – in dieser Welt tun sollten, weil das Gute selbst alles für uns erledigt. Das ist jedoch gewiß die Beschreibung einer Welt, in der die betreffende Eigenschaft gar keine moralische Eigenschaft ist, sondern eine andere natürliche Eigenschaft mit erstaunlich wohltätigen Folgen. Es ist eine Welt, in der die Naturgesetze darauf abgestimmt sind, den moralischen Wert unabhängig vom möglichen Willen irgendwelcher Personen zu maximieren. Da es eine Welt ohne Sollen ist, ist es eine Welt ohne moralische Eigenschaften. Die vermeintlich kausalen moralischen Eigenschaften sind gar keine *moralischen* Eigenschaften. Darum gibt es keine begrifflich mögliche Welt der fraglichen Art. Die Annahme, das Gute könne eine natürliche Disposition sein, widerlegt sich daher selbst.

Hier wird sichtbar, daß der nichtkausale Charakter moralischer Eigenschaften in direktem Zusammenhang mit ihrem evaluativen Wesen steht: Jener läßt sich aus diesem *ableiten*. Nun könnte man tatsächlich sagen, daß moralische Eigenschaften *de jure* nichtkausal sind, während bestimmte andere nichtkausale Eigenschaften nur *de facto* so beschaffen sind. Das gilt zum Beispiel für Farbeigenschaften und mathematische Eigenschaften. Denn aus der evaluativen Natur moralischer Eigenschaften ergibt sich so etwas wie ein Beweis dafür, daß sie gar keine Kausalkräfte haben könnten. Daher sollte es uns nicht beunruhigen, daß sie keine Kausalkräfte besitzen, sondern wir sollten dies vielmehr als eine natürliche Konsequenz ihres evaluativen Wesens ansehen. Bei vielen naturalistischen Reduktionen wird angenommen, es werde sich herausstellen, daß das Gute über Kausalkräfte verfügt, da die Eigenschaft, mit der es gleichgesetzt wird, Kausalkräfte besitzt (z. B. das Glück). Aber eben dies ist der Grund, weshalb bei diesen Reduktionen der naturalistische Fehlschluß begangen und der evaluative Inhalt des Begriffs außer acht gelassen wird. Es ist im Grunde eine Bedingung der Angemessenheit jeder Erklärung des Guten, daß diesem *keine* Kausalkräfte zugesprochen werden. Die methodologische Lehre lautet hier: Es ist verfehlt, auf einem Kriterium der objektiven Realität von Eigenschaften zu bestehen, wenn es das Resultat nach sich zieht, daß die fraglichen Eigenschaften im Falle der Erfüllung des Kriteriums nicht einmal mehr die Eigenschaften *sind*, die sie tatsächlich sind. An moralischen Eigenschaften ist nicht deshalb etwas auszusetzen, weil sie eine Probe nicht bestehen, die es ihnen im Falle des Bestehens unmöglich machen würde, als moralische Eigenschaften zu gelten. Da sie *de jure* nichtkausal sind, ist es verfehlt, die Tatsache ihrer kausalen Trägheit zu beklagen. Dies ist ein sicheres Symptom dafür, daß hier sämtliche Typen von Eigenschaften an Maßstäben gemessen werden, die eigentlich nur auf einige von ihnen anwendbar sind. Eben darum ist es eigentlich ganz unangemessen, den Gedanken auch nur ins Auge zu fassen, moralische Eigenschaften könnten auf dem Weg eines Schlusses auf die beste kausale Erklärung eingeführt werden.[8] Schon dadurch wird eine Kategorienverwechslung begangen. Es ist so ähnlich, als verlangte man von Farbeigenschaften, sie sollten die Probe bestehen, nach gar nichts *auszusehen*, oder als stellte man die Forderung, Gestalteigenschaften sollten bei der Bestimmung der Funktionsweise der Welt *keine* Rolle spielen. Der vorgeschlagene Test ist nicht nur voreingenommen, sondern er ist inkohärent, sobald man ihn ausbuchstabiert. Moralische Eigenschaften naturalistischer Art wären tatsächlich etwas »Seltsames«.

Oft wird behauptet, nichtkausale Eigenschaften seien in epistemischer Hinsicht problematisch, denn wir seien nicht in der Lage, angemessen zu erklären, wie es uns gelingt, darüber nachzudenken und etwas darüber in Erfahrung zu bringen. Auf dieses Problem gehe ich im nächsten Kapitel ausführlich ein. Hier möchte ich lediglich darauf hinweisen, daß das angebliche Problem durch die dispositionale Erklärung des Guten keineswegs abgemildert wird. Es könnte allerdings so aussehen, denn wenn ich über das Gute nachdenke und etwas darüber weiß, schlage ich intentional die Richtung auf eine Disposition ein, die eine bestimmte Art von geistigen Zuständen hervorbringen kann, und geistige Zustände sind etwas, was Kausalkräfte besitzt. Bei dieser Überlegung geht aber folgende wichtige Einsicht verloren: Wenn ich über diese geistigen Zustände nachdenke, muß der Begriff des Guten im Inhalt meines Gedankens enthalten sein, denn dieser Begriff kommt in der näheren Kennzeichnung der Disposition vor. Wenn das Gute nichts anderes ist, als dazu disponiert zu sein, als etwas Gutes beurteilt zu werden, so denkt man, wenn man »Dies ist gut« denkt, zugleich auch »Dies ist dazu disponiert, als etwas Gutes beurteilt zu werden«. Aber dann muß ich imstande sein, ein Urteil zu fällen, in dem die Eigenschaft des Guten als Objekt fungiert, und sei es auch als das Objekt des Urteils einer anderen Person. Ausschlaggebend ist, daß die Rätsel der moralischen Intentionalität durch diese Art von Analyse nicht umgangen, sondern nur verschoben werden. Zur Vermeidung des Rätsels, wie es gelingen kann, ein Urteil über das Gute zu fällen, trägt es nichts bei zu sagen, das Gute bestehe darin, daß die Menschen im allgemeinen zu dem Urteil gelangen, etwas sei gut. Danach stellt sich immer noch die Frage, wie *das* funktioniert, und außerdem die Frage, wie man zu dem Urteil gelangt, daß es das *Gute* ist, auf das sich das Urteil der Menschen bezieht. Sobald die moralische Intentionalität vorausgesetzt ist, fällt es schwer zu erkennen, wie man irgendeine andere epistemische Sorge um moralische Eigenschaften ernst nehmen kann. Freilich, wenn wir unerklärte Gedanken über das Gute haben dürfen, muß es uns ebenfalls gestattet sein, unerklärte gerechtfertigte Überzeugungen und Kenntnisse über das Gute zu haben. In der Tat gibt es ein schwaches und harmloses Prinzip, das die Intentionalität mit dem Wissen verbindet, nämlich das folgende: Wenn als Inhalt deines Gedankens eine bestimmte Eigenschaft vorkommen kann, dann kannst du (sofern du keinen radikalen Skeptizismus vertrittst) zumindest grundsätzlich wissen, daß es wirklich ein Beispiel für diese Eigenschaft gibt. Das bedeutet jedoch, daß jede Theorie, von der moralische Intentionalität vorausgesetzt wird, auch moralisches Wissen voraussetzt, weshalb es nicht möglich ist, den dispositionalen Psychologismus mit Hilfe der Vorstellung zu motivieren, moralische Eigenschaften seien in epistemischer Hinsicht problematisch. Es ist deshalb nicht möglich, weil im Inneren der Theorie ein an einen intentionalen Kontext gebundenes »gut« vorkommt. Sofern der nichtkausale Charakter der Eigenschaft des Guten dasjenige ist, wovon angenommen wird, daß es die den Dispositionalismus motivierenden erkenntnistheoretischen Probleme erzeugt, sind wir in keiner merklich besseren Lage, solange diese Eigenschaft als Objekt des Urteils vorkommt.

Kurz, hier steht der Vertreter einer dispositionalen Theorie des Guten vor einem schwierigen Dilemma: Er kann entweder reduktionistisch verfahren und die den Begriff des Guten definierenden Verbindungen zum »Sollen« einbüßen oder er kann eine normative Komponente in der Analyse beibehalten und sich dann der Frage stellen, was durch die dispositionale Theorie gewonnen wird. Im einen wie im anderen Fall hat die Theorie, wie es scheint, die richtigen logischen Prioritäten umgekehrt. Die Beziehung zwischen dem Guten und dem moralischen Urteil besteht lediglich darin, daß das Gute diejenige Eigenschaft ist, auf deren Spur sich das moralische Urteil begibt. Es ist nicht so, als *bestünde* diese Eigenschaft darin, daß geurteilt wird, sie sei wirklich gegeben. Der Begriff des Guten hat Vorrang vor Urteilen über das Gute. Daher besteht keine Aussicht, die Richtung der Abhängigkeiten umzukehren und zu behaupten, das Gute müsse durch moralische Urteile erläutert werden. Man sollte das Gute nicht als dasjenige definieren, worauf sich das moralische Vermögen bezieht, sondern die moralische Vernunft sollte als das Vermögen definiert werden, das Urteile über das Gute erzeugt. Wenn ich etwas als gut beurteile, indem ich meine moralische Vernunft zum Einsatz bringe, fälle ich nicht über meine moralische Vernunft ein Urteil, das dahingeht, sie funktioniere optimal oder dergleichen. Vielmehr schreibe ich eine Eigenschaft zu, deren Identität unabhängig ist von dem Vermögen, dessen ich mich bediene, um sie aufzuspüren. Das Gute ist keine verhüllte Lesart meines Urteils, sondern das *Objekt* meines Urteils. Wenn ich das Wort »gut« verwende, beziehe ich mich nicht auf etwas Psychisches. Eben darum kann ich gleichzeitig den kontrafaktischen Satz äußern: »Selbst wenn die Moralpsychologie der Leute eine ganz andere wäre und zu entgegengesetzten Urteilen führte, wäre dies hier *dennoch* gut.« Im Hinblick auf die Frage, welche Art von Eigenschaft das Gute sei, führt uns die Umgangssprache keineswegs in die Irre.

Aber deutet sich da vielleicht so etwas wie ein Aberglaube an in der Überzeugung, die Welt enthalte nicht nur Naturtatsachen, sondern auch Werte? Ist es vielleicht so, daß wir zwar gezwungen sind, die Werte zu akzeptieren, damit aber zugleich unsere Ontologie um Eigenschaften erweitern, die in ihrem innersten Wesen sonderbar sind? Statten wir das Universum mit ontologischen Seltsamkeiten aus, indem wir ätherische Fäden in sein ansonsten schlichtes und robustes Gewebe flechten? Hier stellt sich die Frage, ob es einen *vortheoretischen* Sinn gibt, in dem moralische Eigenschaften ihrem Wesen nach sonderbar sind. Natürlich können sie im Hinblick auf eine tendenziöse (und fakultative) Menge metaphysischer Überzeugungen absonderlich wirken. Verglichen mit der empiristischen Erkenntnistheorie sind sie tatsächlich etwas Anomales, aber das gilt auch für vieles andere – für die Mathematik, das Modale, die Logik und so fort. Legt man ein kausales Realitätskriterium an, scheiden sie ebenfalls aus, aber das gleiche gilt wieder für viele Dinge, die offenbar hohes Ansehen genießen. Wir benötigen einen Grund für die Annahme, daß moralische Eigenschaften nicht einfach Gegenbeispiele sind gegen solche monolithischen Standpunkte. Gibt es eine Möglichkeit, moralische Eigenschaften in neutralerem Sinne als sonderbar einzustufen? Soweit ich sehe, gibt es keine derartige Möglichkeit. Ich für mein Teil würde behaupten, das *Meinen* sei, vortheoretisch gesehen, sonderbarer als das Gute. Das Meinen kommt einem schon seltsam vor, ehe man sich eine allgemeine metaphysische Einstellung zu eigen macht. Beim Meinen gibt es dieses merkwürdige Hinausreichen und Umfassen; da gibt es die Schwierigkeit einzusehen, wie es möglich ist, daß bloße Laute Bedeutung tragen; und da gibt es ferner die Nähe eindrucksvoller skeptischer Argumente.[9] Nicht umsonst konzentriert sich Wittgenstein auf das Meinen als eine Quelle philosophischen Aberglaubens. Das Gute wirkt im Vergleich damit prosaisch. Auch das Ich ist so, wie wir es vortheoretisch verstehen, schwer in den Griff zu bekommen. Die Willensfreiheit dürfte ebenfalls kaum als langweiliger Begriff gelten. Im Grunde gibt es eine ganze Menge von Dingen, die recht sonderbar wirken, wenn man über sie nachdenkt, und dabei sind sie in höherem Maße als das Gute in ihrem Wesen sonderbar. Das sollte kein Grund sein, sie zu verwerfen. (Darüber werde ich im nächsten Kapitel mehr sagen.) Ich hege den Verdacht, daß das Gute nur deshalb sonderbar erscheint, weil es ist, was es ist, und nicht etwas anderes. Wenn das Modell einer gediegenen Eigenschaft, das einem vorschwebt, keinen wertenden Aspekt aufweist, wird das Gute außergewöhnlich wirken. Das läßt sich dadurch beheben, daß man sich eine pluralistischere Anschauung zu eigen macht, derzufolge Eigenschaften ganz unterschiedlich beschaffen sein können. Manche Autoren haben angenommen, die *Existenz* sei eine seltsame Eigenschaft, und zwar zum Teil deshalb, weil sie anders ist als die normalen, wahrnehmbaren Kausaleigenschaften. Aber die richtige Reaktion darauf lautet, daß die Existenz eben *verschieden* ist von anderen Eigenschaften. Wenn man die Eigenschaften eines Gegenstandes auflistet und die Existenz hinzufügt, nennt man nicht etwas, was ein Empirist getrost gelten lassen kann, sondern etwas, was einem anderen Typus angehört. Das Gute ähnelt der Existenz insofern, als es einer anderen Kategorie angehört als Eigenschaften wie Farbe, Gestalt, Masse und dergleichen. In beiden Fällen besteht angesichts der Einzigartigkeit der jeweiligen Eigenschaft die Tendenz, sie auf etwas Vertrauteres zurückführen zu wollen. Man meint dann etwa, die Existenz sei wahrnehmbar oder im Raum angesiedelt, oder das Gute sei ein Gefühl der Billigung. Aber diese Analysen entstellen den Begriff bis zur Unkenntlichkeit und werden durch unangebrachte Assimilationsbestrebungen angeregt. Das bloß Andersartige wird als etwas Sonderbares gebrandmarkt, sofern es sich nicht der Mehrheit anpassen kann. Im Grunde ist gar nichts Beunruhigendes an der Eigenschaft des Guten, sobald die Vorurteile ausgeräumt sind. Die Behauptung, Freundlichkeit sei gut, verstößt ebensowenig gegen den gesunden Menschenverstand, wie die Behauptung, sie sei etwas Seltenes, und man hat durchaus nicht das Gefühl, es sei eine schützende Erläuterung nötig, damit man diese Feststellung treffen dürfe.

Relativismus

Die dispositionale Analyse gerät auch dadurch in Schwierigkeiten, daß sie das Gute zu eng mit den zufälligen Urteilen der Menschen verknüpft. Dadurch erhält man einen inakzeptablen Relativismus bezüglich des Guten. Angenommen, es gebe eine Krankheit, die bei uns heftige Schmerzen auslöst und zugleich unser Denkvermögen in solcher Weise stört, daß wir urteilen, Schmerzen seien etwas Gutes. (Man könnte sich vorstellen, daß es sich um einen überaus schlauen Virus handelt, der seine Opfer davon abhält, der eigenen Heilung Aufmerksamkeit zu schenken.) Oder wenn es schwerfällt, sich auszumalen, man könne Schmerzen haben und das für etwas Gutes erachten, möge man sich vorstellen, diese Krankheit verursache nur bei Tieren Schmerzen, während sie uns zugleich zu dem Urteil veranlaßt, dieser Schmerz der Tiere sei etwas Gutes. Betrachten wir den Augenblick, in dem die Krankheit ausbricht. Nachdem die Schmerzen eine Weile angehalten haben – was bisher als Übel galt – beginnen wir, diese Schmerzen für etwas Gutes zu halten. Angenommen, wir alle urteilten gleich, und so käme es zu einer bleibenden Disposition, dieses Urteil zu fällen. Sollten wir nun sagen, daß die Schmerzen von jetzt an zu etwas Gutem *werden*? Die Schmerzen als solche ändern sich gar nicht, sondern nur unsere diesbezüglichen Überzeugungen werden umgemodelt. Ist es nicht so, daß unsere Überzeugungen von jetzt an schlicht falsch sind, da Schmerzen nun einmal nichts Gutes sind? Es ist doch nur so, daß wir es hier mit einer merkwürdigen Krankheit zu tun haben, die unsere Fähigkeit zu triftigen Werturteilen aus dem Lot bringt. Geht man davon aus, daß eine solche Krankheit logisch sicher möglich ist, kann es gar nicht sein, daß das Fürguthalten konstitutiv ist für das Gute. Es ist kaum wahrscheinlich, daß durch eine Analyse des Guten die Unmöglichkeit einer derartigen Krankheit erwiesen wird. Nehmen wir ferner an, im folgenden führe die Krankheit dazu, daß die Menschen zu stehlen, zu lügen und zu betrügen anfangen, woraus sich die üblichen schlimmen Wirkungen ergeben, während wir durch die Krankheit zugleich zu dem Urteil veranlaßt werden, all dies sei etwas Gutes. Handelt es sich hier nicht um den Fall einer Krankheit, die eine neue Art von Verrücktheit hervorruft? Es ist doch gewiß nicht der Fall, daß alle diese Dinge zu etwas Gutem *werden*. Um es ganz einfach zu formulieren: Wie können schlimme Dinge allein dadurch, daß die Menschen sie für gut halten, zu etwas Gutem werden? Es gibt doch offensichtlich eine logische Kluft zwischen gut *sein* und für gut *gehalten werden*.

Hier wird der Relativismus, der mit der dispositionalen Analyse einhergeht, sichtbar. Im Grunde wird der moralische Wert dadurch unmittelbar abhängig von dem, was die Menschen für wertvoll halten. Wenn die eine Gruppe etwas für gut und die andere Gruppe es für schlecht erachtet, muß die Theorie behaupten, sie hätten beide recht, denn die betreffende Sache habe beide Dispositionen. Die einzige Möglichkeit, diesen Schluß zu vermeiden, besteht offenbar darin, daß man sich auf einen Begriff des Guten beruft, der von moralischen Reaktionen *unabhängig* ist, so daß man sagen kann, aufgrund dessen, was gut (bzw. schlecht) ist, habe die eine Gruppe recht und die andere unrecht. Das heißt jedoch, daß man die Analyse fallenläßt, denn es heißt, die Einstellungen selbst anhand von Maßstäben zu bewerten, die über sie hinausgehen. Das ist, wie ich weiß, ein unkomplizierter und vertrauter, aber deshalb nicht weniger zwingender Gedanke.

Es gibt einen strukturellen Grund dafür, daß die dispositionale Theorie im Fall des Krankheitsbeispiels die falschen Resultate nach sich zieht und einen inakzeptablen Relativismus aufkommen läßt. Der Grund liegt darin, daß moralische Eigenschaften den natürlichen inneren Eigenschaften der Sachverhalte supervenieren[10], die entsprechenden Urteilsdispositionen dagegen nicht. Schmerzen sind aufgrund der inneren Beschaffenheit der Schmerzen ein Übel, so daß der gleiche Schmerzgrad (bei gleichbleibenden Umständen) den gleichen negativen Wertgrad ergibt. Sind zwei Situationen bezüglich Schmerzgrad und in sonstigen nichtmoralischen Hinsichten genau gleich, dann sind sie auch im Hinblick auf ihren Wert notwendig genau gleich. Aber die Disposition zu *urteilen*, Schmerzen seien etwas Schlimmes, kann nicht allein durch die innere Beschaffenheit der Schmerzen zwingend herbeigeführt werden. Die Akteure werden nicht allesamt notwendig urteilen, die Schmerzen einer bestimmten Person seien etwas Schlimmes, und ihre Werturteile dann je nach der Beschaffenheit der Schmerzen modifizieren. Denn diese Urteile sind etwas den natürlichen Eigenschaften der Schmerzen selbst *Äußerliches*; daher rührt die Kontingenz der Verbindung zwischen ihnen und der inneren Natur der Schmerzen. Wenn ich urteile, deine Schmerzen seien schlimm, erfolgt mein Urteil außerhalb deines Schmerzzusammenhangs, daher bleibt genügend Raum für Modifikationen des Urteils, während die Schmerzen gleich bleiben. Der Wert selbst ist aber nichts derart Äußerliches, denn er superveniert in hohem Maße der Beschaffenheit der Schmerzen; hier ist kein Raum für Modifikationen des Urteils, während die Schmerzen gleich bleiben. Der Wert steht viel stärker in *innerem* Zusammenhang mit den Schmerzen als das Urteil; darum ist der Wert supervenient, das Urteil dagegen nicht. Die dispositionale Theorie hat daher mit dem Problem zu kämpfen, daß sie die innere Abhängigkeit des Moralischen vom Natürlichen bestreiten muß, also den Gedanken, daß man, um den einer Sache zukommenden Wert zu beurteilen, nichts weiter kennen muß als ihre inneren Merkmale. Wir brauchen uns nicht außerhalb der Sache umzuschauen und nachzusehen, welche Reaktionen sie anderswo hervorruft, denn diese Reaktionen gehören nicht zur Supervenienzbasis der moralischen Eigenschaften. Zwei Situationen können einander innerlich auf solche Weise genau gleich sein, daß ihnen der gleiche Wert zukommt, obwohl sie hinsichtlich der äußeren Reaktionen, die sie bei den Menschen hervorrufen, Unterschiede aufweisen. Die dispositionale Theorie ist, was die von ihr bevorzugte Supervenienzbasis angeht, zu sehr nach außen orientiert. Sie kann es nicht zulassen, daß manche Dinge *inneren* Wert haben und daher *lokale* Supervenienzbeziehungen an den Tag legen.[11] Dies ist der Irrtum, der dem durch das Krankheitsbeispiel verdeutlichten Relativismus zugrunde liegt.

Logischer Vorrang und Bikonditionale

Soeben habe ich geltend gemacht, daß die Bikonditionale, die das Gute mit Urteilen über das Gute verbinden, keine notwendigen Wahrheiten sind. Jetzt möchte ich aufzeigen, daß selbst dann, wenn sie notwendige Wahrheiten wären, dieser Umstand nicht ausreichen würde, um die dispositionale Theorie vom Wesen des Guten zu erhärten. Nehmen wir an, nichts könnte für gut erachtet werden, ohne wirklich gut zu sein, und umgekehrt. Das ist offenbar keine hinreichende Bedingung dafür, daß das Gute wirklich dasselbe ist wie die Disposition zu urteilen, etwas sei gut. Das Urteil könnte nämlich eine bloße notwendige *Konsequenz* der moralischen Eigenschaft sein. Es ist möglich, daß zwischen moralischen Eigenschaften und Dispositionen zu Urteilen über das Vorhandensein dieser Eigenschaften eine Beziehung der Kovarianz besteht, ohne daß die Dispositionen deshalb für die Eigenschaften konstitutiv wären. Für Schmerzen gilt, daß sie genau dann vorhanden sind, wenn derjenige, der darunter leidet, sie (in höherem oder geringerem Grad) für vorhanden hält, aber dadurch werden Schmerzen und Urteile über Schmerzen noch nicht zur selben Sache. Es könnte zwar sein, daß die Schmerzen der *Grund* für eine solche Disposition sind und logischen Vorrang vor dieser Disposition haben, aber dennoch registrieren solche Bikonditionale nur ein Faktum hinsichtlich der notwendigen Beziehung zwischen einer Eigenschaft und der Neigung der Menschen, das Vorhandensein dieser Eigenschaft herauszufinden. Die Bikonditionale als solche rechtfertigen keineswegs die weit anspruchsvollere Behauptung, die Eigenschaft sei nichts weiter als die Neigung. Jede Eigenschaft läßt sich so auffassen, daß sie in dieser Weise eine Disposition entstehen läßt, unter bestimmten, angebbaren Bedingungen das Vorhandensein dieser Eigenschaft zu ermitteln, doch das dürfte kaum dazu berechtigen, die entsprechenden Bikonditionale in reduktionistischer Weise zu erläutern. Der Vertreter des moralischen Dispositionalismus muß zeigen, daß seine Bikonditionale mehr sind als bloß ein Spezialfall dieser völlig allgemeinen Wahrheit. Nicht *alle* Eigenschaften sind in dem von ihm gemeinten Sinne subjektiv oder reaktionsbedingt. Solange er keine direkt reduktionistische Auffassung behaupten kann, sind die Bikonditionale nicht ausreichend, um dem Dispositionalisten zu liefern, was er haben möchte.

Die verheißungsvollste Strategie zur Stärkung der Bikonditionale in reduktionistischer Richtung besteht in dem Nachweis, daß die betreffende Eigenschaft *relativ* ist zu den gebotenen psychologischen Bedingungen. So machen wir im Fall der Farben geltend, daß die Farbe eines Gegenstands – im Gegensatz zu seiner Gestalt – je nach den von ihr ausgelösten Wahrnehmungsreaktionen variiert. In einer möglichen Welt, in der eigentlich rote Gegenstände den Betrachtern systematisch grün vorkommen, ist es richtig, diese Gegenstände grün zu nennen.[12] Aber diese Strategie ist genau das, was wir im Fall der moralischen Eigenschaften nicht haben wollen. Also ist diese Möglichkeit, die Bikonditionale vor der Trivialität zu bewahren, nicht gegeben; und es wird auch nicht deutlich, welcher anderen Mittel man sich bedienen könnte, um sie zu untermauern. Wir sollten uns also davor hüten, die Bikonditionale in reduktionistischer Manier zu deuten, wenn sie gar nichts dergleichen behaupten.

Kapitel 2

Ein verlockender Irrweg

Angenommen, wir hegten die keineswegs absurde Überzeugung, alle Werte hafteten im Grunde an irgendwelchen psychischen Zuständen. Ferner sei angenommen, der ausschlaggebende psychische Zustand sei, Gefallen an etwas zu finden. Dann wird etwas genau dann als gut gelten, wenn wir uns darüber freuen. Aber sich über etwas freuen beinhaltet, daß man es hochschätzt, bevorzugt oder billigt. Demnach ist etwas nur dann gut, wenn wir gegenüber diesem Etwas solche Einstellungen annehmen, d. h., wenn es uns dazu disponiert, derartige Einstellungen anzunehmen. Und das klingt sehr nach der dispositionalen These. Wäre es nun nicht möglich, von der Annahme, alle moralisch relevanten Fakten seien psychischer Art, auszugehen und auf diesem Weg zur dispositionalen These vorzustoßen? Nein, eine solche Möglichkeit besteht nicht. Diese Argumentation verwechselt (unter anderem) den Träger des Guten mit der Analyse des Guten. Unterstellt, daß Freude das einzig Gute ist, folgt daraus nicht, daß sich das Gutsein der Freude reduktionistisch auf Freude zurückführen läßt. Man fällt *über* die Freude das Urteil, sie sei etwas Gutes, aber das besagt keineswegs, daß »gut« dasselbe *bedeutet* wie »Freude«. Der entscheidende Schritt führt bei dieser Argumentation von der Freude über etwas zur Bevorzugung oder Wertschätzung dieses Etwas. Das ist jedoch keine bloße Wiederholung der Freudezuschreibung, sondern ein wirklicher logischer Schritt. Es geht hier um zwei Einstellungen, die von der Argumentation fälschlich in einen Topf geworfen werden, nämlich zum einen um die Einstellung, sich über etwas zu freuen, und zum anderen um die Einstellung, die Freude für etwas Gutes zu erachten. Es mag zwar sein, daß Freude über etwas das einzig Gute ist, aber daraus folgt nicht, daß moralische Billigung dasselbe ist wie Freude über etwas. Vielleicht gilt sogar, daß moralische Billigung immer eine Form von Freude ist, aber das heißt nicht, es habe nichts weiter damit auf sich als die Freude, sondern daraus folgt nur, daß man die moralische Billigung selbst für etwas Gutes erklären kann, da sie unter den Begriff der Freude fällt. Aus der Annahme, Dispositionen zur Auslösung von Freude seien das einzig Gute, läßt sich keine Rechtfertigung der dispositionalistischen These ableiten. Selbst wenn die Freude auslösende moralische Billigung der Dinge das einzig Gute wäre, würde daraus nicht folgen, daß das Gute daran in der moralischen Billigung bestünde.

Ein damit zusammenhängender Irrtum besteht in der Annahme, die Supervenienz des Moralischen in bezug auf das Psychische impliziere die Feststellung, die moralischen Eigenschaften selbst seien psychologische Eigenschaften. Angenommen, wir gehen von der Vorstellung aus, Wert superveniere einzig und allein den psychologischen Aspekten der Situationen. Demnach wird das Gute durch psychische Fakten logisch notwendig herbeigeführt; alle sonstigen Fakten seien belanglos. In diesem Fall liegt gewiß eine außerordentlich enge Verbindung zwischen moralischen und geistigen Eigenschaften vor. Nun könnte man die fahrlässige Annahme machen, moralische Eigenschaften müßten irgendwie etwas Geistiges sein. Aber das folgt natürlich gar nicht daraus. Supervenienz beinhaltet keine reduktionistische Zurückführung, sondern sie ist nichts weiter als notwendige Kovariation von Eigenschaften. Supervenienz des Geistigen in bezug auf das Physische impliziert nicht, daß das Geistige dasselbe ist wie das Physische. Es ist also völlig widerspruchsfrei, wenn man eine weitgehende Abhängigkeit des Moralischen vom Psychischen behauptet und dennoch bestreitet, das Gute sei eine irgendwie geistige Eigenschaft. Ja, das in der Konvention G niedergelegte evaluative Wesen des Guten steht einer solchen Reduktion im Wege. Dennoch wäre ich nicht im mindesten überrascht, wenn der von der Supervenienz implizierte enge Zusammenhang mit dem Geistigen die Menschen unterschwellig zum ethischen Psychologismus tendieren ließe, so konfus das auch wäre. Von der vagen und in der Supervenienzthese behaupteten Vorstellung ausgehend, geistige Unterscheidungen seien konstitutiv für moralische Unterscheidungen, geht man zu der These über, an moralischen Eigenschaften sei nicht mehr daran als an ihrer jeweiligen geistigen Basis. Überträgt man diesen Schritt auf das Verhältnis zwischen dem Psychischen und dem Physischen, dann sollte diese Überlegung dazu betragen, uns gegen diesen Trugschluß zu impfen. Der wesentliche Punkt, den man im moralischen Fall bedenken sollte, besteht darin, daß moralische Begriffe werten, während Begriffe für Psychisches das nicht tun. Diese kategoriale Unterscheidung wird durch die Supervenienz des Moralischen in bezug auf das Geistige keineswegs aus der Welt geschafft.

Moralische Intentionalität

Nun wollen wir der Struktur der moralischen Intentionalität auf den Grund gehen und die Frage stellen, wie es ist, wenn man sich über die Eigenschaft des Guten Gedanken macht. Hier gibt es Eigentümlichkeiten, die die Anziehungskraft mentalistischer Auffassungen des Moralischen zwar nicht zu rechtfertigen vermögen, aber doch erklären helfen. Diese Eigentümlichkeiten lassen sich, wie wir sehen werden, mit Hilfe anderer Begriffe aufklären.

Es ist naheliegend anzunehmen, daß es einen besonders engen Zusammenhang zwischen dem Guten und Gedanken über das Gute gibt. Es kann so aussehen, als ginge das Wesen des Guten im geistigen Akt der Erfassung des Guten vollständig auf. Diese Eigenschaft scheint zur Gänze vor dem Geist ausgebreitet zu sein. Die dispositionale Theorie deutet das so, als reflektiere es das Faktum, daß diese Eigenschaft mit Hilfe von Begriffen für die entsprechenden geistigen Akte analysiert werden kann. Es ist jedoch möglich, die Internalität der Beziehung zu akzeptieren, ohne die Eigenschaft und die Einstellung in einen Topf zu werfen, denn man kann hinsichtlich des Inhalts moralischer Urteile einen *externalistischen* Standpunkt vertreten.[13] Das heißt, durch die Eigenschaft selbst werden, obwohl sie keineswegs etwas Psychisches ist, Einstellungen zu ihr individuiert. Die Eigenschaft des Guten tritt als *konstitutiver Bestandteil* moralischer Gedanken auf. Die moralische Intentionalität legt demnach eben jene ontologische Abhängigkeit von ihrem Gegenstand an den Tag, die der Externalismus ganz generell behauptet. Damit wird die vom Dispositionalisten in Anspruch genommene Abhängigkeitsrichtung auf den Kopf gestellt. Es ist nicht so, als wären Gedanken über das Gute konstitutiv für das Gute, sondern die nichtgeistige Eigenschaft des Guten ist (teilweise) konstitutiv für die Gedanken selbst. Das erklärt ansatzweise, warum man mitunter das Gefühl hat, es gebe keine wirkliche Unterscheidung zwischen der moralischen Eigenschaft und dem Urteil, aber auf diese Weise gelingt die Erklärung, ohne die Objektivität der Eigenschaft aufs Spiel zu setzen.

Dadurch wird nun aber eine interessante Frage aufgeworfen: Warum gibt es nicht die gleiche psychologisierende Tendenz auch bei andersartigen Eigenschaften, sofern der Externalismus mit Bezug auf den Inhalt generell recht hat? Warum tendieren die Menschen nicht zu der Annahme, das Wasser sei etwas Subjektives, weil es das Wasser sei, durch das Gedanken über Wasser individuiert werden? Auch im Hinblick auf die Mathematik läßt sich eine ähnliche Frage stellen. Hier gibt es ebenfalls eine psychologisierende Tendenz – aber wie ist es möglich, sie als Ergebnis einer verfehlten Reaktion auf die Wahrheit des Externalismus zu diagnostizieren, wenn der Externalismus in anderen Fällen keine derartige Tendenz aufkommen läßt? Die Antwort lautet, daß es zwischen den verschiedenen Fällen bestimmte relevante Unterschiede gibt. Bei der Moral und bei der Mathematik ist die Struktur des intentionalen Akts verschieden von seiner Struktur im Fall empirischer Eigenschaften. Hier sind drei Arten von Unterschieden festzuhalten:

Erstens, moralische Eigenschaften haben wie gesagt keine kausale Kraft. Den Gang der Ereignisse können sie nur auf eine einzige Weise beeinflussen, nämlich indem sie von einem Subjekt vorgestellt werden, also wenn geurteilt wird, daß sie gegeben sind. Dann können sie manchmal eine überaus große kausale Rolle spielen. Aber dann kann es keine Unterscheidung geben zwischen den Kausalkräften der Eigenschaft selbst und den Kausalkräften der Urteile darüber – es ist nicht möglich, die beiden dadurch auseinanderzuhalten, daß ihnen verschiedene Kausalkräfte zukommen. Dadurch kommt ein Unterschied zustande gegenüber Überzeugungen hinsichtlich natürlicher Arten wie z. B. Wasser, denn Wasser besitzt offensichtlich eine ganz andere Menge von Kausalkräften als die Meinungen über das Wasser (Wasser kann Salz lösen, während Meinungen über das Wasser nicht dazu imstande sind). Überdies leuchtet das schon im Akt des Nachdenkens über Wasser ein, denn über die Kausalkräfte des Wassers wird der Denkende schon einiges wissen, oder zumindest wird er wissen, daß er über ein Ding *der Art* nachdenkt, der unabhängige Kausalkräfte zukommen. Bei Gedanken über das Gute verhält es sich nicht so. Aber wenn man diese Asymmetrie voraussetzt, nimmt es vielleicht nicht wunder, daß wir im einen – aber nicht im anderen – Fall eine starke Verschiedenheit zwischen Eigenschaft und Gedanken spüren. Beim Wasser gründet die Unterscheidung in divergierenden kausalen Profilen, beim Guten dagegen nicht. Im Fall des Guten haftet die einzige Kausalkraft am Gedanken, daher neigen wir unter Voraussetzung einer kausalen Auffassung der Eigenschaften zu der Annahme, es sei nur eine einzige Eigenschaft im Spiel, nämlich die Eigenschaft des Nachdenkens über das Gute. So gelangen wir schließlich zu der Behauptung, Wasser sei objektiv, das Gute hingegen nicht. (Ähnliches gilt dann auch für mathematische Eigenschaften.) Es wäre jedoch verfehlt, wollte man diesen Unterschied als ein triftiges *Argument* für den Subjektivismus auffassen. Vielmehr deutet er bloß auf eine grundlegende Unterscheidung zwischen moralischen und physikalischen Eigenschaften. Ich will darauf hinaus, daß wir unter Berücksichtigung dieses Unterschieds bezüglich der Kausalkräfte erkennen können, wie man fälschlich zu dem Schluß gelangen kann, moralische Eigenschaften existierten gar nicht unabhängig von den Einstellungen zu ihnen. Die richtige Konklusion lautet einfach: Die moralischen Eigenschaften besitzen keine Kausalkräfte, daher können wir ihre Verschiedenheit von Gedanken nicht dadurch begründen, daß wir auf die Art und Weise aufmerksam machen, in der ihre Kausalkräfte von denen der Gedanken abweichen.

Zweitens, die natürlichen Arten legen eine Unterscheidung zwischen Erscheinung und Wirklichkeit an den Tag, die bei moralischen Eigenschaften nicht gegeben ist. Eine natürliche Art wie das Wasser wird den Sinnen in unterschiedlicher Weise dargeboten, und wir erkennen, daß diese verschiedenen Darbietungen allesamt Erscheinungen derselben Eigenschaft sind. Ein und derselbe objektive Typus kennt eine Vielzahl subjektiver Erscheinungen. Aber im Fall des Moralischen funktioniert die Sache nicht so, denn moralische Eigenschaften bieten den Sinnen keine unterschiedlichen Erscheinungen dar. Bei ihnen ist es so, daß wir die Eigenschaft »unmittelbar« – ohne Vermittlung durch Erscheinungen – erfassen. Eine solche Eigenschaft kommt in unseren Urteilen nackt und bloß zum Vorschein, gerade so, wie sie wirklich ist. Locke würde sagen, sie habe ein nominales Wesen.[14] Doch dann wird wiederum verständlich, daß man dies fälschlich als einen Grund deutet, die Objektivität der Eigenschaft in Zweifel zu ziehen, denn man kann ihre Objektivität nicht dadurch erklären, daß man sich auf die Unterscheidung zwischen Erscheinung und Wirklichkeit beruft. Wir können nicht behaupten, sie sei das, was hinter ihren diversen Erscheinungen liegt, sondern sie *ist* eben das, was zur Erscheinung kommt. Ihre Unabhängigkeit vom Geist läßt sich nicht dadurch begründen, daß man auf einen Abstand deutet, der zwischen ihren subjektiven, dem Geist dargebotenen Erscheinungen und ihrem Ansichsein bestünde. Das heißt aber nicht, daß das Gute völlig in den Bereich des Subjektiven abgleitet, sondern es ist die objektive Eigenschaft des Guten, durch die unsere Auffassung des Guten individuiert wird. Diese Eigenschaft ist in der moralischen Intentionalität unmittelbar gegeben. Daher sollte diese Eigentümlichkeit der moralischen Intentionalität nicht als Beleg für die Subjektivität des Guten gedeutet werden.

Drittens, gerade aufgrund dieses unmittelbaren Gegebenseins sind wir im Fall des Moralischen außerstande, uns die Vorstellung von einer Unterscheidung zwischen Inhalt und vermittelndem Vehikel zu machen. In den empirischen Fällen sieht es (wenn auch konfus) so aus, als wäre eine solche Unterscheidung möglich, da wir den Erscheinungsaspekt als Vehikel für die Gedanken über den objektiven Inhalt behandeln können. Die subjektive Erscheinung des Wassers etwa agiert als Vermittlungsinstanz für Gedanken über den objektiven Gegenstand. Dadurch gelangen wir zu der Vorstellung, das Objekt des Gedankens liege jenseits des Subjektiven – es sei das, was von dem Vehikel getragen wird. Moralische Eigenschaften hingegen legen diese Denkweise durchaus nicht nahe, denn bei ihnen ist nichts vorhanden, das als vom Inhalt selbst unabhängiges Vehikel fungieren könnte. Es ist so, als müsse die Eigenschaft ihr eigenes Vehikel sein. Dadurch gewinnt es den Anschein, die Eigenschaft müsse im Geist zu Hause sein. Aber die richtige Aussage lautet hier, daß die so aufgefaßte Unterscheidung zwischen Vehikel und Inhalt im moralischen Fall keinen Ansatzpunkt findet, selbst wenn das in anderen Fällen vorkommt. Die moralische Eigenschaft ist einfach konstitutiv für den Inhalt, und darüber hinaus gibt es kein inneres Merkmal, das dem Urteil zukommt.

Diese Hinweise zeigen, daß zwischen der moralischen Intentionalität und anderen Arten von Intentionalität ein erheblicher Unterschied besteht. Zugleich erklären diese Hinweise, wie es möglich wäre, durch die vorausgesetzte Wahrheit des Externalismus in eine psychologistische Richtung gelockt zu werden. Die Internalität der Beziehung zwischen Gedanken und Gegenstand wird verkehrt herum aufgefaßt, allerdings aus verständlichen Gründen. Wir sollten besser sagen, daß die nichtpsychische Eigenschaft des Guten als konstitutiver Bestandteil moralischer Urteile auftritt, anstatt zu behaupten, die Eigenschaft sei etwas Geistiges, weil sie von solchen Urteilen abhänge.

Psychologismus und moralische Fragestellungen

Wenn moralische Eigenschaften psychologische Eigenschaften wären, würden sie die charakteristischen Merkmale des Geistigen an den Tag legen. Geistige Eigenschaften haben sowohl einen Aspekt der ersten Person als auch einen Aspekt der dritten Person: Sie sind dem Subjekt durch Introspektion zugänglich und sie können anderen aufgrund ihres Verhaltens zugeschrieben werden. Außerdem spielen sie bei der Erklärung des Verhaltens eine – vermutlich kausale – Rolle. Aber wenn ich einer Sache – einer Handlung, einer Person oder einem Sachverhalt – die Eigenschaft des Guten zuschreibe, schreibe ich gewiß keine Eigenschaft mit diesen Merkmalen zu. Die zugeschriebene Eigenschaft ist weder der Introspektion zugänglich noch erklärt sie ein Verhalten. Ich schreibe sie weder dadurch zu, daß ich in mir selbst ihr Vorhandensein introspiziere (vielleicht habe ich gar kein Talent dazu!), noch dadurch, daß ich ihre Notwendigkeit für die Erklärung des Handelns einer anderen Person feststelle. Moralische Eigenschaften gehören einfach nicht zum Bereich des Psychischen. Die Psychologie ist eine empirische Wissenschaft, die sich einer Reihe erklärungskräftiger Eigenschaften bedient und anhand ihres empirischen Erfolgs auf die Probe gestellt wird. Das Gute dagegen ist eine evaluative Eigenschaft, die im Rahmen der psychologischen

Theorie keine Rolle spielt. Wenn ich etwas für gut erachte, schreibe ich dadurch niemandem eine geistige Eigenschaft zu. Eben darum fragen wir nicht nach der introspektions- oder erklärungsbedingten Berechtigung einer solchen Zuschreibung. Solche Fragen wären völlig unangemessen. Über den Wahrheitswert einer moralischen Aussage befinden wir nicht, indem wir psychologische Versuchspersonen untersuchen, um herauszufinden, was in ihnen vor sich geht. Moralische Ermittlungsmethoden sind keine psychologischen Methoden. Das müßten sie jedoch sein, wenn irgendeine Lesart des moralischen Psychologismus richtig wäre.

Dieser Gedanke steht in genauem Analogieverhältnis zu einem klassischen Einwand gegen den logischen Psychologismus. Dieser Einwand besagt: Wenn der Psychologismus zuträfe, wäre eine empirische psychologische Untersuchung die richtige Methode für logische Entdeckungen. Logisches Wissen wird aber gewiß nicht auf diese Weise erworben.[15] Verhielte es sich doch so, wäre die Logik anfällig für Umwälzungen der psychologischen Theorie. Die Gesetze der Logik wären dem empirischen Geschick psychologischer Hypothesen ausgeliefert. Ebenso gilt: Wäre eine moralische Untersuchung abhängig von psychologischen Informationen, müßten wir unsere ethischen Überzeugungen revidieren, wenn die Psychologie zu anderen Ergebnissen käme, als wir angenommen hatten. Wir müßten sogar warten, bis die psychologischen Informationen gesammelt wären, ehe wir ein moralisches Urteil wagen könnten, denn jedes moralische Urteil wäre eine Hypothese der empirischen Psychologie. Demnach müßten wir jetzt sogleich einräumen, es könnte sich herausstellen, daß Mord einwandfrei ist, denn die psychologische Verallgemeinerung, wonach die Menschen den Mord mißbilligen, kann empirisch falsifiziert werden. Das liegt einfach daran, daß das, was die Menschen für richtig *halten*, eine empirische Sache ist, die durch den üblichen Schluß auf die beste Erklärung bestätigt werden muß. Das ist aber nicht die Art und Weise, in der wir die Frage, ob etwas tatsächlich richtig ist, betrachten. Über diese Frage muß man, grob gesprochen, dadurch befinden, daß man ihre Übereinstimmung mit moralischen Grundsätzen feststellt. Die Sache verhält sich genau analog wie im Fall unserer Zustimmung zum Modus ponens. Ob die Leute diesem Prinzip entsprechend denken, ist eine empirische Frage, aber das ist nicht der Grund, warum wir die logische Gültigkeit des Prinzips akzeptieren. Darum läßt es sich auch nicht auf eine Aussage der empirischen Psychologie zurückführen. Weder der Logiker noch der Moralphilosoph geht so vor, daß er empirische Untersuchungen über die kontingenten psychischen Zustände der Menschen anstellt.

Wäre das Gute eine psychische Eigenschaft, würde außerdem der Skeptizismus hinsichtlich geistiger Eigenschaften den Skeptizismus hinsichtlich moralischer Eigenschaften implizieren. Aus dem psychologischen Eliminativismus würde der ethische Eliminativismus folgen, denn wenn es weder Wünsche noch Urteile gibt, fehlen die geistigen Zustände, die als Definitionsmerkmale des Guten gelten. Die dispositionale Theorie muß voraussetzen, daß der psychologische Eliminativismus falsch ist. Diese Voraussetzung ist zwar zweifellos richtig, aber die Moral sollte davon nicht abhängen. Macht man die weniger extreme Annahme, der Skeptizismus hinsichtlich geistiger Inhalte sei zutreffend, so daß es niemandem gelingt, etwas zu meinen oder zu urteilen, gelangt man ebenfalls zu dem Resultat, daß es keine moralischen Wahrheiten geben kann.[16] Wenn keine Überzeugung und kein Wunsch einen bestimmten Inhalt haben kann, dann sind auch die Überzeugungen und Wünsche, die als konstitutiv für das Gute gelten, nicht dazu imstande. Also verschwindet das Gute zusammen mit ihnen. Der Vertreter des semantischen Skeptizismus hat dann nicht nur nachgewiesen, daß eigentlich niemand etwas glaubt oder wünscht, sondern er hat dann zugleich unabsichtlich gezeigt, daß es weder Richtiges noch Falsches gibt. Die einzige Möglichkeit, diesem Resultat zu entgehen, besteht darin, daß man den Wertpsychologismus ablehnt. Wir wollen doch sicher nicht zu dem Schluß kommen, daß Schmerzen kein Übel sind, bloß weil – den Anschauungen einiger Inhaltsskeptiker zufolge – keine Meinung über Schmerz einen Inhalt haben könnte. Die Philosophie des Geistes wirkt sich nicht in dieser Weise auf die Ethik aus, sondern die Ethik ist im Hinblick auf solche Fragen autonom.

Das Wesen des Guten

Wie wir gesehen haben, ist das Gute keine geistige Eigenschaft. Nun erhebt sich die Frage: Was für eine Art von Eigenschaft ist es? Welches sind die Wahrheitsbedingungen moralischer Urteile? Wie sollte »gut« analysiert werden? Das ist jedoch eine gefährliche Fragestellung, sofern sie in einer bestimmten Weise gemeint ist, nämlich so, als würde eine Erläuterung des Guten mit Hilfe *andersartiger Begriffe* verlangt. Solche Fragen werden oft vor dem Hintergrund einer vorausgesetzten Metaphysik gestellt, die nur bestimmte Eigenschaftskategorien gelten läßt; und dann lautet die Frage, zu welcher dieser Kategorien die fraglichen Eigenschaften gehören. So könnte es sein, daß wir nur geistige und physische Eigenschaften anerkennen, worauf sich die Frage stellen würde, zu welcher dieser Gruppen die moralischen Eigenschaften gehören. Gehören sie nicht zu der einen Kategorie, müßten sie der anderen zugerechnet werden. Gegen derartige Bemühungen, die Eigenschaften in ein Prokrustesbett zu zwängen, sollten wir uns wehren. Die richtige Antwort lautet, daß das Gute eine *moralische* Eigenschaft ist – nicht mehr und nicht weniger. Es ist keine andersartige Eigenschaft in fremdem – sei's psychischem, physischem oder sonst einem – Kostüm. Das Gute ist das, was es ist, denn es gehört zu einer eigenen Art von Eigenschaften.

Das heißt aber nicht, daß man gar nichts darüber sagen kann.

Wir haben bereits dargelegt, daß das Gute wertend und nichtkausal ist und natürlichen Eigenschaften superveniert. Außerdem haben wir einige der Verbindungen zwischen diesen Merkmalen erklärt. Aber diese Bemerkungen sind nicht als *Definition des Guten* gedacht. Sie sind kein Versuch, notwendige und hinreichende Bedingungen anzugeben, ohne in einen Zirkel zu geraten. Sie dienen nur der Feststellung einiger wesentlicher Kennzeichen der moralischen Eigenschaften. Nach meinem Dafürhalten läßt sich dieser Begriff in keinem aufschlußreichen Sinn definieren. Er ist begrifflich nicht weiter zurückführbar. Vielleicht rührt die Neigung zum Psychologismus teilweise von dem Drang her, alles zu definieren, koste es, was wolle. In diesem Fall kann man Abhilfe schaffen, indem man anerkennt, daß alle Definitionen an eine Grenze stoßen.

G. E. Moore hat das Gute bekanntlich als einfach, unanalysierbar und nichtnatürlich gekennzeichnet.[17] Dem Geist dieser Kennzeichnung können wir zustimmen, auch wenn wir die Buchstaben ein wenig kritisieren. Das Gute ist nichtnatürlich, sofern damit gemeint ist, daß es weder etwas Geistiges noch etwas Materielles und folglich etwas Nichtkausales ist. Aber es ist, wie oben bereits angedeutet, in keinem pikanteren Sinn nichtnatürlich, etwa in dem Sinn, in dem das für Kobolde und Engel gilt. Die Eigenschaft des Guten gehört dem schlichten gesunden Menschenverstand an; sie ist kein Bestandteil einer spekulativen Parawissenschaft oder einer religiösen Metaphysik. Außerdem ist es richtig, daß sie sich nicht mit Hilfe nichtmoralischer Begriffe analysieren läßt, obwohl es durchaus sein kann, daß sie mit Hilfe anderer Begriffe aus dem Bereich des Moralischen analysiert werden kann, etwa mit Hilfe der Begriffe »sollen« oder »richtig«. Ist das Gute einfach? Nun ja, das hängt davon ab, was mit »einfach« gemeint ist. Wenn es heißt, daß ein bestimmter moralischer Begriff als unanalysierter Basisbegriff gelten muß, besteht kein Grund zu Einwänden. Doch wenn es heißen soll, daß eine sonderbare Begriffsmetaphysik mitgemeint ist, derzufolge ein einfacher Begriff so etwas wie ein einheitliches Sinnesdatum ist, dürften wir den Gedanken mit berechtigtem Argwohn betrachten. (Ist das Gute vielleicht ein besonders strahlender Fleck von reinem Weiß?) Wie so oft in der Philosophie erweist sich die Wahrheit als sehr viel weniger überspannt, als wir anzunehmen geneigt sind. Der Sinn, in dem das Gute einfach, unanalysierbar und nichtnatürlich ist, ist nicht sonderlich aufregend. Er läuft auf kaum mehr hinaus als die Feststellung, daß uns eine eigene Klasse moralischer Begriffe zu Gebote steht.

»Gut« und »sollen«

Nun bleibt noch eine weitere Quelle des moralischen Psychologismus, die als solche identifiziert und unschädlich gemacht werden muß. Dabei wird auf den begrifflichen Zusammenhang zwischen »gut« und »sollen« spekuliert. Es ist, wie wir gesehen haben, konstitutiv für das Gute, daß wir es fördern sollten: Wir sollten das Gute wollen. Demnach besteht ein innerer Zusammenhang zwischen dem Begriff des Guten und bestimmten psychologischen Begriffen, nämlich denen, die mit den psychischen Vorbedingungen des Handelns zu tun haben. Das Gute ist das, was wir *wünschen*, *beabsichtigen* und *lieben*. Indem wir den Begriff des Guten erfassen, werden wir uns klar über seine Beziehung zu unserem Entscheidungsvermögen. Diese Einsicht wird manchmal so aufgefaßt, als spreche sie für den Psychologismus, denn damit wird das Bestehen einer direkten Verbindung zwischen dem Guten und der Motivation behauptet.[18] Wenn man urteilt, etwas sei gut, ist man notwendig dazu motiviert, dafür einzutreten – das wird jedenfalls behauptet. Doch wie ist das möglich, es sei denn, das Gute läßt sich irgendwie auf Wünsche oder irgendwelche anderen motivierenden Bewußtseinszustände zurückführen? Nur Wünsche oder dergleichen können zum Handeln disponieren; das Gute disponiert zum Handeln; also ist das Gute eine Form von motivierendem Zustand (bzw. Äußerungen von »gut« bringen Wünsche oder sonst etwas zum Ausdruck). Um zu erklären, inwiefern die Moralität aufgrund ihres inneren Wesens motivierend wirkt, müssen moralische Äußerungen in irgendeiner Weise Äußerungen über psychische Neigungen sein.

Über diese Art von Argumentation ist schon eine Menge geschrieben worden, aber der Punkt, den ich hervorheben möchte, betrifft die angemessene Interpretation der Verbindung zwischen dem Guten und der Motivation – einerlei, wie die Motivation aufgefaßt wird. Denn diese Verbindung läßt sich in zwei Weisen deuten, die nicht miteinander verwechselt werden dürfen. Die erste ist rein logischer Art und besagt, daß wir das Gute fördern *sollten*, egal, ob es der Fall ist oder nicht, daß jemand tatsächlich dazu neigt. Die zweite ist rein empirischer Art und besagt, daß die Menschen *de facto* dazu geneigt sind, das Gute zu fördern. Dies sind offensichtlich völlig verschiedene Thesen; aus keiner der beiden folgt die jeweils andere. Das bedeutet, daß es kein Argument gibt, das von der Wahrheit der ersten These zu der Konklusion führt, das Gute sei etwas, was die Menschen wünschen. Aus keinem »sollen« läßt sich ein »ist« ableiten. Das Gute ist zwar tatsächlich etwas Wünschens*wertes*, aber es gibt keinen triftigen Argumentationsschritt, der von hier zu der Behauptung führt, das Gute sei das, was *tatsächlich* gewünscht wird. Es liegt offensichtlich kein *Widerspruch* in der Behauptung, das moralisch Wünschenswerte werde allgemein gemieden, denn der Begriff des Wünschenswerten ist lediglich der Begriff dessen, was sein sollte. Das Prinzip, wonach wir das Gute wollen sollten, ist in Wirklichkeit überhaupt keine These der empirischen Psychologie. Wir müssen uns davor hüten, etwas psychologisieren zu wollen, was seinem inneren Wesen nach gar nichts Psychologisches ist.

Mit diesem Fall steht es ähnlich wie mit dem Begriff der logischen Gültigkeit. Wenn q aus p folgt, sollte man von p auf q schließen. Aussagen über logische Folgerichtigkeit implizieren

Aussagen darüber, wie die Menschen denken sollten. Es wäre jedoch ein Trugschluß, wollte man *daraus* folgern, der Begriff der logischen Folgerichtigkeit sei ein in irgendeinem Sinne psychologischer Begriff. Aussagen darüber, wie die Menschen denken *sollten*, sind keine Aussagen darüber, wie die Menschen *tatsächlich* denken. Die Verbindung zwischen Implikation und Denken ist nicht deskriptiv, sondern normativ. Ebenso verhält es sich mit dem Guten und der Motivation. Daß wir unter der Voraussetzung, daß bestimmte Dinge gut sind, in bestimmter Weise motiviert sein sollten, ist keine Prognose über die faktischen Gegebenheiten der menschlichen Psyche, sondern ein normativer Grundsatz. Daher impliziert der unumstrittene Gedanke, daß moralische Eigenschaften in logischem Zusammenhang mit Soll-Aussagen stehen, in keiner Weise, daß moralische Eigenschaften in irgendeiner Hinsicht etwas Psychisches sind. Wenn etwas nach meinem Urteil gut ist, weiß ich in der Tat, daß ich in bestimmter Weise handeln sollte, aber ob ich tatsächlich dazu neige, in dieser Weise zu handeln, steht auf einem anderen Blatt. Und nur die tatsächlich bestehende Neigung liefert dem Psychologismus Munition.

Der logische Psychologismus steht schon seit langem in Ungnade. Aber der Psychologismus in bezug auf moralische Eigenschaften scheint sich hartnäckiger zu halten. Falls aber das in diesem Kapitel Gesagte richtig ist, sollte den moralischen Psychologismus das gleiche Schicksal ereilen wie den logischen Psychologismus, und zwar aus wesentlich den gleichen Gründen. Beide verwechseln das, was in logischer bzw. moralischer Hinsicht der Fall sein sollte, mit dem, was in psychologischer Hinsicht wirklich der Fall ist. In beiden Bereichen werden Gedanken zwar tatsächlich *verwendet*, aber sie werden nicht zitiert. Sobald wir über das Gute nachdenken, denken wir nicht über unsere eigenen Gedanken nach, sondern über etwas wesentlich Nichtpsychisches.

KAPITEL 3

Erkenntnis des Guten

Ethische und wissenschaftliche Erkenntnis

Der Begriff der Erkenntnis ist ein vielgestaltiger Begriff, der eine große Vielfalt von Gegenständen umfaßt. Man denke an die Erkenntnis auf den Gebieten der Geographie, Geschichte, Psychologie, Sprache, Physik, Logik, Mathematik und Ethik. Die Methoden, derer man sich bedient, um diese Arten von Erkenntnis zu erwerben, variieren erheblich, und die Arten von Dingen, über die man so Wissen erwirbt, sind grundverschieden. Die zugrundeliegenden psychischen Fähigkeiten spiegeln diese tiefgreifenden Differenzen sicherlich wider. Unsere Erkenntnisvermögen sind modular strukturiert.

Von philosophischer Seite wird oft der Versuch gemacht, Ordnung in diese Vielfalt zu bringen, indem man die verschiedenen Erkenntnissysteme in unterschiedlicher Weise klassifiziert. So verfügen wir über die traditionelle Großeinteilung in apriorische und aposteriorische Erkenntnis, wir kennen die Unterscheidung zwischen explizitem und implizitem Wissen und daneben gewiß noch andere. Ständig ist man versucht, eine oder mehrere Spielarten der Erkenntnis als paradigmatisches Wissen hinzustellen, so daß die übrigen dem Vorbild nacheifern müssen, um sich das Beiwort »Erkenntnis« zu verdienen. Auf der Grundlage solcher Entscheidungen für bestimmte Paradigmen werden ganze Philosophien errichtet. Eine dieser philosophischen Theorien ist der Empirismus, demzufolge explizites, aus der Erfahrung gewonnenes theoretisches Wissen als bevorzugtes Erkenntnismodell gilt. Von hier aus ist es auch nur noch ein kleiner Schritt bis zu der Überzeugung, daß die *Naturwissenschaft* das Vorbild der Erkenntnis sei. Sofern »Erkenntnis« als Ausdruck der Wertschätzung gilt, ist es nur noch ein weiterer Schritt bis zu der Schlußfolgerung, der größte innere Wert komme der naturwissenschaftlichen Erkenntnis zu – alle sonstigen Spielarten sogenannter Erkenntnis seien der wissenschaftlichen Erkenntnis unterlegen.

Vor derartigen Tendenzen, eine Art von Erkenntnis auszusondern und allen übrigen als Maßstab vorzuordnen, sollten wir jedoch auf der Hut sein. Dergleichen wird leicht willkürlich und tendenziös, ohne auf der Anwendung neutraler Kriterien für den Erkenntniswert zu basieren. Im Fall der ethischen Erkenntnis hat sich diese Tendenz, wie ich geltend machen werde, in einflußreicher und schädlicher Weise ausgewirkt. Von dieser Art von Erkenntnis meint man (sofern das Wort »Erkenntnis« überhaupt zugelassen wird), in bestimmten ausschlaggebenden Hinsichten sei sie anderen Arten unterlegen. Ja, sie wird als dermaßen minderwertig eingestuft, daß sie manchmal sogar überhaupt aus dem Bereich des Kognitiven ausgeschlossen wird. Angeblich mangelt es ihr an Objektivität, an Konsensfähigkeit, an stützenden Belegen, an Gewißheit, an Freiheit von temperament- und erziehungsbedingten Eigenwilligkeiten und sogar an Verständlichkeit. Man meint, bei Prüfungen des Erkenntniserfolgs schneide sie schlecht ab. Sie wird als eine Art von Scheinwissen abgewertet.

Nach meiner Auffassung ist eine derartige Geringschätzung der ethischen Erkenntnis völlig verfehlt und eher das Resultat einer entbehrlichen Ideologie als ein auf den wirklich erzielten Leistungen beruhendes Urteil. Vor allem glaube ich, daß die ethische Erkenntnis in keiner relevanten Hinsicht hinter der naturwissenschaftlichen Erkenntnis zurücksteht – ja, in mancher Hinsicht halte ich sie für überlegen. Die Wissenschaft ist nicht das strahlende Vorbild, dem die Ethik kläglich hinterherhinkt.

Vielmehr ist die Ethik eine eigenständige Art von Erkenntnis mit ihren eigenen konstitutiven Merkmalen, und bei Zugrundelegung unvoreingenommen ausgewählter Bereiche der Erkenntnisbewertung schneidet sie gut ab. Man hat bloße Unterschiede zwischen Ethik und Wissenschaft in einer Weise gedeutet, als sprächen sie gegen die Ethik. Dabei hat man die vielgestaltige Beschaffenheit des Erkenntnisbegriffs nicht angemessen berücksichtigt. In diesem Kapitel werde ich mich dementsprechend mit einer Frage der vergleichenden Erkenntnistheorie befassen und die relativen Erkenntnisvorteile von Wissenschaft und Ethik bewerten. Dabei geht es mir darum, die Ethik von ihrem Erscheinungsbild als einer zweitrangigen und fadenscheinigen Erkenntnis zu befreien.

Die Erklärung unserer Überzeugungen

Zunächst werde ich mir eine einflußreiche Argumentation vornehmen, die zeigen soll, daß wissenschaftliche Überzeugungen ein Merkmal besitzen, das ethischen Überzeugungen abgeht, woraus diesen ein Nachteil erwachse. Diese Argumentation wird mit Gilbert Harman[1] und Bernard Williams[2] in Verbindung gebracht, aber ich werde mich bemühen, sie so darzulegen, daß sie unabhängig ist von den genauen Einzelheiten ihrer jeweiligen Erläuterungen. Die zugrundeliegende Stoßrichtung läßt sich unter Absehung von diesen Einzelheiten herausarbeiten. Der wesentliche Punkt dieser Argumentation läuft darauf hinaus, daß ethische Überzeugungen nicht in der gleichen Weise durch ethische Wahrheit zu erklären sind wie wissenschaftliche Überzeugungen durch wissenschaftliche Wahrheit. Angenommen, ich glaube auf der Basis experimenteller Beobachtungen, ein Elektron sei eben mit einem anderen zusammengestoßen. Und nun vergleiche man diesen Fall mit meiner Überzeugung, daß es eine böse Handlung von Müller war, das Portemonnaie von Schmitz zu stehlen. Dabei geht es um die Vorstellung, daß das Faktum des Zusammenstoßes zur Erklärung der entsprechenden Überzeugung gehört, während das Faktum der Verkehrtheit der Handlung keine Rolle spielt, wenn man die entsprechende Überzeugung erklären will. Physikalische Tatsachen beeinflussen uns und leiten unsere wissenschaftlichen Überzeugungen, während moralische Tatsachen weder auf uns einwirken noch unsere moralischen Überzeugungen steuern. Physikalische Tatsachen und Ereignisse sind *Ursachen* unserer diesbezüglichen Überzeugungen, während moralische Tatsachen und Ereignisse nicht die Wirkung haben (können), Überzeugungen in uns auszulösen, denn sie können gar nichts verursachen. Wenn Menschen in ihren wissenschaftlichen Überzeugungen übereinstimmen, resultiert das daraus, daß dieselben wissenschaftlichen Fakten ihr System der Überzeugungsbildung steuern, so daß die Überzeugungen von einem gemeinsamen kausalen Ursprung in der objektiven physikalischen Welt ausstrahlen. Doch wenn die Menschen in ihren ethischen Überzeugungen übereinstimmen, liegt das nicht daran, daß eine äußere ethische Tatsache in ihr Überzeugungssystem hineinreicht und die entsprechende Überzeugung auslöst. Im ethischen Fall hängt die Übereinstimmung von Gemeinsamkeiten der Erziehung, des Temperaments, der Schulung oder der Kultur ab, aber nicht von der Steuerung durch eine äußere ethische Realität. Physikalische Tatsachen können wir vermittels ihrer kausalen Einwirkung auf unsere Sinnesorgane *sehen*; ethische Tatsachen dagegen können wir nicht vermittels ihrer kausalen Einwirkung auf uns wahrnehmen. Daher beruht die Objektivität der Naturwissenschaft darauf, daß unsere Überzeugungen von ihren Gegenständen geleitet werden. Diese Überzeugungen sind bloß eine Art von Auswirkungen unabhängiger Realitäten, die kausal so funktionieren, daß sie die Entwicklungsweise der Welt bestimmen. Aber – so fährt unsere Argumentation fort – im Fall der ethischen Tatsachen können wir das Bild einer unabhängigen, die Ereignisse in uns oder in der Welt überhaupt bewirkenden Realität nicht zur Anwendung bringen. Moralische Tatsachen sind (sofern es dergleichen überhaupt gibt) in puncto Kausalität und Erklärung träge. Daher sind wir außerstande, den Begriff der moralischen Objektivität auf die Vorstellung von einem kausal steuernden Tatsachenbereich zu basieren. Nicht *aufgrund* des Umstands, daß etwas gut ist, glauben wir, daß es gut ist, wie wir etwa *aufgrund* des Umstands, daß etwas explodiert ist, glauben, daß es explodiert ist. Die Wissenschaft setzt die Empfänglichkeit der Überzeugungen für Tatsachen voraus. Die Ethik jedoch reagiert insofern nicht auf Tatsachen, als ethische Überzeugungen nicht von den Tatsachen *geprägt* werden. Das deutet darauf hin, daß Aussagen über moralische Fakten und die Erkenntnis moralischer Fakten fehl am Platz sind, denn was für einen Sinn hat es, Tatsachen zu unterstellen, die nicht einmal erklären können, warum wir an sie glauben?

Naturwissenschaft und Induktion

Nun können wir unsere Kritik der eben dargelegten Argumentation mit der Feststellung beginnen, daß nicht alle wissenschaftlichen Fakten direkt auf unsere Überzeugungen einwirken. Unsere Überzeugungen sind weitgehend durch *Folgerungen* vermittelt. Erst im Zusammenspiel mit unseren Schlußregeln bringen die Daten Meinungen über Tatsachen hervor, die über die Beobachtung hinausgehen. Die Tatsachen, an die wir glauben, wirken als solche nur selten auf uns ein. Vielmehr sind es Belege und Folgerungen, die den Glauben an derlei Fakten nach sich ziehen. Die einfache Art der Steuerung unserer Überzeugungen durch Tatsachen, wie sie von der Argumentation in der hier dargelegten Form vorausgesetzt wird, gibt es also gar nicht. Wissenschaftliche Überzeugungen unterliegen bekanntlich der Unterbestimmtheit der Theorie seitens der Daten. Betrachten wir unseren Glauben an die Wahrheit der Darwinschen Theorie oder der Quantenmechanik! Es ist nicht so, als steuerte die Wahrheit dieser Theorien unseren Glauben an sie in irgendeiner unkomplizierten Form, sondern das gelingt ihr nur auf überaus vermittelte Weise. Eben deshalb weist die Wissenschaft die Erkenntnismerkmale auf, die ihr tatsächlich zukommen, nämlich eine Kluft zwischen Daten und Hypothesen und das Vertrauen in nichtdeduktive Schlußregeln. Um es mit einem Wort zu sagen, ein großer Teil der Wissenschaft beruht auf Vermutungen. Darum ist es eine echte Frage, ob unsere Überzeugungen von der Wahrheit selbst – im Gegensatz zu den Auskünften unserer Daten und Schlußverfahren – gesteuert werden. Die Wissenschaft ist daher – ebenso wie unsere normalen Meinungen über die empirische Welt – der Skepsis ausgesetzt.

Das ist ein vertrauter Gedanke, ja sogar eine Binsenweisheit, aber auch eine Einsicht, die man in unserem gegenwärtigen Zusammenhang in Rechnung stellen muß. Die Wissenschaft wird leicht spekulativ; im allgemeinen beschränkt sie sich nicht auf das bloße Registrieren objektiver Tatsachen. Dafür gibt es auch einen ganz spezifischen Grund, nämlich das Vertrauen in Induktion und Abduktion als Verfahren, über die Daten hinauszugelangen. Alles Wissen über Gesetze und Theorien beruht auf diesen beiden Schlußweisen. Sie steuern die Überzeugungsbildung im gleichen Maße wie die kausal wirksamen objektiven Tatsachen. Aufgrund ihrer unerläßlichen Rolle bereitet der Skeptizismus hinsichtlich der wissenschaftlichen Erkenntnis wenig Formulierungsschwierigkeiten und große Sorgen. Dergleichen Erkenntnisse lassen sich nur absichern, wenn man nachweisen kann, daß es sich hierbei um Schlußregeln handelt, denen es gelingt, der Wahrheit auf der Spur zu bleiben. Es ist jedoch eine schlichte Tatsache, daß wir keine allgemein akzeptierte Lösung des Induktionsproblems oder des Parallelproblems der Abduktion kennen. (Handelt es sich nicht bloß um so etwas wie ein *Raten*?) Diese Prinzipien sind für die Wissenschaft wesentlich, wenn sie ein gewisses Maß über die einfache Beobachtung hinausgehen will, doch ihr Erkenntnisrang steht nach wie vor in Frage. Es gibt sogar Theoretiker, denen dieser Gedanke solche Kopfschmerzen bereitet, daß sie sich hinsichtlich der Wissenschaft eine Art von Nonkognitivismus zu eigen machen: Theoretische Aussagen seien nicht eigentlich wahr oder falsch, sondern lediglich nützliche Werkzeuge für die Prognose von Beobachtungen.[3] Es ist nicht so, als stimmte ich mit dieser Extremreaktion auf die erkenntnistheoretischen Mühen der Wissenschaft überein. Mir geht es lediglich darum, daß ein solcher Standpunkt keineswegs irrational oder unbegründet ist. Dies sind wirklich inhaltliche erkenntnistheoretische Probleme, denen sich die wissenschaftlichen Überzeugungen stellen müssen. Woher *wissen* wir eigentlich, daß wir auf der Fährte der objektiven Wahrheit sind, sofern wir uns auf nichts weiter stützen können als auf begrenzte Daten und Schlußregeln, die eher wie Glaubensartikel denn wie untermauerte Gewißheiten aussehen? Das große Prestige der Wissenschaft sollte uns nicht blind machen für die überaus realen erkenntnistheoretischen Sorgen, die sie bereitet – Sorgen, die den Wissenschaftsphilosophen der ersten Stunde ganz deutlich vor Augen standen. Es mag sein, daß diese Sorgen den praktizierenden Wissenschaftler überhaupt nicht beunruhigen, aber die philosophische Reflexion über die Wissenschaft kann gar nicht umhin, diese Probleme aufzuwerfen. Wir brauchen aber auch nicht die radikale Wissenschaftskritik einiger neuerer Theoretiker zu übernehmen, um einzusehen, daß die Wissenschaft in erkenntnistheoretischer Hinsicht nicht unanfechtbar ist.[4]

Aber jetzt können wir einen entscheidenden Unterschied zwischen ethischen und wissenschaftlichen Überzeugungen festhalten: Die ethische Erkenntnis stützt sich nicht auf Induktion oder Abduktion. Darum ist sie auch nicht den durch diese Prinzipien ausgelösten Sorgen ausgeliefert. Wir halten es für ein Gesetz, daß Körper, die zur Erde fallen, gleichbleibend beschleunigen, und wir glauben es aufgrund von Induktion anhand früherer Belegfälle. Dagegen glauben wir nicht deshalb an das »Gesetz«, Stehlen sei etwas Böses, weil wir frühere Belegfälle betrachten und von ihnen ausgehend in die Zukunft projizieren. Denn im ethischen Fall *brauchen* wir uns nicht auf eine solche Induktion zu verlassen. Daß Stehlen etwas Böses ist, wissen wir schon dadurch, daß wir wissen, was Stehlen ist. Hier haben wir es, wie Bertrand Russell einmal deutlich gemacht hat, mit der nichtinduktiven Erkenntnis einer Allaussage zu tun, und zwar in Analogie zu unserer Erkenntnis der allgemeinen Wahrheiten der Arithmetik, die ebenfalls nicht auf von positiven Einzelfällen ausgehender Induktion basieren.[5] Um zu wissen, daß zwei plus zwei gleich vier ist, brauchen wir nicht mehrere Einzelfälle zu betrachten, in denen zwei Dinge plus zwei Dinge vier Dinge ergeben, und ebensowenig müssen wir eine Reihe von Einzelfällen des Stehlens untersuchen, um die Verallgemeinerung zu bestätigen, daß Stehlen immer etwas Böses ist. Während es sich also herausstellen kann, daß der nächste beobachtete Schwan schwarz ist, kann es sich *nicht* erweisen, daß die nächsten addierten Zweierpaare fünf ergeben oder daß der nächste Diebstahl eine moralisch vortreffliche Handlung ist. Hier haben wir es mit notwendigen und unabhängig von induktiven Schlüssen erkannten Wahrheiten zu tun. Und wenn die Induktion in erkenntnistheoretischer Hinsicht auch problematisch ist, bleibt die ethische Erkenntnis von diesem Problem unbehelligt.

Dies ist ein Punkt, der vermutlich weithin Anerkennung finden würde, aber seine Bedeutung wird unterschätzt. Darum entspricht der wohlbegründeten philosophischen Skepsis, die sich auf wissenschaftliche Überzeugungen bezieht, bei ethischen Überzeugungen einfach kein Gegenstück. Wir *hoffen*, daß unsere wissenschaftlichen Überzeugungen die Fakten widerspiegeln, aber diese Hoffnung beruht auf der Möglichkeit, Induktion und Abduktion zu rechtfertigen. Im Fall der Ethik jedoch brauchen wir uns von dieser Ursache möglicher Irrtümer nicht beirren zu lassen. In dieser Hinsicht ist die ethische Erkenntnis demnach der wissenschaftlichen Erkenntnis überlegen.

Ethik und Mathematik

Der eben gegebene Hinweis besagt, daß moralische Erkenntnis im Gegensatz zum naturwissenschaftlichen Wissen nicht auf einem Schluß auf die beste Erklärung beruht, was sich dann jedoch als Vorteil für die moralische Erkenntnis erweist. Das widerlegt allerdings nicht die Feststellung, daß ethische Fakten grundsätzlich außerstande sind, unseren Glauben an sie kausal zu erklären. Ist das aber ein triftiger Einwand gegen die Vorstellung von ethischer Erkenntnis? Die Asymmetrie sollte man, wie ich meine, zugestehen, obwohl hier angesichts des kausalen Chaos im Umfeld der Quantenmechanik Raum für Meinungsverschiedenheiten bleibt (die Welt verhält sich ja vielleicht gar nicht so manierlich, wie wir anzunehmen geneigt sind). Aber spricht es wirklich gegen die Ethik, daß ihr Gegenstandsbereich kausal wirkungslos ist? Zeigt es, daß ethische Erkenntnis unmöglich ist? Eigentlich nur, wenn das gleiche auch für Logik und Mathematik gilt, denn auch diese Gebiete haben keine kausale Verantwortung für unser Wissen von ihnen.[6] Doch wenn diese Argumentation nichts weiter beweist, als daß die Ethik in erkenntnistheoretischer Hinsicht auf der gleichen Stufe steht wie Logik und Mathematik, dürfte sich das kaum als Nachteil für die Ethik erweisen, denn diese Wissensgebiete genießen, um es zurückhaltend auszudrücken, einen guten Ruf. Wir sind damit nur zu der Einsicht gelangt, daß die Ethik in eine andere erkenntnistheoretische Kategorie gehört als das Wissen von der empirischen Welt – und das sollte uns wirklich nicht überraschen.

John Locke äußert sich explizit über die Ähnlichkeit zwischen Ethik und Mathematik und weist dieser Einsicht im Rahmen seiner allgemeinen Erkenntnistheorie einen Ort zu. Er schreibt:

»Aus diesem Grunde bin ich denn auch kühn genug zu glauben, daß sich die Moral ebenso beweisen lasse wie die Mathematik, weil wir die reale Wesenheit der Dinge, für die die moralischen Begriffe stehen, genau und vollständig erkennen können. Damit sind wir auch imstande, die Kongruenz und Inkongruenz der Dinge selbst feststellen zu können. Darin aber besteht die vollkommene Erkenntnis.«[7] An späterer Stelle heißt es: »Ja, ich zweifle nicht daran, daß bei Anwendung einer richtigen Methode ein erheblicher Teil der Moral sich so klar darlegen ließe, daß ein denkender Mensch mit ebensowenig Recht noch daran zweifeln könnte wie an der Wahrheit mathematischer Sätze, die man ihm demonstriert hat.«[8] Für Locke bedeutet das, daß der Moralität eine Art von erkenntnistheoretischer Zugänglichkeit eignet, die sie unseren natürlichen Fähigkeiten entsprechen läßt, so daß wir »folgern dürfen, daß *die Moral die eigentliche Wissenschaft und Aufgabe der Menschheit im allgemeinen* darstellt«.[9] Da moralische Eigenschaften – im Gegensatz zu den natürlichen Arten des empirischen Bereichs – für uns unmittelbar zu erkennen sind, können wir sichereres Wissen über sie erwerben, als in den empirischen Wissenschaften möglich ist, und dazu sind wir in der Lage, ohne uns spezielle Kenntnisse anzueignen. Die naturwissenschaftliche Erkenntnis beruht auf Vermutungen und geht wesentlich über unsere natürlichen Fähigkeiten hinaus; die moralische Erkenntnis hingegen besitzt Gewißheit und Allgemeinheit und gestattet daher Beweise. Locke ist demnach offenbar der Überzeugung, daß die Ethik die gleichen erkenntnistheoretischen Vorteile besitzt wie die Mathematik, und zwar gerade deshalb, weil sie es nicht mit kausal wirksamen natürlichen Arten zu tun hat, über die wir nur durch Wechselwirkung mit unseren Sinnen etwas erfahren können.

Russell formuliert im großen und ganzen die gleiche Einsicht, wenn er schreibt:

> Apriorische Erkenntnis ist nicht durchweg logischer Natur wie die, die wir bisher betrachtet haben. Das vielleicht wichtigste Beispiel einer nichtlogischen apriorischen Erkenntnis ist die Erkenntnis von ethischen Werten. Ich meine damit nicht Urteile darüber, was nützlich oder tugendhaft sei; denn für solche Urteile braucht man empirische Prämissen. Ich meine Urteile darüber, was an sich erstrebens- und wünschenswert ist. … Wir urteilen z. B., daß Glück erstrebenswerter ist als Elend, Wissen erstrebenswerter als Unwissenheit, Wohlwollen erstrebenswerter als Haß, usw. Solche Urteile müssen, wenigstens zum Teil, unmittelbar und a priori sein. Wie die apriorischen Urteile, die wir vorhin erörtert haben, können sie durch die Erfahrung *hervorgerufen* werden, ja, sie müssen von der Erfahrung hervorgerufen werden, weil es undenkbar erscheint, daß wir einer Sache Wert zusprechen können, von der wir gar keine Erfahrung haben. Aber es ist ziemlich einleuchtend, daß solche Urteile nicht aufgrund von Erfahrung *bewiesen* werden können; denn die Tatsache, daß etwas existiert oder nicht existiert, kann nicht beweisen, daß es gut ist und darum existiert, oder daß es schlecht ist und darum nicht existiert. Die genauere Untersuchung dieser Fragen gehört in die Ethik, und in ihr gilt der Grundsatz, daß es unmöglich ist, das, was sein sollte, aus dem abzuleiten, was ist. Hier kommt es uns nur auf die Feststellung an, daß das Wissen, was an sich wertvoll ist, in genau demselben Sinne a priori ist wie die Logik: Die Wahrheit der Sätze kann in beiden Fällen durch Erfahrung weder bewiesen noch widerlegt werden.[10]

Auf den nichtempirischen Charakter der ethischen Erkenntnis reagiert Russell also nicht, indem er den kognitiven Rang der Ethik in Frage stellt, sondern indem er diese Art der Erkenntnis als apriorische einstuft. Und das ist nach meinem Eindruck genau die richtige Reaktion. Nur dogmatischer Empirismus gestattet es uns, einen augenscheinlichen Wissensbereich einfach deshalb zu verwerfen, weil er nicht dem Vorbild der Wahrnehmungserkenntnis entspricht. Die Ethik ist eben einer von mehreren Bereichen, in denen die empiristische Erkenntnistheorie scheitert.

Angesichts dieser Ähnlichkeit zwischen Ethik und Mathematik wirkt es allmählich wie eklatanter Szientismus, wenn man der Ethik vorwirft, daß sie der naturwissenschaftlichen Erkenntnis nicht spiegelbildlich entspricht. Die Wissenschaft gilt nicht deshalb als maßgeblich, weil sie ein neutrales Kriterium für vortreffliche Erkenntnisleistungen erfüllt, sondern einfach weil sie Wissenschaft ist. Der Gewißheitsgrad ist ein weit unabhängigeres Kriterium, doch wenn man diesen Maßstab zugrunde legt, schneidet die Ethik, wie bereits bemerkt, besser ab. Bisher ist also nichts gesagt worden, was dazu angetan wäre, die Glaubwürdigkeit der Ethik zu untergraben.

Ich vermute, daß hinter der Berufung auf die kausale Argumentation ein stillschweigendes Festhalten am »Mythos des Gegebenen« lauert. Wir sind zu glauben geneigt, daß echte Erkenntnis in so etwas wie einer unmittelbaren Begegnung zwischen Geist und Tatsache bestehen sollte, wobei sich die Tatsache dem Geist aufprägt. Der Geist wird als Tabula rasa begriffen, der die einströmenden Fakten ohne weitere Vermittlung aufnimmt. Dann gibt es keine Verzerrung durch die innere Beschaffenheit des erkennenden Subjekts. Wird die Vorstellung von der Lenkung durch die Tatsachen auf diese Weise gedeutet, wird uns alles, was als damit übereinstimmend hingestellt werden kann, wie eine besonders verdienstvolle Art der Überzeugungsbildung vorkommen. Und wenn ethische Überzeugungen diesem Modell nicht entsprechen, wird es so aussehen, als entbehrten sie jeglicher Objektivität.

Dieses Bild ist jedoch sicher überaus naiv. Der Geist ist ein in hohem Maße strukturiertes Erkenntnissystem. Wissen ist Übereinstimmung zwischen der – sei es angeborenen oder sonstwie bedingten – inneren Konstitution des Geistes und einer unabhängigen Realität.[11] Also selbst wenn wir Wissenschaft betreiben, sind wir keine eigenschaftslosen Subjekte, von denen die Tatsachen der Außenwelt passiv zur Kenntnis genommen werden. Doch dann sollte der vermeintliche Gegensatz zur Ethik weniger ausgeprägt wirken. Denn in beiden Fällen ist eine nicht triviale, von uns selbst beigesteuerte Komponente vorhanden. Es ist nicht so, als wäre die Überzeugungsbildung in der Naturwissenschaft »ausschließlich von der Welt bedingt«, während in der Ethik »ausschließlich der Geist« zum Zuge kommt. Vielmehr beruht diese ganze Betrachtungsweise auf einer naiven Auffassung des erkennenden Subjekts. Insofern die kausale Argumentation von einem solchen Bild zehrt, basiert sie auf falschen Voraussetzungen.

Sollten wir daraus schließen, daß die ethische Wahrheit in *keinem* Sinne dazu angetan ist, die ethische Erkenntnis zu erklären? Zugegeben, das Gute liefert keine kausale Erklärung unserer diesbezüglichen Überzeugungen. Aber könnte es nicht dennoch irgendwelche wahren »Weil«-Aussagen geben, die eine Verknüpfung zwischen Wahrheit und Überzeugung herstellen? Wenn ja, könnte man ethische Meinungen als für die Wahrheit *empfängliche* Überzeugungen deuten, und genau das erwartet man ja von echter Erkenntnis. Nach meinem Dafürhalten besteht hier eigentlich kein Hindernis. Es ist nichts weiter nötig, als daß ethische Überzeugungen insofern *auf der Fährte* der Wahrheit bleiben, als sie in unterstellten irrealen Fällen davon abhängig bleiben. Die Wahrheit einer Aussage braucht bloß ein Grund für die Überzeugung zu sein, daß ein bestimmtes Subjekt diese Aussage für richtig hält. Das wird genau dann der Fall sein, wenn das betreffende Subjekt im Hinblick auf Aussagen dieses Typs *zuverlässig* ist, d. h., wenn es mit Bezug auf diese Klasse von Aussagen dazu in der Lage ist, Wahrheit von Falschheit zu unterscheiden.[12] Angenommen, ich halte einen arithmetischen Satz genau dann für richtig, wenn er wahr ist, während ein anderer solche Aussagen je nach Schönheit ihres lyrischen Klangs für richtig hält und daher an viele falsche arithmetische Aussagen glaubt. Dann ist es möglich, meine Überzeugungen anhand des Wahrheitswerts der Aussagen zu prognostizieren, während Prognosen über die Meinungen des anderen auf Merkmale angewiesen sind, die mit Wahrheit nichts zu tun haben. Ich bin im Hinblick auf die Wahrheit zuverlässig, der andere hingegen nicht. Ich glaube, daß »7 + 5 = 12« wahr ist, weil es wahr ist, doch der andere glaubt es, weil es richtig klingt (während sich etwa »4 + 3 = 7« nach seiner Auffassung nicht gut anhört). Die Erklärung unserer Überzeugungen ist das Merkmal, das die beste Prognose über unsere Überzeugungen zuläßt, und in meinem Fall ist dieses Merkmal die Wahrheit, im Fall des anderen dagegen nicht. Der Inhalt der Erklärung ist einfach der, daß es induktiv ermittelte Verallgemeinerungen gibt, die irreale Konditionalsätze stützen und eine Verbindung zwischen meinen Überzeugungen und der Wahrheit herstellen. Es gibt keinen Grund, weshalb das gleiche nicht auch für die Ethik gelten soll. Der andere glaubt vielleicht zufällig an einige ethische Wahrheiten, weil sie mit einem seiner eigennützigen Ziele übereinstimmen, während ich unabhängig von ihrem Vorteil für mich daran glaube. Daher lassen sich meine Überzeugungen aufgrund ihrer Wahrheit prognostizieren, während das für die Überzeugungen des anderen nicht gilt. Also sind meine Überzeugungen für die Wahrheit empfänglich. Diese nicht zufällige Verbindung gibt uns die Möglichkeit, »Weil«-Aussagen zu verwenden, die eine Verbindung zwischen ethischer Wahrheit und unseren Überzeugungen herstellen. In einem gewissen Sinne also kann die ethische Wahrheit tatsächlich Überzeugungen erklären, denn Überzeugungen lassen sich aufgrund ihrer Wahrheit vorhersagen, wenn eine zuverlässige gesetzartige Verbindung zwischen ihnen besteht. Dieser Fall entspricht sogar genau dem deduktiv-nomologischen Erklärungsmodell. Warum hege ich die wahre Überzeugung, daß Stehlen böse ist? Weil ich

a) immer wahre ethische Überzeugungen hege und weil es b) wahr ist, daß Stehlen böse ist. Also glaube ich zu Recht, daß Stehlen böse ist. Das Gesetz, auf das in a) Bezug genommen wird, ist zwar freilich kein kausales Gesetz, doch das steht seiner Wahrheit und seiner Erklärungskraft keinesfalls im Wege.

Daher komme ich zu dem Schluß, daß eine Argumentation à la Harman und Williams nicht zu zeigen vermag, daß ethisches Wissen nicht die richtigen Erkenntnisleistungen erbringt. Aber wir müssen noch mehr Positives über das Wesen der ethischen Erkenntnis sagen und auf einige weitere Versuche ihrer Diskreditierung antworten.

Das Wesen der ethischen Erkenntnis

Thomas Reid schreibt: »Da tugendhaftes Handeln allen Menschen obliegt, stehen die obersten Prinzipien der Tugend in ihren Herzen geschrieben, und die Buchstaben sind so lesbar, daß keiner vorschützen kann, er kenne sie oder die Verpflichtung zu ihrer Befolgung nicht«, denn »die Natur hat dafür gesorgt, daß alle Menschen über dieses Wissen verfügen können«.[13] Nach Reid beruht die ethische Erkenntnis auf angeborenen Grundlagen und wird spontan erzeugt. Hier kann man gar nicht umhin, sich an neuere, auf Noam Chomsky zurückgehende Ansichten über sprachliches Wissen erinnert zu fühlen, wonach sprachliches Wissen das Ergebnis eines spezialisierten Moduls ist, das der Spezies Mensch angeboren ist und generell zu ihr gehört. Meiner Meinung nach ist das wirklich ein angemessenes Modell für die Ethik, denn die Menschen verfügen über eine naturgegebene, spontane Kenntnis der ethischen Wahrheit, die zu ihrer angeborenen Ausstattung gehört.[14] Die Normen der Ethik sind ebenso im menschlichen Geist verwurzelt wie die Normen der Grammatik. Es überrascht nicht, daß Chomsky selbst eine Auffassung genau dieser Art vertritt:

Dasselbe gilt für das moralische Urteilen. Was seine Basis sein mag, wissen wir nicht, aber wir können schwerlich daran zweifeln, daß es im Kern der menschlichen Natur verwurzelt ist. Es kann nicht lediglich eine Angelegenheit der Konvention sein, daß wir einige Dinge als richtig beurteilen und andere als falsch. Ein Kind, das in einer bestimmten Gesellschaft aufwächst, erwirbt Normen und Prinzipien des moralischen Urteils. Diese werden auf der Basis beschränkter Erfahrung erworben, aber sie besitzen eine breite und oft sehr präzise Anwendbarkeit. Oft, wenn auch nicht immer, können Menschen herausfinden oder davon überzeugt werden, daß ihre Urteile über einen bestimmten Fall falsch sind, falsch in dem Sinn, daß die Urteile unvereinbar mit den Prinzipien sind, die die fragliche Person selbst internalisiert hat. Argumentieren über Moral ist nicht immer gegenstandslos und lediglich eine Sache von »ich behaupte dies« und »du behauptest jenes«. Der Erwerb eines spezifischen moralischen und ethischen Systems, das einen weiten Anwendungsbereich hat und oft präzise in seinen Konsequenzen ist, kann nicht einfach das Ergebnis von »Formung« und »Kontrolle« durch die soziale Umgebung sein. Wie im Fall der Sprache ist die Umgebung viel zu dürftig und unbestimmt, um dem Kind dieses System in seinem vollen Reichtum und seiner ganzen Anwendbarkeit verfügbar zu machen. Da wir wenig über die Frage wissen, sind wir zu spekulieren gezwungen; es scheint aber gewiß berechtigt, zu spekulieren, daß das moralische und ethische System, das vom Kind erworben wird, vieles einem angeborenen menschlichen Vermögen verdankt. Die Umgebung spielt, wie im Fall der Sprache, des Sehens usw. eine Rolle; daher können wir individuelle und kulturelle Verschiedenheiten finden. Aber es gibt mit Gewißheit eine gemeinsame, in unserer Natur verwurzelte Basis.[15]

Mit anderen Worten: Die gleichen Gründe, die zur Postulierung eines angeborenen Sprachvermögens führen – Dürftigkeit der Außenreize, Fülle der Ergebnisse, Einheitlichkeit der Grundprinzipien –, legen auch die Postulierung eines inneren Moralvermögens nahe. Natürlich können wir einräumen, daß es so etwas wie ethische Belehrung gibt, wie es ja auch auf sprachlichem Gebiet Schulung gibt. Außerdem kann man zugeben, daß ethische Fertigkeiten und Urteile von Gruppe zu Gruppe variieren. Dennoch ist die Basisstruktur allen gemeinsam und beruht auf angeborenen Grundlagen. Wie Reid meint, ist diese Art von Wissen – im Gegensatz zu naturwissenschaftlichen Kenntnissen – etwas anderes als die spezialisierte Fachkenntnis, die nur von bestimmten Einzelpersonen erworben werden kann. Es ist vielmehr, wie die Sprache, etwas, was alle Menschen zu begreifen vermögen, sofern sie nicht geisteskrank sind. In einem gewissen Sinne beruht das ethische Wissen also auf einer solideren Basis unserer naturgegebenen Konstitution als naturwissenschaftliche Kenntnisse. Ebenso wie bei der Sprache brauchen wir zum Erwerb ethischen Wissens weniger Willenskraft und geistige Anstrengung. Wie das sprachliche Wissen ist es so tief in der menschlichen Natur verankert, daß wir kaum bemerken, wie weit es unser Denken und Fühlen durchdringt. Die Wissenschaft ist gerade deshalb, weil sie nicht zur allgemeinmenschlichen Ausstattung gehört, dazu angetan, unsere bewußte Aufmerksamkeit in erster Linie auf sich zu lenken. Sprache und Ethik hingegen gehören zum nicht ausdrücklich thematisierten Bereich des Geistes, über den man nicht nachdenkt. Darum fällt es so schwer, artikulierte Theorien darüber aufzustellen. Wir verfügen zwar über »intuitive« Einsichten in Grammatik und Ethik, aber es ist schwierig, den zugrundeliegenden Prinzipien auf die Spur zu kommen.

Diese Betrachtungsweise bleibt nicht ohne Auswirkungen auf die häufig geäußerte Feststellung, in der Naturwissenschaft hätten wir frappierende Fortschritte erzielt, während der ethische

Fortschritt, sofern überhaupt vorhanden, verhältnismäßig wenig Eindruck mache. Man vergleiche etwa unsere Physik mit der Physik der Griechen, und unsere Ethik mit der ihren. Das mag manchen dazu veranlassen, eine Minderwertigkeit der Ethik zu behaupten, da Fortschritt doch sicher ein Kennzeichen des Erkenntnisrangs sei. Sollte die Ethik, wenn sie einen Erkenntnisbereich darstellt, nicht eine ständige Zunahme des Wissens an den Tag legen? Die Antwort auf diese Frage liegt auf der Hand, sobald man die Analogie mit der Sprache ernst nimmt. Erstens sollten wir das Ausmaß des moralischen Fortschritts, der im Laufe der Menschengeschichte erzielt wurde, nicht unterschätzen. Es ist nämlich nicht so, als blieben wir ständig in moralischem Stillstand und Irrtum befangen. Ebenso hat es, wie die Ressourcen der Sprache zugenommen haben und diversen literarischen und wissenschaftlichen Zwecken nutzbar gemacht worden sind, durchaus sprachliche Fortschritte gegeben. Und auf Gebieten, wo der moralische Fortschritt nicht so groß gewesen ist, wie man es sich gewünscht hätte, hat das nicht an der vorgegebenen Schwerfälligkeit des moralischen Vermögens gelegen, sondern oft an der großen Kraft von Gier und Eigennutz. In theoretischer Hinsicht ist jedoch die Einsicht wichtiger, daß eine fortschrittliche Entwicklung nicht den Glanz des Endpunkts zu bezeugen braucht, sondern schlicht die Dürftigkeit des Ausgangspunkts kennzeichnen kann. Wenn man von einem Zustand äußerster Unwissenheit und mangelhafter Befähigung ausgeht, ist es wahrscheinlich, daß man rasche und eindrucksvolle Verbesserungen erzielt, während man dann, wenn man von vornherein gut ausgerüstet ist, im Hinblick auf eine Verbesserung des Erkenntnisstands nicht mehr weit zu gehen braucht. Selbst die Griechen hatten, wenn man unsere heutigen Maßstäbe zugrunde legt, erstaunlich wenig Ahnung von Naturwissenschaft. Dennoch befand sich die griechische Ethik in einem hochentwickelten und durchreflektierten Zustand, der so weit gediehen war, daß moderne Theoretiker immer noch befürworten, wir sollten zu den damaligen Erkenntnissen zurückkehren. Genau damit würde man rechnen, wenn die von Reid und Chomsky vertretene Auffassung von ethischer Erkenntnis zutrifft: Da wir aufgrund angeborener Fähigkeiten darauf eingestellt sind, ethische Grundsätze zu begreifen, ist es zu ihrer Ermittlung nicht nötig, daß wir uns viele Jahrhunderte lang nach dem Verfahren von Versuch und Irrtum richten und uns mit umfassenden Beobachtungen und scharfsinniger Theoriebildung abmühen. Hier verhält es sich genauso wie bei der Sprache: Wieviel Fortschritt ist hinsichtlich der den Sprechern zu Gebote stehenden Kenntnis der sprachlichen Grundprinzipien erzielt worden? Sind die sprachlichen Grundfähigkeiten des normalen Sprechers heute größer als zur Zeit der alten Griechen? Offenbar nicht, denn die angeborene Basis unseres sprachlichen Wissens ist von damals bis heute unverändert und fest verdrahtet geblieben. Es mag sein, daß es in der Frühzeit der Hominidengeschichte rasche Fortschritte gegeben hat, als sich der Gebrauch der Sprache aus rudimentären Anfängen entwikkelt hat. Aber vor einigen Jahrtausenden hat das Sprachvermögen einen stabilen Zustand erreicht, und seitdem haben keine weiteren Verbesserungen stattgefunden. Warum auch?

Ähnliches gilt für unsere Kenntnis der Volkspsychologie, die ebenfalls weitgehend gleich geblieben ist. Auch hier ist es plausibel, sie als angeborenes Teilsystem des menschlichen Erkenntnisvermögens aufzufassen. Das spiegelt sich in ihrer relativen Stabilität wider. Der Mangel an »Fortschritt« ist hier kein Grund zu glauben, volkspsychologische Kenntnisse seien irgendwie fragwürdig. Die Konstanz dieser kognitiven Systeme zeigt nicht, daß sie – wie ein auf rückschrittlichen Grundlagen basierendes »Forschungsprogramm« – in abträglichem Stillstand befangen sind, sondern sie zeigt, daß sie einfach nicht mehr weit vorwärtszugehen brauchen. Sie erfüllen ihre Zwecke in ausreichendem Maße; die Grundprinzipien werden angemessen wiedergegeben. Wie viele Fortschritte sind in den letzten beiden Jahrtausenden in der elementaren Arithmetik erzielt worden? Keine – denn darüber weiß man schon seit langem Bescheid. Dementsprechend haben wir zwar *einiges* an moralischem Fortschritt erzielt – vielleicht indem wir uns explizit klarer geworden sind über etwas, was wir schon implizit verinnerlicht haben –, aber die zumindest auf der Ebene der Grundprinzipien erreichte relative Konstanz unserer moralischen Urteile ist kein Grund zum Zweifel daran, daß wir es hier mit einem Fall echten Wissens zu tun haben.

Das Modellbeispiel der Sprache liefert außerdem ein nützliches Verfahren, mit dessen Hilfe man sich das Phänomen der moralischen Meinungsverschiedenheit oder Abweichung verständlich machen kann. Die Sprachen verschiedener Kulturen und Zeiten legen beträchtliche Oberflächenunterschiede an den Tag, und die Sprache der einen Gruppe kann im Vergleich mit der Sprache einer anderen Gruppe völlig fremd wirken. Das ist jedoch mit tiefreichenden Gemeinsamkeiten zwischen oberflächlich verschiedenen Sprachen, also mit dem Vorhandensein sprachlicher Universalien, durchaus zu vereinbaren. Viele scheinbare ethische Unterschiede weisen gewiß dieselbe Struktur auf: Hier wird ein gemeinsamer Fundus an Prinzipien je nach den zufälligen – sozialen, physischen und geistigen – Gegebenheiten der Umwelt verschieden ausgedrückt und angewandt. Gehen wir für einen Augenblick von der Annahme aus, der Utilitarismus treffe zu. Gibt es da nicht unendlich viele verschiedene Möglichkeiten, das Prinzip der Glücksmaximierung der größtmöglichen Zahl auszudrücken, je nachdem, welche sonstigen Umstände in der betreffenden Gesellschaft gegeben sind (beispielsweise was ihre religiösen Ansichten über ein Leben nach dem Tode anlangt)? Meine Vermutung ist, daß eine enorm große Anzahl sogenannter ethischer Meinungsverschiedenheiten kein Festhalten an radikal gegensätzlichen Grundprinzipien oder Neigungen reflektiert, sondern Unterschiede in der Anwendung.

Wie steht es jedoch mit dem vermeintlichen Rest an Meinungsverschiedenheiten, die sich nicht auf diese Weise erklären lassen? Was zeigt die angebliche Hartnäckigkeit solcher Meinungsverschiedenheiten? Sind sie weniger leicht beizulegen als andere Arten fundamentaler Meinungsverschiedenheiten in den Wissenschaften oder in der Philosophie? Nach meinem Eindruck sind tiefe ethische Meinungsverschiedenheiten ebensowenig ein Grund zum Zweifel am Erkenntnisrang der Ethik, wie tiefe philosophische Meinungsverschiedenheiten ein Grund zum Zweifel am Erkenntnisrang der Philosophie sind; und in der Naturwissenschaft (etwa in der Quantenmechanik) haben grundlegende Meinungsverschiedenheiten eher philosophischen Charakter. Im Grunde sind fundamentale Meinungsverschiedenheiten auf ethischem Gebiet tendenziell philosophische Meinungsverschiedenheiten. Derartige Meinungsverschiedenheiten zeigen lediglich, daß es, wenn ein Denkrahmen in Frage gestellt wird, keinen sicheren Ort gibt, von dem man ausgehen könnte, um eine Meinungsverschiedenheit beizulegen. Was sie gewiß nicht zeigen, ist, daß es keine Tatbestände gibt, die belegen, wer recht hat – in der Ethik ist ein ungehobelter Verifikationismus ebenso inakzeptabel wie anderswo.

In Wirklichkeit besteht im Hinblick auf die einfache Moral – etwa im Fall des Einhaltens von Versprechen – ein enormes Ausmaß an grundsätzlicher Übereinstimmung zwischen den Kulturen und Epochen, jedenfalls gibt es hier mehr Einigkeit als bei den naturwissenschaftlichen oder kosmologischen Überzeugungen. Außerdem sind ethische Meinungsverschiedenheiten gewiß durch rationale Überredung zu beeinflussen. (Ich für mein Teil habe vor etwa 25 Jahren meine moralische Einstellung zu Tieren grundlegend geändert, und ich schmeichle mir, daß rationale Überlegungen die treibende Kraft waren.) Die tatsächlich gegebenen Meinungsverschiedenheiten sprechen nicht für einen völligen Relativismus hinsichtlich der moralischen Überzeugungen der Menschen. Die Tatsache, daß manche Menschen womöglich recht abwegige moralische Ideen gelten lassen, untergräbt die Autorität der Mehrheitsmeinungen ebensowenig, wie die akzeptierte Naturwissenschaft durch die Tatsache erschüttert wird, daß manche Menschen auch heute noch an ganz abwegigen wissenschaftlichen Überzeugungen festhalten. Solche Meinungsverschiedenheiten lassen sich durch alle möglichen Faktoren erklären, und nach meinem Eindruck ist das der Ethik ebensowenig abträglich wie der Naturwissenschaft, der Philosophie oder der historischen Forschung. Schon der Umstand, daß die Menschen nicht bloß verschiedene Präferenzen äußern, sondern verschiedener *Meinung* sind, zeigt ihren Glauben, es gebe eine Wahrheit, über die sie sich streiten. Meinungsverschiedenheiten können den Erkenntnisrang der Ethik nur dann gefährden, wenn es so etwas wie wirkliche Meinungsverschiedenheiten gar nicht gibt. Es ist jedenfalls ein schlichtes Faktum, daß es viele Dinge gibt, die in moralischer Hinsicht offensichtlich falsch sind – Mord, Folter, Diebstahl, Verrat –, und jeder, der in dieser Hinsicht eine andere Meinung hat, ist entweder nicht aufrichtig oder konfus. Das gehört einfach zum Common sense, und bisher ist noch kein Grund genannt worden, der dagegen spräche. Sofern man keinen radikalen Skeptizismus vertreten will, gehören diese Urteile zu den solidesten, die wir kennen.

Ich hege in hohem Maße den Verdacht, daß die Unterschiede zwischen den moralischen Einstellungen verschiedener Gesellschaften von Soziologen und Ethnologen stark übertrieben werden – teilweise aufgrund eines irrigen philosophischen Relativismus, aber auch weil sie ihre Fächer als interessanter hinstellen wollen. Denn diese Fächer würden kaum den Eindruck erwekken, voller faszinierender Überraschungen zu sein, wenn alle Kulturen hinsichtlich ihrer grundlegenden Lebensanschauungen tatsächlich übereinstimmten. Ebenso verliert das Studium fremder Sprachen manches von seinem Interesse, wenn sich herausstellt, daß allen Sprachen eine gewisse Grundstruktur gemeinsam ist. In dieser Hinsicht ähnelt der menschliche Geist weitgehend dem menschlichen Körper. Die Körper der Menschen unterscheiden sich offenbar in allen möglichen Hinsichten, aber es wäre ein offenkundiger Fehler, wollte man daraus folgern, daß es – im Gegensatz zu dem, was ein Vergleich mit den Körpern der Tiere sonstiger Arten zeigt – hinsichtlich des physiologischen Typus der menschlichen Art keine Übereinstimmung gibt. Wenn wir auf Marsbewohner stießen, die in moralischer Hinsicht von uns grundverschieden wären (und ganz verfehlte Wertvorstellungen hätten, so daß sie etwa glaubten, Stehlen sei nur dann schlimm, wenn man den Bestohlenen nicht ermordete), würden wir deutlicher einsehen, in welchem Maße wir Menschen uns eigentlich moralisch einig sind. Wie schon unsere biologischen Gemeinsamkeiten nahelegen, gibt es tatsächlich so etwas wie eine kognitive menschliche Natur. Außerdem ist es offenbar nur vernünftig, damit zu rechnen, daß unser Moralsinn – ebenso wie unser Sprachvermögen – diese gemeinsame Natur widerspiegelt.

Wahrheit und Zwang

Nach einer pragmatischen Wahrheitstheorie besteht die Wahrheit einer Überzeugung in ihrer Nützlichkeit und die Falschheit einer Überzeugung in ihrer Schädlichkeit: Wenn man etwas Wahres glaubt, wird es gelingen, erfolgreich mit der Welt zu Rande zu kommen. Wenn man etwas Falsches glaubt, wird die Welt es dem Betreffenden heimzahlen. Im Hinblick auf den Nutzen des Überzeugungsträgers ist die Wahrheit nicht neutral, denn Überzeugungen stehen in Wechselwirkung mit dem Wunsch, Handlungen zu vollziehen. In einem gewissen Sinn *zwingt* uns die Welt Wahrheit auf, indem sie unsere Vorhaben behindert oder fördert. Angenommen, man würde völlig falsche Ansichten über die Welt – über Gravitation, Elektrizität, Arsen oder sonst etwas – hegen. Dann befände man sich in physischer Hinsicht schon bald in ernsthaften Schwierigkeiten und würde letzten Endes ums Leben kommen. Die Welt würde uns sozusagen über unsere Irrtümer informieren; sie würde sich in einer Weise verhalten, die unsere Irrtümer korrigieren soll. Das wollen wir zum Ausdruck bringen, indem wir Wahrheit und Falschheit als *zwingend* bezeichnen. Es steht uns nicht frei, beliebige Ansichten über die Natur zu vertreten, jedenfalls nicht, wenn wir wollen, daß es uns gutgeht. Daher rührt die Anziehungskraft der pragmatischen Theorie.

In der Ethik hingegen zieht der Irrtum keine derartige Strafe und die Wahrheit keine derartige Belohnung nach sich. Die moralischen Fakten machen sich nicht bemerkbar, um meine Fehler zu korrigieren, indem sie mich zwingen, an sie zu glauben. Der Grund dafür liegt einfach darin, daß moralische Fakten keine Kausalkräfte besitzen. Wenn ich glaube, daß die Gravitation die Kraft hat, mich schweben zu lassen, sobald ich von einer Hochhausfassade hinabschreiten möchte, werden ihre wirklichen Kausalkräfte mich alsbald eines anderen belehren. Aber wenn ich glaube, Mord sei etwas Richtiges, wird nichts an der Falschheit dieser Überzeugung die *Wirkung* haben, daß ich meinen Irrtum einsehe. Moralische Wahrheit ist nicht zwingend. Freilich, es kann durchaus sein, daß mir von anderen Menschen praktischer Schaden zugefügt wird, aber die moralischen Fakten selbst werden nichts dazu beitragen, daß ich Schaden davontrage. Dabei geht es nicht um den oben dargelegten Gedanken, daß moralische Fakten außerstande sind, meine Überzeugungen kausal zu erklären, sondern es geht darum, daß sie nichts bewirken, um meine Wünsche zu durchkreuzen oder zu erfüllen. Dadurch, daß ich falsche moralische Überzeugungen vertrete, falle ich nicht auf den Kopf – was die Erfüllung meines Wunsches vereiteln würde, einen heilen Kopf zu behalten. Die Welt leistet nichts, was meine moralischen Überzeugungen im Zaum hielte und mir kognitive Disziplin aufnötigen würde. In diesem Sinne steht es mir tatsächlich frei, in moralischer Hinsicht zu glauben, was ich mag.

Hier besteht also eine wichtige erkenntnistheoretische Asymmetrie zwischen Meinungen über die Natur und ethischen Überzeugungen: Im einen Fall ist die Wahrheit zwingend, im anderen Fall dagegen nicht. Das ist aber kein Grund anzunehmen, die Vorstellung von ethischer Wahrheit sei ein Hirngespinst, sondern es zeigt nur einen Unterschied in der Art des Zusammenhangs, der in diesen beiden Fällen zwischen der Wahrheit und unserem Nutzen besteht. Allerdings erfahren wir dadurch etwas Wichtiges über die Motive dafür, in der Ethik wahre Überzeugungen zu vertreten. Bei naturbezogenen oder wissenschaftlichen Überzeugungen kennen wir einen vom Wert der Wahrheit selbst unabhängigen Grund für das Streben nach Wahrheit, nämlich daß solche Überzeugungen uns bei der Erfüllung unserer Wünsche helfen. In der Ethik dagegen fehlt dieses Motiv, denn die ethische Wahrheit zieht keinen Lohn und die ethische Falschheit keine Strafe nach sich. Das heißt auch, daß sich hier wirklich die Frage stellt, warum ich nach ethischer Wahrheit streben *sollte*. Bei naturbezogenen Überzeugungen läßt sich diese Frage beantworten, während es im ethischen Fall keine Antwort gibt – außer der, daß wir an das Wahre *um seiner selbst willen* glauben sollten. Anders formuliert, ist die ethische Wahrheit ein Wert, der der pragmatischen Rechtfertigung ermangelt.

Ich finde diesen Sachverhalt jedoch keineswegs unerträglich. Mir kommt es darauf an, daß er über etwas für das Wesen der Moral und unser Verhältnis zu ihr Kennzeichnendes Aufschluß gibt. Da die ethische Wahrheit wesentlich nicht zwingend ist, *müssen* wir sie um ihrer selbst willen anstreben. Unsere Motive für das Erreichen der ethischen Wahrheit haben eine Reinheit an sich, die im Fall der Meinungen über die Natur nicht zu finden ist. Anders formuliert: Das Streben nach moralischer Wahrheit kennt keine Rechtfertigung aus Klugheitsgründen, wie sie beim Streben nach naturwissenschaftlicher Wahrheit (zumindest prinzipiell) gegeben ist. Beim Versuch, zu ethischer Wahrheit zu gelangen, werden wir nicht von der Wirkung gelenkt, die die Welt auf unser Wohlergehen ausübt. Von Werten werden wir in ungefähr der gleichen Weise geleitet wie von Regeln, nämlich nicht durch schiere Gewalt, sondern auf normative Weise. Man könnte sogar behaupten, das Schlimme am Guten sei, daß es uns die Wahrheit über es selbst nicht aufzuzwingen vermag. Wir müssen uns dafür *entscheiden*, die vom Guten ausgehenden Vorschriften zu bejahen, denn das Gute selbst kann sich nicht aufbäumen und uns beißen, wenn wir es verwerfen. Die Gravitation dagegen kann sich auf ihre eigene Natur verlassen, um uns dazu zu überreden, an die Wahrheit über sie zu glauben und dementsprechend zu handeln. Die Bejahung von Werten setzt – um ein von den Existentialisten behandeltes Thema aufzugreifen – eine Art von radikaler Freiheit voraus, für die es bei den Meinungen über die empirische Welt kein Gegenstück gibt. Diese Freiheit bedeutet nicht, daß alles Beliebige gestattet ist, sondern nur, daß man von Werten nicht dazu gezwungen werden kann, sie zu akzeptieren. Ich möchte vermuten, daß ein großer Teil der relativistischen und skeptizistischen Moralanschauungen, auf die man stößt, in begrifflicher Hinsicht auf diesen Sachverhalt zurückgeht. Sobald man die Sachlage angemessen zum Ausdruck gebracht hat, kann man sie vielleicht als das sehen, was sie wirklich ist: ein echtes Unterscheidungsmerkmal der Moral, das jedoch gar nicht dazu angetan ist, ihren Erkenntnisrang zu gefährden. Dazu wäre in Verbindung mit dem nicht zwingenden Charakter der ethischen Wahrheit nur ein grobschlächtiger, durch Klugheitserwägungen fundierter Pragmatismus imstande.

Infolgedessen ist intellektuelle Redlichkeit in der Naturwissenschaft etwas anderes als in der Ethik. In der Naturwissenschaft hat die intellektuelle Tugend des Strebens nach Wahrheit zumindest im großen und ganzen eine Art von Klugheitsgrundlage: Wenn unsere Überzeugungen falsch sind, gereicht uns das leicht zum Schaden. In der Ethik hingegen hat die intellektuelle Redlichkeit keine derartige Klugheitsgrundlage – sie muß ihre eigene Rechtfertigung sein. Das heißt, daß man im Bereich der Ethik redlich sein muß, um ans Gute zu glauben, während man in der Naturwissenschaft nach Wahrheit streben kann, ohne außer dem aufgeklärten Eigennutz eine weitere Tugend zu besitzen. Wahren moralischen Überzeugungen kommt deshalb mit begrifflicher Notwendigkeit ein höherer moralischer Rang zu als wahren naturwissenschaftlichen Überzeugungen. Für dieses Ergebnis scheinen mir auch unsere intuitiven Anschauungen zu sprechen.

Vielleicht ist es zum Teil ein Widerstreben gegen die Hinnahme der Zwanglosigkeit der ethischen Realität, das die Vorstellung auslöst, ethische Wahrheiten glichen einer Art von Befehlen. Bei Befehlen ist ein Zwangselement vorhanden, denn Ungehorsam zieht im Regelfall eine von der befehlenden Autorität verhängte Strafe nach sich. Wären ethische Prinzipien wirklich Befehle, würden sie aufgrund ihrer eigenen Logik Belohnungen und Strafen mit sich bringen. Das würde eine gewisse Gleichheit mit dem Fall der Meinungen über die Natur wiederherstellen, wobei der Zwang nun allerdings durch Vermittlung einer fremden Handlungsinstanz ausgeübt würde. Im Grunde läßt sich die Vorstellung, moralische Äußerungen seien Befehle, nur rechtfertigen, wenn das Zwangselement gegeben ist – sonst ist die Vorstellung ohne Gehalt. Das kann zur Beseitigung der Befürchtung beitragen, die Ethik sei ein von Sanktionen freier Bereich, in dem eine Weise des Überzeugtseins von der Realität genauso freundlich behandelt wird wie jede andere. Demnach besagten ethische Sätze: »Tu das und das, *sonst passiert etwas*!« Und es wäre dieses letzte Stück, das für das Zwangselement sorgt.

Aber das ist natürlich alles völlig verfehlt, denn es gibt keine die ethischen Forderungen stützende Autorität, von der moralische Abweichungen mit Sanktionen belegt werden. Das heißt, ihre gebietende Kraft ist an sich nicht vom Vorhandensein einer solchen Autorität abhängig. (Selbst wenn Gott existiert, *erschafft* er keine ethischen Forderungen.) In dieser Hinsicht sind ethische Aussagen gerade verschieden von Befehlen. Was manchmal das »moralische Gesetz« genannt wird, ist gar nicht so etwas wie ein *Gesetz* im eigentlichen Sinne des Wortes, denn ethische Normen werden nicht unbedingt von einem Strafsystem gestützt. Es gibt keine zentrale Autorität, die mithilft, moralischen Gehorsam durchzusetzen. Und selbst wenn es zufällig dergleichen gäbe, wäre es nicht das, worauf die »Autorität« der Moral beruht, denn diese hängt schlicht davon ab, was als solches gut oder schlecht, richtig oder falsch ist. Ein Befehl hingegen leitet seine Autorität von der ihn umgebenden Machtstruktur her, und dabei geht es wirklich darum, was die Welt dem Betreffenden antut, wenn er nicht pariert. Mit dem moralischen »Ungehorsam« verhält es sich anders, denn er besteht einfach darin, daß man etwas Falsches tut. Diese Vorstellung kommt uns zweifellos beunruhigend vor, und gerade darum kann das Befehlsmodell verlockend wirken, sei es als Theorie oder im metaphorischen Sinn. Aber in Wirklichkeit gehört es zum inneren Wesen der Moral, daß ihre Gebote keinen Zwang mit sich bringen. Wenn man die Moral als solche betrachtet, gibt es in ihr kein »Sonst passiert etwas!«. Wenn ich weiß, daß etwas das Richtige ist, weiß ich nicht, daß ich es tun muß und andernfalls bestraft werde, sondern ich weiß einfach, daß ich es tun *soll*, ohne daß ein weiterer Grund hinzukäme. Moralische Prinzipien sind insofern wirklich *vorschreibend*, als sie Aufschluß geben über das, was man tun soll, doch das ist überhaupt nicht gleichbedeutend mit der These, sie seien ebenso beschaffen wie Befehle. Gerade weil moralische Äußerungen *keine* Befehle sind, beinhaltet ihre Bejahung faktisch keine Klugheitsmotive.

Es ist bemerkenswert, daß die Zwangsfreiheit der ethischen Wahrheit zu jeder Anschauung in Gegensatz steht, von der das

Gute mit einer psychologischen Eigenschaft (oder sonst einer natürlichen Eigenschaft) gleichgesetzt wird. Diese Vorstellung habe ich bereits im vorigen Kapitel zurückgewiesen, doch jetzt können wir feststellen, daß es, wenn eine solche reduktionistische These zuträfe, in der Ethik tatsächlich eine Form von weltbedingtem Zwang gäbe. Angenommen, wir behaupten, gut sein sei das gleiche wie erwünscht sein. Bestritte man dann, daß etwas gut ist, so bestritte man, daß es von jemandem gewünscht wird. Aber nun wollen wir annehmen, daß ich fälschlich bestreite, daß etwas gut sei. Das hieße dann, daß ich bestreite, es werde von jemandem gewünscht, während es in Wirklichkeit doch von jemandem gewünscht wird. Aber dadurch gerate ich in einen Konflikt mit den psychologischen Tatsachen, und die haben in der Welt wirklich kausale Kraft. Ich werde so handeln, als wünschten die Menschen etwas nicht, was sie eben doch wünschen, und dadurch werde ich Gefahr laufen, mir ihren Unmut zuzuziehen. Die Welt wird sich wahrscheinlich bemerkbar machen und meine falsche Überzeugung korrigieren. Das heißt jedoch, daß meine falsche Überzeugung, die betreffende Sache sei nicht gut, durch die Tatsache korrigiert wird, daß sie doch gut ist, denn das Gute sei das Erwünschte. Wenn das Gute so etwas wie eine natürliche Eigenschaft ist, wird ein moralischer Irrtum teuer zu stehen kommen. Dementsprechend wird es ein Klugheitsmotiv für moralisches Verhalten geben. Doch meiner Meinung nach ist es offensichtlich, daß moralische Irrtümer damit falsch erklärt werden. Wir begreifen sie nicht als etwas, was auf solche Weise korrigiert werden kann. Wir können uns nicht darauf verlassen, daß die natürliche Welt unsere moralischen Überzeugungen so formt, daß sie in Richtung Wahrheit gehen.

Dieser Punkt wird durch die Art der Supervenienzbeziehung zwischen dem Moralischen und dem Natürlichen leicht verunklart. Es trifft zu, daß Meinungen über die natürlichen Eigenschaften, denen moralische Eigenschaften supervenieren, in der üblichen Weise für die Wirkung der Tatsachen empfänglich sind. Ebenfalls zutreffend ist, daß diese Überzeugungen als Prämissen eines Schlusses fungieren können, der die moralische Beschaffenheit einer Situation betrifft. So kann es sein, daß ich eine Situation für gut erachte, weil ich glaube, daß sie viel Erfreuliches beinhaltet, und diese Überzeugung ist für faktenbedingten Zwang empfänglich, denn der Freude kommen Kausalkräfte zu. Nun könnte man meinen, daß die moralische Überzeugung ebenso korrigierbar sein sollte, denn sie muß (aufgrund der Supervenienzbeziehung) wahr sein, wenn die Überzeugung bezüglich der Erfreulichkeit wahr ist. In Wirklichkeit handelt es sich jedoch um einen Trugschluß, denn sobald ich mich auf die moralische Ebene begebe, verlasse ich das Reich der Kausalität, und mein Irrtum wird sich nicht durch die moralische Tatsache selbst korrigieren lassen – das heißt, er wird sich durch nichts anderes korrigieren lassen als durch die bloße moralische Wahrheit der betreffenden Sache. Wenn ich das wirklich Erfreuliche für etwas Erfreuliches erachte und es zugleich für etwas Schlechtes erkläre, wird mein moralischer Irrtum nicht durch die Art und Weise bloßgestellt, in der der Gegenstand meines Irrtums darauf reagiert. Die Tatsache, daß das Erfreuliche wirklich die Eigenschaft des Guten besitzt, wird mich als solche nicht durch ein böses Erwachen strafen. Es stimmt zwar, daß der Gegenstand meines Handelns Widerstand leisten wird, wenn ich in der irrigen Überzeugung, das Erfreuliche sei etwas Schlechtes, so handele, daß ich die Freude vermindere. Aber das liegt in diesem Fall an der Verringerung der Freude, nicht an meiner irrigen Überzeugung, Freude sei etwas Schlechtes. Wenn ich im Hinblick auf zwei in naturalistischer Hinsicht ununterscheidbare Situationen urteile, daß die eine gut und die andere schlecht ist, werde ich wahrscheinlich durch die Tatsachen korrigiert, sobald ich mich in meinem Handeln unterschiedlich zu ihnen verhalte. Doch das wird an den naturalistischen Fakten selbst liegen, nicht an den falsch beurteilten moralischen Fakten. Es wird nie aufgrund der moralischen Fakten geschehen, daß die Welt eine Veränderung meiner Überzeugungen bewirkt.

Daher kann man sagen, daß moralische Fakten in hohem Grade von Tatsachen abhängig sind, die im gemeinten Sinne zwingend wirken, während von ihnen selbst kein Zwang ausgeht. Hier erkennt man, was vielleicht das eigentliche Unterscheidungsmerkmal der Werte ausmacht: Werte supervenieren dem Kausalen, ohne ihrerseits etwas Kausales an sich zu haben.[16] Es kann also keinen moralischen Unterschied zwischen Situationen geben, ohne daß es einen kausalen Unterschied gibt, doch von den moralischen Unterschieden wird kein kausaler Unterschied *ausgelöst*. Moralische Eigenschaften sind in kausaler Hinsicht epiphänomenal und dennoch zugleich stark durch das Kausale bedingt. Supervenierende natürliche Eigenschaften wie die psychologischen Eigenschaften sind ihrerseits kausal wirksam. Nur Werte verbinden offenbar Nichtkausalität mit der Supervenienz bezüglich des Kausalen. Das liegt daran, daß sie in ihrem Wesen evaluativ sind. Sie müssen für natürliche Tatsachen empfänglich sein, denn das ist der Bereich, den sie werten – daher rührt die Supervenienz. Aber außerdem müssen sie nichtkausal sein; das folgt unmittelbar aus ihrer evaluativen Natur (wie ich im vorigen Kapitel geltend gemacht habe). Es ist also von vornherein in den Werten angelegt, daß sie diese beiden Merkmale miteinander verbinden. Ist das richtig, können wir das Evaluative als das definieren, was einerseits dem Kausalen superveniert und dennoch andererseits nicht kausal wirkt. Als Definition der *moralischen* Werte ist das allerdings nicht ganz zulänglich, denn es gibt offenbar auch andere evaluative Begriffe – wie z. B. ästhetische und logische Wertungen –, die diese beiden Merkmale ebenfalls miteinander verbinden. Um die moralischen Werte auszusondern, können wir nicht mehr beitragen, als den Gedanken des Moralischen unmittelbar einzubringen: Moralische Werte sind diejenigen, die für die *Moralität* von Belang sind. Trotzdem ermöglicht diese Definition einen gewissen äußeren Zugriff darauf, wie das Wertende, metaphysisch gesehen, erscheint. Werte sind das, was der kausale Bereich determiniert, ohne daß sie ihrerseits etwas Kausales sind.

Nun kann man, indem man diese beiden Punkte zusammenbringt, sagen, daß der evaluative Aspekt moralischer Eigenschaften dafür verantwortlich ist, daß sie nicht zwingend wirken, denn dieser Aspekt ist es, der ihrer Nichtkausalität zugrunde liegt. Weil das Gute Aufschluß über das gibt, was man tun sollte, kann es nicht korrigierend eingreifen, wenn man das Gute nicht tut. Es liegt am evaluativen Wesen der moralischen Eigenschaften, daß sie für die Wunscherfüllung ohne Belang sind. Es gibt hier also drei wesentliche Elemente der moralischen Realität, die miteinander zusammenhängen: ihr evaluativer Charakter, ihre Nichtkausalität und ihre pragmatische Zwecklosigkeit (denn es gibt hier nichts, was uns seine Wahrheit aufdrängt). Dieses letztere erkenntnistheoretische Merkmal steht daher in innerem Zusammenhang mit der Ontologie der betreffenden Eigenschaften. Ich sollte das Wohlergehen des anderen wünschen, aber meine moralische Überzeugung, daß das Wohlergehen des anderen etwas Gutes sei, ist keine Überzeugung, deren Wahrheit eine Steigerung *meines* Wohlergehens nach sich zieht, denn moralische Werte sind aufgrund ihrer Evaluativität kausal wirkungslos. Daraus kann man folgern, daß es für die Moralität im Gegensatz zur Naturwissenschaft keine Klugheitsmotive gibt, und das folgt schon daraus, daß die moralischen Grundbegriffe wesentlich wertend sind.

Moralität und Volkspsychologie

Oben wurde der Gedanke nahegelegt, das Moralvermögen habe eine angeborene Grundlage. Dadurch wird jedoch die Frage aufgeworfen: Warum sollte die Moralität dem Geist angeboren sein? Was leistet sie dort? Welches ist die Naturgeschichte des

Moralvermögens? Bei der Beantwortung dieser Fragen sollte man nicht davon ausgehen, daß der Moralsinn allein aufgrund seiner Zugehörigkeit zu unserer angeborenen Ausstattung eine klare biologische Funktion haben muß, denn es gibt viele angeborene Merkmale, die keine unmittelbaren biologischen Vorteile mit sich bringen. Im Regelfall verhält es sich deshalb so, weil sie Nebenprodukte von etwas anderem sind, das tatsächlich eine Funktion hat. Solche Nebenprodukte können dem Organismus sogar Nachteile bringen, aber sie bleiben trotzdem erhalten, weil die Instanz, deren Nebenprodukte sie sind, nützlich ist. Also selbst wenn die Ethik unserer biologischen Tauglichkeit abträglich ist, ist das von sich aus noch kein Grund, ihre Angeborenheit zu bezweifeln. Die Frage, die wir stellen müssen, lautet: Von welcher Instanz, die tatsächlich einen nachweisbaren Vorteil mit sich bringt, leitet sich das Ethische her?

Ein einleuchtender Vorschlag besagt, daß das Ethische ein Nebenprodukt unseres angeborenen Verständnisses der Volkspsychologie ist. Es gibt triftige Gründe für die Annahme, daß dieses Verständnis – ebenso wie das Sprachliche – angeboren ist, und es hat eine offensichtliche biologische Funktion: Es gibt dem Organismus die Möglichkeit, in einer sozialen Umwelt besser mit anderen psychologischen Lebewesen zurechtzukommen. Sind wir mit einem impliziten Verständnis der auf den Grundbegriffen »Überzeugung« und »Wunsch« basierenden Psychologie ausgerüstet, können wir das Verhalten anderer recht erfolgreich erklären und vorhersagen. Das Kleinkind braucht diese Fähigkeit möglichst früh. Bei einem funktionstüchtigen biologischen Bauplan würde sie den Genen eingeprägt. Doch nun können wir feststellen, daß das Ethische tief in der Volkspsychologie verankert ist. Überall stehen diese beiden Systeme in Wechselwirkung miteinander. Pflicht setzt Überzeugungen, Wünsche und Absichten voraus. Lob und Beschuldigungen setzen Willensfreiheit voraus. Der Begriff des Wohlergehens setzt Lust und Schmerz voraus. Moralbegriffe kann man nicht beherrschen, sofern man keine psychologischen Begriffe anzuwenden vermag. Aus dem gleichen Grund ist jedoch kaum einzusehen, wie man volkspsychologische Begriffe – einschließlich des Begriffs der objektiven Existenz anderer Personen – erfaßt haben kann, ohne dabei wie von selbst moralische Kategorien zu verstehen. Freilich nicht durch logisches Schließen, sondern vermittels der »allgemeinen Intelligenz«. Sobald man den Begriff der Schmerzen kennt und über ein allgemeines Denkvermögen verfügt, muß man geradezu notgedrungen erkennen, daß Schmerzen – für die anderen ebenso wie für den Betreffenden selbst – etwas Schlechtes sind. Ähnlich verhält es sich mit unserer Kenntnis der Naturwissenschaften: Sobald man die Grundbegriffe der Common-sense-Physik kennt und genügend allgemeine Intelligenz besitzt, wird man imstande sein, als Nebenprodukt ein naturwissenschaftliches Weltverständnis herauszubilden. Darüber, wie das funktioniert, ist zwar äußerst wenig bekannt, aber die allgemeinen Umrisse sind offenbar durchaus einleuchtend. Der Vorschlag lautet also, daß sich das ethische Verständnis in natürlicher Weise aus der systematischen Entfaltung psychologischer Begriffe ergibt, denn die psychologischen Begriffe spielen bei der moralischen Wertung eine besonders zentrale Rolle. Das heißt nicht, daß ethische Begriffe mit Hilfe einer psychologischen Terminologie analysiert werden können; der Vorschlag besagt nur, daß diese beiden Begriffsmengen füreinander geschaffen sind. Schließlich supervenieren moralische Eigenschaften den psychologischen Eigenschaften und sind – wenn nicht ausschließlich, so doch in hohem Maße – auf diese angewiesen.[17]

Sofern das zutrifft, würde man damit rechnen, daß es – den beiden Ebenen des psychologischen Denkens entsprechend – auch zwei Ebenen des moralischen Denkens gibt. Da gibt es die primitive, spontane Ebene, die im angeborenen Schematismus wurzelt, und daneben die reife, reflexive Ebene, die dann zum Zuge kommt, wenn die primitive Ebene kritisch unter die Lupe genommen wird. Die Philosophie des Geistes und die Entscheidungstheorie sind bemüht, unsere intuitiven psychologischen Urteile zu formalisieren und zu artikulieren. Die Moralphilosophie versucht, eine Ordnung in die moralischen Reaktionen zu bringen, mit denen wir spontan an die Welt herangehen. Diese beiden Ebenen entsprechen getrennten kognitiven Vermögen, und man sollte sie nicht miteinander verschmelzen. Vor allem sollten Schwierigkeiten auf der reflexiven Ebene nicht als festsitzende Mängel der primitiven Ebene gedeutet werden. Ein großer Teil des reifen moralischen Lebens besteht in dem Versuch, diese beiden Ebenen in Einklang zu bringen (man denke etwa an die Entwicklung der menschlichen Sexualität).[18]

Erkenntnistheoretische Sonderbarkeit

Häufig wird angenommen, daß wir durch eine kognitivistische Auffassung der Moralität in unlösbare erkenntnistheoretische Probleme verstrickt werden. Denn in welcher Beziehung stehen unsere kognitiven Fähigkeiten zu dem vermeintlichen Bereich ethischer Tatsachen? Wie werden diese nichtkausalen Eigenschaften vom erkennenden Geist erfaßt? Müssen wir auf einen geheimnisvollen Begriff ethischer Intuitionen zurückgreifen: ein übersinnliches Vermögen, das auf mysteriöse Weise an transzendente Realitäten herankommt? Was wird dann aus der naturalistischen Erkenntnistheorie? Das sind echte Fragen, aber die davon ausgehenden Schwierigkeiten sollten uns nicht davon abhalten zu akzeptieren, daß wir aus den folgenden Gründen tatsächlich über Wissen von ethischen Tatsachen verfügen:

Zunächst handelt es sich eigentlich bloß um einen Spezialfall des Problems der apriorischen Erkenntnis. Daher ist es um die Ethik nicht schlechter bestellt als um Logik und Mathematik. Von diesen unterscheidet sie sich insofern, als sie Wissen über das beinhaltet, was sein *sollte*, und nicht nur Wissen über das, was *ist* oder sein *muß*, denn die Ethik hat einen spezifisch evaluativen Gegenstandsbereich. Sie gleicht der Logik und der Mathematik jedoch insofern, als sie weder auf kausalen Transaktionen noch auf durch unsere Sinnesmodalitäten vermittelter Wahrnehmungsbekanntschaft beruht. Sie ist in einem gewissen Sinne ein Wissen von *Idealen*, nämlich von Sachverhalten, die bestehen würden, wenn die Welt so wäre, wie sie in moralischer Hinsicht sein sollte. Wenn ich begreife, daß etwas logisch notwendig ist, erfasse ich, daß es in allen möglichen Welten gilt. Wenn ich begreife, daß etwas sein sollte, erfasse ich, daß es in allen moralisch erwünschten Welten gilt. Es ist gewiß nichts Verwunderliches an der »Entdeckung«, daß solches Wissen nicht auf kausalen, durch die Sinne vermittelten Wechselwirkungen mit dem tatsächlichen Sosein der Welt beruht. Genauso, wie die Erfahrung uns laut Kant nicht mitteilen kann, was sein *muß*, sondern nur, was *ist*, so kann uns die Erfahrung nichts darüber sagen, was sein *soll*. Die Erkenntnis ist, wie bereits gesagt, ein vielgestaltiger Begriff, so daß wir uns nicht über das Faktum seiner irreduziblen Vielfalt beklagen sollten. Sogar innerhalb der Kategorie des Apriorischen gibt es wichtige Unterteilungen, etwa zwischen der Erkenntnis des Evaluativen und der Erkenntnis des Nichtevaluativen.

Das allgemeine Problem des Apriorischen ist zu umfassend und führt uns zu weit ab, als daß ich hier darauf eingehen könnte, aber zumindest kann ich meinen eigenen Standpunkt formulieren.[19] Nach meinem Dafürhalten beinhaltet das Wesen der apriorischen Erkenntnis Fragen, die uns über die Reichweite unserer geistigen Fähigkeiten hinausführen, so daß wir nie imstande sein werden, das Funktionieren der betreffenden Fähigkeiten zu begreifen. Das liegt nicht an der ontologischen Sonderbarkeit oder Übernatürlichkeit dieser Funktionsweisen, sondern es spiegelt einfach die Grenzen unserer Erkenntnis. Die ethische Erkenntnis bleibt für uns demnach wirklich ein

Geheimnis, doch das ist kein Grund, an ihrer Existenz zu zweifeln. Das Bewußtsein ist für uns ebenfalls ein Geheimnis – es ist das seltsame Phänomen par excellence –, aber daraus sollten wir nicht folgern, daß es nicht existiert.[20] Wir können wissen, daß etwas so und so beschaffen ist, ohne zu verstehen, *wie* es dazu kommt.

Im Grunde ist gar nicht klar, daß wir die an der Erzeugung *irgendeiner* Art von Wissen beteiligten Prozesse begreifen. Es gibt nicht einmal darüber echte Theorien, wie wir zur Erkenntnis einfacher Eigenschaften unserer Umwelt gelangen. Die Leistungen des Bewußtseins und der abduktiven Schlüsse auf Wissenserzeugung sind in Geheimnisse gehüllt. Wir verstehen nicht einmal, wie es kommt, daß ein Reiz im Geist eine bewußte Wahrnehmung hervorbringt. Es ist also nicht so, als wäre außerhalb der Kategorie des Apriorischen alles problemlos. Im Hinblick auf die ethische Erkenntnis gibt es tiefe Erklärungsprobleme, doch die gibt es in bezug auf alle Arten von Erkenntnis. Das ist kein Grund, zu bestreiten, daß wir Wissen besitzen und daß es ganz stabil und zuverlässig ist.

Es hat viele Auseinandersetzungen darüber gegeben, ob die ethische Erkenntnis als »wahrnehmungsbedingt« und »intuitiv« zu kennzeichnen ist. Nach meinem Eindruck ist keine dieser beiden Beschreibungen zutreffend, jedenfalls nicht im naheliegenden Sinne dieser Begriffe. Das moralische Vermögen kann in keinem buchstäblichen Sinne des Wortes wahrnehmungsbedingt sein, denn es gibt kein Sinnesorgan für ethische Fakten, und jedes Sinnesorgan kann benutzt werden, um faktenbezogene Informationen zu erwerben, auf denen ethische Urteile basieren können. Außerdem gibt es keine sinnliche Phänomenologie, die mit »intuitiven« ethischen Einsichten zusammenhinge. Die einzige ernstzunehmende Hinsicht, in der die ethische Erkenntnis dem Wahrnehmungswissen gleicht, besteht darin, daß sie grundlegend sein kann, also nicht durch Folgerungen erreicht wird. Das rechtfertigt den Gebrauch des Wortes »Wahrnehmung« hier aber ebensowenig wie bei der Beschreibung grundlegender logischer oder mathematischer Erkenntnisse.

Wie steht es mit der »Intuition«? Faßt man das Wort in einem stipulativen Sinn auf, so daß es nichts weiter bedeutet als »weder aufgrund eines auf anderer Grundlage beruhenden Beweises gewonnen noch durch Wahrnehmung bedingt«, ist gegen seinen Gebrauch nichts einzuwenden. Aber normalerweise wird es farbiger ausgemalt, so daß es eine Form übermäßig zuverlässigen Ratens oder Mutmaßens nahelegt, die der religiösen Offenbarung analog ist. Eine solche Deutung ist abzulehnen, und zwar weniger aufgrund ihrer metaphysischen Voraussetzungen als aufgrund ihrer phänomenologischen Ungenauigkeit. Unsere »intuitiven« ethischen Einsichten gleichen – wie der oben bereits angestellte Vergleich andeutet – eher unserer »intuitiven« Einsicht, daß bestimmte Reihen von Wörtern grammatisch sind. Sie ergeben sich aus einer Art von impliziter Beherrschung eines kognitiven Systems, das spontane Urteile hervorbringt. Solange wir den Ausdruck richtig interpretieren, können wir in unschädlicher Weise von »grammatischer Intuition« sprechen; und die »ethische Intuition« ist ebenfalls harmlos, wenn sie in dieser Weise aufgefaßt wird. Die wesentliche Stoßrichtung dieses Begriffs geht dahin, daß wir vielleicht außerstande sind, die unseren spezifischen Urteilen zugrunde liegenden allgemeinen Prinzipien zu artikulieren. Nicht akzeptabel ist die Auffassung, die die Intuition nach dem Vorbild eines geistigen Mediums begreift, das mit einer anderen übernatürlichen Welt in Verbindung steht. Unsere intuitiven ethischen Einsichten werden von keinem vergleichbaren unheimlichen Gefühl begleitet.

Bei Erörterungen der ethischen Erkenntnis geschieht es leicht, daß man vom Empirismus als dem zugrundeliegenden Standpunkt ausgeht. Die empirische Erkenntnis gilt als unproblematisch, und alles andere wird nach diesem Maßstab beurteilt. Meine Antwort darauf beinhaltet zweierlei: Erstens wird dadurch mehr als nur die ethische Erkenntnis ausgeschlossen, nämlich Logik, Mathematik, Modalität und dergleichen. Zweitens ist die empirische Erkenntnis selbst problematisch. Der Erfahrungsbegriff selbst enthält einige der tiefsten philosophischen Geheimnisse, insbesondere das Rätsel, wie Erfahrung in einer physischen Welt möglich ist (das Leib-Seele-Problem). Die ethische Erkenntnis ist also nicht in einzigartiger Weise rätselhaft.

Normalerweise setzen wir demnach voraus, daß es tatsächlich ethische Erkenntnis gibt. Es gilt als selbstverständlich, daß man darüber verfügt, und oft sind sich die Menschen ihrer Sache ganz sicher. Die ethische Erkenntnis beruht weder auf Induktion noch auf Hypothesenbildung. Auf der Basis unserer angeborenen Fähigkeiten gelangen wir in natürlicher Weise zu solcher Erkenntnis. Daher unterscheidet sie sich in gewisser Hinsicht von der naturwissenschaftlichen Erkenntnis, allerdings nicht in solcher Weise, daß ihr Erkenntnisrang dadurch in Frage gestellt würde. Es gibt keinen stichhaltigen Grund zum Zweifel an unserer Common-sense-Überzeugung, daß wir unmittelbar *wissen*, Stehlen sei etwas Böses. Die Eigenschaft des Guten ist wirklich ein Gegenstand der menschlichen Erkenntnis.

KAPITEL 4

Der böse Charakter

Zwei moralpsychologische Typen

Stellen wir uns die folgenden beiden Arten von Lebewesen vor, sie mögen G-Wesen und B-Wesen heißen: Die G-Wesen sind so beschaffen, daß sie, wenn ein anderes Mitglied ihrer Spezies Lust empfindet, ebenfalls Freude empfinden, und es ihnen dann, wenn ein anderer Schmerzen empfindet, auch schlecht geht. Die interpersonalen Gefühlsgesetze sind derart, daß Lust und Leid gleich bleiben, weshalb Ursache und Wirkung stets dem gleichen hedonischen Typus angehören. Die B-Wesen hingegen exemplifizieren die gegenteiligen Gesetze der Sozialpsychologie: Die Freude auf seiten des einen bewirkt Elend auf seiten des anderen, während Schmerz Lustempfindungen verursacht. Das, so können wir weiterhin annehmen, hängt nur davon ab, wie sie biologisch aufgebaut sind. Wenn ein B-Wesen sieht, wie sich ein anderes den Zeh stößt und aufschreit, empfindet es einen Schwall angenehmer Gefühle, während es sich beim Anblick eines Wesens, das gerade eine frische Melone genießt, elend fühlt. Diese Lust- und Leid-Empfindungen können von einfachen physischen Freuden und Schmerzen (wie Orgasmus und Zahnweh) bis hin zu weihevollen emotionalen Zuständen (wie ästhetischer Verzückung oder tiefer Verzweiflung) reichen. Das, worauf es ankommt, ist, daß bei diesen beiden Spezies eine Umkehrung ihrer jeweiligen interpersonalen hedonischen Gesetze gegeben ist. Die hedonischen Dispositionen der einen sind das genaue Gegenteil der Dispositionen der anderen.

Wenn wir nun weiterhin annehmen, daß die Angehörigen beider Arten ihre eigene Lust anstreben, fragt es sich, was wir von ihrem Verhalten zu erwarten haben. Was wird nötig sein, um ihren jeweiligen Nutzen zu maximieren? Die Antwort liegt auf der Hand: Die G-Wesen werden angenehme Empfindungen bei anderen fördern und anstreben, weil das zu ihrer eigenen Lust beiträgt, während die B-Wesen unerfreuliche Empfindungen bei anderen fördern und anstreben, da das – unter Voraussetzung ihrer Anlagen – ihre eigene Lust steigert. Je mehr Schmerzen die B-Wesen verursachen können, desto mehr Lust werden sie empfangen; und je mehr Freude in ihrer Umgebung vorhanden ist, desto elender wird es ihnen ergehen. Jeder wird darauf versessen sein, das Leid der anderen zu maximieren, um auf diese Weise seine eigene Lust zu maximieren. Die G-Wesen dagegen sind – unter Voraussetzung ihrer hedonischen Neigungen – darauf bedacht, die Freude der anderen zu maximieren. (Wenn wir wollen, können wir außerdem annehmen, daß weder die eine noch die andere Spezies eine andere Wahl hat, als den gegebenen Neigungen entsprechend zu handeln.) Konkret gesprochen, werden die B-Wesen eher Folterer, Sadisten, Diebe, Sexualverbrecher und Kinderschänder werden und tun, was immer anderen Leid zufügt: Die Starken werden die Schwachen ausbeuten, Mitgefühl gibt es nicht, und sie werden einander ständig an die Gurgel springen. Legt man meine Beschreibung der Sachlage zugrunde, werden sie allerdings keine Mörder sein, denn ich habe nicht gefordert, daß ihnen der *Tod* anderer für sich genommen Freude bereitet. Wenn man will, kann man auch diese Möglichkeit einbeziehen, doch fürs erste möchte ich ein Beispiel betrachten, bei dem es sich nicht so verhält. Die G-Wesen hingegen sind freundlich, großzügig, hilfsbereit, dienstbeflissen und überschäumend von kameradschaftlichen Gefühlen. Ihre Wünsche werden durchweg altruistisch sein, während die der ihnen entgegengesetzten Wesen grausam und bösartig sind. Das ist genau das, was man angesichts der vorausgesetzten psychologischen Gegebenheiten und der faktischen Beschaffenheit der Lust vorhersagen würde.

Dies ist ein imaginäres Artenpaar von Lebewesen, doch hier sollte festgehalten werden, daß die Kennzeichnung der B-Wesen als Beschreibung der Verhaltensweisen im Tierreich nicht völlig aus der Luft gegriffen ist. Setzt man die übliche Auffassung tierischen Verhaltens voraus, gibt es erbarmungslosen Wettbewerb zwischen den Angehörigen ein und derselben Art (es sei denn, die genetischen Überschneidungen sind – wie bei Blutsverwandten – sehr weitreichend). Der Schaden, den Angehörige derselben Spezies einander zufügen, gereicht, allgemein gesprochen, anderen Konkurrenten der gleichen Art zum Vorteil: Wenn die anderen Hunger leiden, ist es wahrscheinlicher, daß man selber nicht hungrig ist. Wenn die anderen keinen Partner haben, ist es wahrscheinlicher, daß man selber einen hat. Tiere sind nicht damit beschäftigt, für das Wohlergehen anderer Tiere zu sorgen, es sei denn, es gibt etwas zu holen für sie (oder ihre Gene). Eben darum ist augenscheinlich altruistisches Verhalten ein Rätsel für die Evolutionstheorie. Daher sind die hedonischen Neigungen der B-Wesen eigentlich so beschaffen, daß sie von der Evolutionstheorie prognostiziert werden sollten. Freilich ist die menschliche Gattung nur eine von vielen hochentwickelten Arten und stellt keine Ausnahme von den Grundgesetzen der Theorie dar (obwohl diese vielleicht in verschiedener Hinsicht einzuschränken sind).

Hier jedoch wollen wir eine Weile bei unseren imaginären Wesen bleiben, so daß die Komplexitäten der realen Welt fürs erste im Zaum gehalten werden. Mir geht es bei ihrer Einführung darum, daß ich ein Modell für zwei moralpsychologische Typen erhalte: den Typus der tugendhaften und den Typus der bösen Person. Konzentrieren wir uns auf den Bösen und vereinfachen wir einstweilen, so besagt die Grundidee, daß der böse Charakter jemand ist, der aus Leiden Lust gewinnt und aus Lust Leid. Was ich eigentlich erörtern will, ist das sogenannte *reine*

Böse im Gegensatz zum *instrumentellen* Bösen – die Bösartigkeit um ihrer selbst willen, nicht als Mittel zur Erreichung eines anderen Ziels. Es geht mir nicht um Fälle, in denen jemand einem anderen schadet, um sich einen Vorteil zu verschaffen, wie etwa bei einem Einbruch, einem Betrug oder dergleichen. In diesen Fällen ist das Leid des anderen nicht das *Ziel* der Handlung, sondern nur ein notwendiges (und vielleicht bedauertes) Mittel zur Durchsetzung einer anderen Sache. Hier handelt es sich um Fälle von unmoralischer Eigennützigkeit oder Egoismus. Mir geht es vielmehr um Fälle, in denen das Leid des anderen um seiner selbst willen hochgeschätzt wird, um Fälle also, in denen gerade die Verursachung von Leid das Motiv ist. Das ist kein im herkömmlichen Sinn egoistisches Handeln, denn aus dem Leid des anderen ergibt sich für den Akteur kein Nutzen außer der dadurch erzeugten Lust. Es geht um Fälle, in denen mein Wohlergehen einfach durch das Elend der anderen gesteigert wird.

Ein der Literatur entnommenes Paradebeispiel findet sich in Herman Melvilles Erzählung *Billy Budd*[1], in der krasse Bösartigkeit und naive Unschuld aufeinanderprallen. John Claggart ist ein Schiffsprofos, der den Wunsch hegt, den einfachen Matrosen Billy Budd zu schädigen und zu vernichten, obwohl von diesem keine Provokation ausgeht außer seiner natürlichen Tugend und Unschuld. Von Billys Untergang wird Claggart in keiner Weise profitieren, sondern er wünscht Billys Vernichtung um ihrer selbst willen. Als Billy den alten Dansker um Rat fragt, äußert dieser die prägnante Bemerkung: »Baby Budd, der Jemmy Legs [Claggarts Spitzname] hat dich auf dem Kieker« (26) – und zwar nicht aufgrund irgendeiner Handlung Billys, sondern einfach aufgrund seiner natürlichen Tugend. Dem Charakter Claggarts eignet, durchaus absichtlich, etwas Unerklärliches. »Denn was kann geheimnisvoller sein als eine dermaßen spontane und tiefe Abneigung, wie sie bei einigen Ausnahmemenschen durch den bloßen Anblick eines anderen Menschen ausgelöst werden kann, auch wenn dieser ganz unschuldig ist, wenn sie nicht gar durch eben diese Unschuld hervorgerufen wird?« (28) Claggart, so heißt es, habe ein Temperament, welches »das gerade Gegenteil eines Heiligen« (28) ausmache. Er kranke an »natürlicher Verworfenheit, einer naturgegebenen Lasterhaftigkeit« (29). Das Verhalten eines solchen Mannes »dürfte zwar auf einen Geist hindeuten, der dem Gesetz der Vernunft ganz besonders unterworfen ist, aber dennoch scheint sein Inneres völlig unabhängig von diesem Gesetz zu toben und mit der Vernunft offenbar nichts weiter im Sinn zu haben, als sie wie ein doppelzüngiges Instrument zur Durchsetzung des Irrationalen zu gebrauchen« (30). Claggart ist jemand, »dem die Besessenheit einer bösen Natur innewohnt, die nicht durch lasterhafte Schulung, verderbliche Bücher oder zügelloses Leben erzeugt wurde, sondern von Geburt in ihm angelegt ist« (30). Das einzige Motiv, das ihn bei seinem Zerstörungskampf bewegt, ist der Neid auf Billys Güte. Wir erfahren sogar, daß er zu den wenigen Männern an Bord gehört, die genügend Verstand und Unterscheidungsvermögen besitzen, um das »durch Billy Budd verkörperte moralische Phänomen« (32) zu würdigen. Er ist dazu fähig, »das Gute zu erkennen, aber unfähig, selber gut zu sein« (32). Claggarts Charakter ist so beschaffen, daß er trotz seines moralischen Bewußtseins nicht umhin kann, die Vernichtung des »hübschen Matrosen« anzustreben. Er ist so gebaut, daß er die Tugend ebenso haßt wie die Freuden der Tugendhaften. Claggart selbst kennt nur wenig Freuden außer der, daß er den Untergang Billys und seinen eigenen Anteil daran genießt. (Das Ergebnis ist allerdings nicht so, wie er es erwartet, denn als er Billy vor Kapitän Vere der Meuterei bezichtigt, schlägt ihn der sprachlose Billy mit solcher Gewalt auf den Kopf, daß er tot niederstürzt. Ein gerechtes Ende, mag der Leser empfinden, doch nun muß der Kapitän die geforderte Strafe an Billy vollstrecken lassen, weil dieser einen Offizier niedergeschlagen hat. Er muß ihn also zum Tode verurteilen, obwohl er weiß, daß Claggart Ränke gegen ihn geschmiedet hat.)

Was wir aus dieser emblematischen Erzählung lernen müssen, ist in Melvilles Schilderung von Claggarts Temperament enthalten, wenn er schreibt, dieser sei das »gerade Gegenteil eines Heiligen«, denn das ist eine prägnante Kurzformel der Auffassung, um die es mir hier geht, nämlich die Vorstellung von einer Umkehrung der üblichen Gesetze interpersonalen Empfindens. Ein weiteres Beispiel für diesen Typus, das sich anführen ließe, ist Jago in Shakespeares *Othello*, obwohl Jagos Psyche nicht ausführlich beschrieben wird. Neid ist gewiß eines seiner Motive, und dieser Neid ähnelt dem, den Claggart gegenüber Billy empfindet. Es ist aufschlußreich, wenn Jago über Cassio sagt: »Der hat in seinem Leben Tag für Tag eine Art Schönheit, die mich häßlich macht« (V, 1). Das Glück und die Tugend anderer ist ein ausreichender Anreiz für Jagos Feindseligkeit. Er muß die moralische Kluft zwischen sich selbst und anderen auslöschen, indem er Othello letztlich zum Mord anstiftet. Er schwelgt in Othellos Leiden und genießt den Niedergang seines Charakters. Das Phänomen, um das es hier geht, ist also das des unmotivierten bösartigen Handelns bzw. der Charakter, aus dem solche Handlungen hervorgehen. Dabei haben wir es nicht mit einem durchschnittlichen Bösewicht, Betrüger oder Verräter zu tun, also nicht mit jemandem, der von seinen Missetaten profitiert. Vielmehr geht es uns um Personen, die keinen anderen Zweck verfolgen außer Schaden und Zerstörung, mithin Personen, denen das um seiner selbst willen verursachte Leiden anderer Lust bereitet. Nun lautet die Frage, wie solche Personen zu verstehen sind.

Klärung der Analyse

Es ist eine begriffliche Wahrheit, daß das Böse nach der bisherigen Analyse dieser Vorstellung die Verschiedenheit der Personen voraussetzt, denn es beinhaltet *interpersonale* psychologische Beziehungen. Es ist gerade das Leiden des *anderen*, das dem Bösen Freude bereitet. Geht man von metaphysischen Anschauungen aus, nach denen es nur ein einziges Ich gibt, ist das Böse eigentlich gar nicht möglich. Der Sadismus wird zum bloßen Masochismus, wenn es zwischen mir und meinem Opfer keine ontologische Differenz gibt. Für mich ist es wichtig, daß *nicht* ich leide, sondern daß es jemand anders ist, dem es schlecht geht. Das Opfer muß nicht nur vom Akteur verschieden sein, sondern dem Akteur muß die Verschiedenheit auch bewußt sein. Ja, sie ist etwas, was er genießt. Zum inneren Gehalt der bösen Absicht gehört auch die Vorstellung, daß der andere ganz und gar anders ist. Alles, was diese Andersheit einschränkt oder abschwächt, verringert die Bösartigkeit der Handlung. Jede Auffassung, die Akteur und Opfer vereinigt, untergräbt tendenziell die Möglichkeit des Bösen. Die böse Handlung setzt also einen robusten Begriff von Personenidentität voraus: die Vorstellung von einer festen Grenze zwischen dem Betreffenden selbst und anderen. Sofern ich etwas Böses beabsichtige, genügt es nicht, wenn ich *meine* Schmerzen im Körper eines anderen genieße. Was ich genieße, muß der Schmerz eines *anderen* sein, der Schmerz eines autonomen und mit Bewußtsein begabten Subjekts.[2] Das Böse bedarf wesentlich der wahrgenommenen Verschiedenheit der Personen. Aus bekannten Gründen wird dies darauf beruhen, daß ich mir von mir selbst und anderen Vorstellungen mache, die durch Indikatoren bestimmt sind.[3] Ich könnte mir aus böser Absicht vornehmen, Colin McGinn leiden zu lassen, ohne zu merken, daß ich selbst Colin McGinn bin. Das ist nur deshalb möglich, weil ich (fälschlich) urteile: »Ich bin nicht Colin McGinn.« Der Böse muß daher eine Absicht hegen, in deren Inhalt ein Begriff wie *er* oder *du* vorkommt, nicht bloß ein Begriff, der einem Eigennamen oder einer definiten Kennzeichnung entspricht. Ich habe die Absicht, daß der *andere* leiden möge. Es genügt nicht, wenn ich bloß dafür sorge, daß *irgend jemand* leidet. Nötig ist außerdem die Stützung durch diese auf Indikatoren beruhende Vorstellung von einer Vielzahl von mir selbst verschiedener Subjekte.

In psychologischer Hinsicht würden wir also damit rechnen, daß Vorstellungen von Familie und Gemeinschaft der bösen Regung entgegenwirken, während alles, was auf Verschiedenheit und Unterschied hindeutet, diese Regung verstärkt. Das Böse zehrt vom Begriff der Andersheit. Der Lust am Bösen wohnt die Vorstellung von der krassen Verschiedenheit des Opfers von mir selbst von vornherein inne. Was ich genieße, ist, daß *nicht ich* es bin, der da leidet. Alles, was das Opfer mit mir vereint, wird daher meine Fähigkeit zu bösen Absichten untergraben. Es braucht jedoch kaum festgehalten zu werden, daß die Existenz einer echten Vielzahl von Subjekten nicht ernsthaft bestritten werden kann. Daher ist es unwahrscheinlich, daß dem Akteur die Voraussetzungen für seine bösen Vorhaben streitig gemacht werden.

Die Begriffe der Lust und der Schmerzen müssen bei dieser Analyse umfassend verstanden werden. Sie sind nicht auf körperliche Empfindungen beschränkt. Vermutlich werden diese Begriffe auch von unserer normalen Auffassung im weiten Sinne verstanden, und es ist theoretisch nützlich, bei ihrer Anwendung großzügig zu verfahren. Daher sollte jede Art von Glück oder Unglück, Schaden oder Genuß mit eingeschlossen werden. Das Vergnügen, das man bei einem Komplott empfindet, durch das ein wissenschaftlicher Konkurrent daran gehindert werden soll, den ihm gebührenden Preis zu gewinnen, gehört ebenso hierhin wie die sexuelle Lust am körperlichen Schmerz anderer. Lust und Schmerz sind so zu interpretieren, daß sie mit weit gefaßten Begriffen von Anziehung und Abstoßung korrelieren.

Der Böse kann entweder Urheber oder Betrachter der von ihm genossenen Leiden sein. Er braucht sich nicht immer zu bemühen, selbst dafür zu sorgen. Es kann ihm durchaus genügen, wenn jemand anders oder bloß die Natur den Schaden anrichtet. Ausschlaggebend ist der Zustand, den das Leiden in ihm auslöst, nicht unbedingt seine handelnde Beteiligung an der Verursachung des Leidens. Dementsprechend könnte man zwischen einem aktiven und einem passiven Bösen unterscheiden, je nach der eigenen absichtlichen Beteiligung des Akteurs.

Man sollte festhalten, daß die Analyse nicht nur das Vergnügen am Leiden des anderen einschließt, sondern auch das Unbehagen an der Freude des anderen. Dies sind lediglich zwei Seiten ein und derselben Medaille, Elemente ein und derselben hedonischen Struktur. Die zweite Möglichkeit wird weniger häufig mit dem Bösen in Verbindung gebracht, aber nicht weil sie nicht zu diesem psychologischen Typus gehörte, sondern nur weil sie weniger auffällig ist. Bei dieser Art des Bösen gibt es kein Opfer, obwohl es schon bald eines geben kann, wenn der böse Akteur versucht, sein Unbehagen durch Lust zu ersetzen. Mißfallen am Wohlergehen anderer ist der erste Schritt in Richtung des Wunsches, diesem Wohlergehen ein Ende zu bereiten, und auf jeden Fall ist es eine Art von Boshaftigkeit (wenn auch vielleicht von einer weniger schuldhaften Sorte).

Die bisher vorgelegte Analyse läßt die Gleichgültigkeit als eine Form des Bösen unerwähnt, also den Gedanken, jemand könne schon deshalb böse sein, weil ihn die Leiden eines anderen gar nicht kümmern. Diese Möglichkeit gehört zweifellos mit zu unserer normalen Auffassung des Bösen, aber nach meinem Eindruck ist sie verschieden genug von den hier interessierenden Fällen, um sie unberücksichtigt zu lassen. Wir könnten sie als eine eigene Spielart des Bösen bzw. – weil das Wort »böse« offenbar zu stark ist – als eine eigene Spielart moralischer Unzulänglichkeit auffassen, oder wir könnten sie einfach als ein weiteres Disjunktionsglied zu unserer bisher zusammengestellten Liste hinzufügen. Dann wird das Böse *entweder* darin bestehen, daß man Lust am Leid und Leid an der Lust empfindet, *oder* darin, daß man dem Leid (und auch der Lust) gleichgültig gegenübersteht. Im Fall der Gleichgültigkeit bringt mir der Schmerz des anderen keinen Vorteil; sein Leid spricht meine hedonischen Dispositionen gar nicht an. Daher werde ich es weder fördern noch anstreben, denn es läßt mich einfach kalt. Es mag sein, daß derartige Gleichgültigkeit das Endergebnis des Bösen im engeren Sinne ist, wie z. B. dann, wenn sich jemand an der Lust durch Schaden übersättigt hat. Die Lustzentren des bösen Akteurs sind dann überreizt und erschöpft, und was früher erlesene Wonne zu spenden pflegte (etwa das Abschlachten von Ketzern), bewirkt beim Betrachter jetzt nur noch Langeweile und Apathie. Dieser Gleichgültige wäre strenggenommen böse, allerdings nur aufgrund seiner Vorgeschichte mit der bösartigen Lust und den zugefügten Schmerzen. Die »Gleichgültigkeit« eines Steins oder einer Katze gegenüber den Leiden anderer dürfte kaum als ein Beispiel für das Böse gelten, selbst wenn man diesen Begriff in ganz verwässertem Sinne verstünde. Der Fall des Psychopathen liegt irgendwo in der Mitte: Er hat (wie man hört) die Fähigkeit zur Unterscheidung zwischen Gut und Böse verloren (und insofern gleicht er dem Stein), aber er scheint auch zu schrecklichen Handlungen fähig zu sein (und insofern gleicht er dem hedonistischen Sadisten). Es ist nicht leicht zu erkennen, wie man diese Art von Gleichgültigkeit deuten soll. Ich für mein Teil vermute, daß mehr aktive Lust dabei im Spiel ist, als gemeinhin angenommen wird. Der stille Genuß kann in hohem Maße wie völlige Gleichgültigkeit wirken. Man denke etwa an den Hohn der Verachtung seitens des »Gleichgültigen«, während er die Leiden anderer ostentativ ignoriert. In dieser Art von Verachtung steckt eine ganze Menge Genuß.

Gegen diese Form der Analyse kann man folgendes Gegenbeispiel ins Feld führen: Wie verhält es sich, wenn ich mit dem durch die Freude anderer ausgelösten Leid eines bösen Menschen konfrontiert bin bzw. mit seiner Lust an den Schmerzen anderer? Ich sollte mich doch sicher weder über sein Leid grämen noch über seine Lust freuen, denn dies sind *böse* Freuden und Leiden. Es ist offensichtlich nichts Tugendhaftes, wenn mich die Freude des Folterers am Foltern glücklich macht. Der

Ausweg aus diesem Problem besteht einfach darin, daß man die Bedingung aufstellt, kein Glied in der Kette der kausal verknüpften hedonischen Zustände dürfe so beschaffen sein, daß die Schmerz/Schmerz- und die Lust/Lust-Verbindungen umgekehrt werden. Die Kette darf keinen bösen Knick enthalten. Wenn doch einer vorkommt, verlangt die Tugend eine Umkehrung, um die Sachlage zu korrigieren. Es gibt vielleicht nur wenig Dinge, die für den Tugendhaften ähnlich niederschmetternd sind wie die greifbare Lust des Bösen an seinen schlimmen Handlungen. Außerdem muß man einräumen, daß es etwas Angenehmes hat, wenn der Böse leidet, weil jemand anders Freude empfindet. Man bedenke doch nur, was man fühlen würde, wenn man feststellte, daß der fröhliche Freund, dessen gute Laune gerade die eigene Stimmung gehoben hat, eben von einer Foltersitzung kommt, die ihm besonderen Genuß bereitet hat. Dann, so möchte ich zu behaupten wagen, würde man seine Freude nicht länger teilen. Ist man jedoch selbst böse, wird die eigene Reaktion komplizierter sein: An der Freude des Freundes wird man sich zwar nicht ergötzen, denn es ist Freude, aber man wird einen angenehmen Schauder angesichts der Tatsache empfinden, daß diese Freude immerhin durch die Leiden anderer hervorgerufen wurde.

Dieser Sachverhalt zeigt übrigens, daß es falsch ist, Freude immer als etwas Gutes und Leiden immer als etwas Schlechtes hinzustellen, denn die durch Leiden verursachte Lust des Bösen ist nichts Gutes und sein durch Freude bewirktes Leid nichts Schlimmes. Alles hängt davon ab, worauf sich die Freude und das Leid beziehen – also davon, was ihr Inhalt ist. Eine Welt, in der sich die Menschen systematisch über die Leiden anderer freuen, ist nach meinem Dafürhalten nicht besser als eine Welt, in der man teilnahmsvollen Schmerz empfindet, selbst wenn die erste dieser Welten mehr Freude enthält. Die Regel der Lustmaximierung muß daher so eingeschränkt werden, daß Fälle von böser Lust ausgeschlossen sind.

Diese Analyse ist nicht als völlig angemessene Darstellung der menschlichen Psyche gemeint, sondern als nützliches Denkschema. In mehreren Hinsichten nimmt sie übermäßige Vereinfachungen vor und läßt feine Unterscheidungen zwischen Einzelfällen außer acht, doch sie legt eine Struktur frei, die meines Erachtens für die Reflexion nützlich ist. Sie idealisiert die Phänomene ungefähr in der gleichen Weise, in der die gängige Entscheidungstheorie dies tut. Darum bin ich auch von unseren zwei imaginären Spezies ausgegangen. Dieser Darstellung kann man Verfeinerungen und Einschränkungen hinzufügen, sobald man sie auf konkrete Beispiele anwendet. Wie wir weiter unten sehen werden, gestattet sie es uns, die richtigen Fragen aufzuwerfen.

Der Tod wird nicht als eines der Ziele des Bösen genannt. Auch ihn könnten wir als ein weiteres Disjunktionsglied hinzufügen, aber ich halte es für nützlich, darauf zu verzichten, denn dadurch wird ein anderes Syndrom des Bösen ins Spiel gebracht. Die Art von bösem Charakter, die mich hier interessiert, erachtet das Töten vielleicht für ganz und gar nicht wünschenswert. Seine Freude bezieht sich speziell auf das Leiden anderer, und der Tod setzt der Leidensmöglichkeit ein Ende. Das Paradigma ist der Folterer, denn er möchte, daß sein Opfer lebendig und bei Bewußtsein bleibt, während er vielleicht Enttäuschung und Verdruß empfindet, wenn das Opfer zufällig dahinscheidet. Außerdem ist vieles Böse einfach nicht so extrem, daß geradezu der Tod angestrebt wird. Man läuft Gefahr, das Wort falsch zu gebrauchen, wenn man meint, das Böse müsse stets den Wunsch zu töten beinhalten. Freilich, das Leiden des Todes oder des Sterbens entspricht der bereits vorliegenden Analyse, aber die bloße Tatsache der Auslöschung eines Lebens gehört womöglich gar nicht zum Vorhaben des bösen Akteurs. Der Gedanke, jedermann werde ohne Schmerzen im Schlaf sterben, bereitet ihm selbst dann keine Freude, wenn er dieses Ereignis verursacht hat.

Kapitel 4

Einige Anwendungsfälle

Welche Phänomene werden von dieser Analyse erfaßt? Freude an der Gewalt ist das offensichtliche und vielleicht das wichtigste Beispiel. Der gewalttätige Sadist ist eben jemand, dessen Freude von den Leiden anderer herrührt. Die Gewalt braucht nicht physischer Art zu sein; es gibt auch seelische Sadisten. Sie findet sich auch nicht nur auf den Seiten psychiatrischer Fachzeitschriften. Mehr oder weniger ausgeprägte Formen von Sadismus sind weit verbreitet und werden nicht einmal verurteilt. Von gewalttätigen Sportarten wird das gewiß ebenso ausgebeutet wie von Spielfilmen, die viel Gewalt enthalten. Sprachliche Äußerungen, die verletzend wirken sollen, sind letztlich auch ein Spezialfall von Gewaltanwendung. Der sadistische Impuls, der sich bei öffentlichen Hinrichtungen, Inquisitionsverhandlungen, Hetzjagden und dergleichen zu äußern pflegte, findet heutzutage subtilere Ventile, aber das wesentliche Merkmal – die Lust am Mißgeschick anderer – ist dennoch vorhanden.[4] Jedenfalls ist die Lust an der Verursachung von Leiden durch körperliche Gewaltanwendung unser Paradebeispiel für das Böse im hier definierten Sinne.

Neid und Schadenfreude (die in einem Wörterbuch freimütig als »bösartige Genugtuung über das Mißgeschick anderer« definiert wird) fallen ebenfalls unter diese Analyse, und außerdem veranschaulichen sie die Notwendigkeit der Lust/Schmerz-Verknüpfung. Beim Neid wird durch den Erfolg oder das Glück anderer Kummer ausgelöst, und Schadenfreude ist genau die Umkehrung dieses Falls. Es ist interessant zu fragen, wieviel sadistisches Übel eigentlich vom Neid und ähnlichen Empfindungen herrührt. Um den durch Neid ausgelösten Schmerz zu lindern, ist es nötig, den anderen in einen Zustand zu versetzen, in dem er keinen Neid mehr erregt, und das wiederum macht es erforderlich, ihm Schaden und Leid zuzufügen. Allgemeiner Neid gegenüber anderen könnte leicht zur Herausbildung einer

Persönlichkeit führen, die das Leiden anderer anstrebt (darauf werden wir noch zurückkommen). In jedem Fall erweist sich der Neid, wenn man meine Analyse zugrunde legt, als etwas Böses – als Laster im Sinne der traditionellen Lehre. Die Grundstruktur ist die gleiche wie beim Sadismus. Claggart wird als jemand beschrieben, der Billy wegen seines moralischen Wesens beneidet, und Melville äußert sich über das Schändliche, das mit dem Neid einhergeht – keiner wird zugeben, daß er neidisch ist. Dieses Schändliche könnte man einleuchtend mit der Tatsache in Verbindung bringen, daß der Neid dem Muster entspricht, der das Böse definiert, und das ist nicht etwas, wozu man sich ohne weiteres bekennt. Dennoch ist der Neid ein weitverbreiteter Gemütszustand, und daher kommt auch die das Böse definierende psychologische Struktur recht häufig vor. Festzuhalten ist, daß es Gram über das Glück anderer sein muß, der allein durch dieses Glück ausgelöst wird. Gefühlsregungen hinsichtlich der Ungerechtigkeit eines Zustands, bei dem jemand besitzt, was zu Recht dem Betreffenden selbst zusteht, sind etwas anderes (und oft wird jene Art Gram als diese Art von Betroffenheit ausgegeben).

Rache und Rivalität liefern aufgrund der mit ihnen einhergehenden Ambivalenz interessante Beispiele. Bei der Rache versucht man dem anderen wegen seiner bösen Taten Leid anzutun. Daher bereitet der zu Recht zugefügte Schmerz des anderen Lust. Dadurch fällt die Rache unter die Kategorie des Bösen, obwohl es sich zugleich um einen Fall handelt, in dem die Gerechtigkeit zum Zuge kommt. Somit hat die Rache sowohl etwas vom Guten als auch vom Bösen. Diese Spannung möchte man auflösen, indem man fordert, der Tod des Missetäters dürfe keine echte *Lust* bereiten. Strenge und erhabene Umsicht werden empfohlen. Doch sobald den Bösewicht die gerechte Vergeltung ereilt, kommt bei dieser Auflösung leicht ein verstohlenes Lächeln zum Durchbruch. Rache bereitet Unbehagen, weil ihr doch zuviel von der bösen Regung anhaftet – und natürlich wird unter ihrem Mantel viel Böses getan. Die Rache kommt dem, was durch sie bestraft werden soll, viel zu nahe. Eines der Nebenübel, das durch böse Akteure verursacht wird, besteht darin, daß sie andern durch die gerechte Rache eine psychische Einstellung aufzwingen, die von der Tugend gern vermieden würde. Gewalthandlungen führen dazu, daß der Rächer gewalttätig reagiert. In Extremfällen kann der Wunsch nach gerechter Rache die hedonischen Neigungen einer Person in recht systematischer Weise vom Tugendhaften ins Lasterhafte verkehren. Der Betreffende wird besessen von der Vorstellung, er müsse dem ursprünglichen Missetäter Leiden zufügen. Daher rühren das Ambivalente der Rache und die speziellen moralischen Gefahren, die mit ihr einhergehen.

Rivalität bringt ähnliche Gefahren mit sich. Es liegt in der Natur der Sache, daß jeder Rivale den anderen zu bezwingen trachtet. Das Scheitern des anderen ist gewollt, und dabei ist es unvermeidlich, daß dem Verlierer Leid geschieht. So zieht der durchaus angenehme Sieg notwendig das Leid des Besiegten nach sich. Bei Wettkämpfen passiert es daher leicht, daß man in die für das Böse kennzeichnenden psychologischen Verstrickungen gerät. Der Schmerz der anderen gibt Anlaß zur eigenen Freude, während die Lust der anderen das eigene Leiden schafft. Je mehr Gewalt beim Wettstreit ins Spiel kommt, desto mehr wird sich die psychische Einstellung der Teilnehmer der des Sadisten nähern (man denke etwa ans Boxen). Bleibt diese psychische Einstellung außerhalb der Wettkampfarena erhalten, überträgt sie sich wahrscheinlich auch auf andere Gebiete. Und da Wettstreit auf so vielen Ebenen existiert, riskiert jede Kultur, welche dazu ermuntert, die Verbreitung der bösen psychischen Einstellung. Die Vorstellungen des Gewinnens und Verlierens werden, sobald sie sich ausbreiten, zu Kräften, welche die falschen hedonischen Dispositionen schaffen. Auch hier ist es natürlich, ambivalent darauf zu reagieren. Wird Lust mit Gewinn verknüpft, stellt sich die Freude tendenziell nur auf Kosten der

Leiden anderer ein. Will man also zur Freude über die Freude anderer anregen, ist das soziale Muster der Rivalität die falsche Basis. In einer vom Sport beherrschten Kultur wird diese Gefahr ständig herausgefordert. Zumindest müssen Gegenkräfte mobilisiert werden, wenn man die falsche psychische Einstellung nicht verstärken will (daher die traditionelle Betonung der tugendhaften Seiten »sportlichen« Verhaltens).[5]

Die Erklärung des Bösen

Manchmal wird behauptet, der böse Charakter habe etwas Geheimnisvolles und Unerklärliches an sich, denn seine Motive sind für uns unverständlich. Welchen *Sinn* hat das Böse? Den Sinn des instrumentellen Bösen kann man einsehen, denn das läßt sich dem Egoismus zurechnen. Aber welcher mögliche Nutzen geht von dem reinen Bösen aus, von der Verursachung des Leidens um seiner selbst willen? Was *profitiert* der böse Akteur davon? Der tugendhafte Charakter hingegen gilt nicht als rätselhaft, denn das Anziehende guter Handlungen kann man mit Hilfe des schlichten Faktums erklären, daß sie eben *gut* sind – sie haben die Moral auf ihrer Seite. Wenn ich eine altruistische Handlung vollziehe, besteht mein Motiv eben darin, das Wohlergehen anderer zu fördern, und das scheint als Erklärung auszureichen. Der Sinn der Schaffung von Glück liegt unabhängig davon, wer es genießt, auf der Hand, denn Glück ist etwas Gutes. Aber die Anziehungskraft des Bösen kann man nicht durch den bloßen Hinweis erklären, es sei eben *böse* – es laufe der Moral *zuwider*. Daraus erfahren wir kaum, welchen positiven Sinn das böse Handeln haben kann. Was die Erklärung angeht, liegt hier offenbar eine Asymmetrie vor, durch die die Frage nach einer Erklärung des Bösen um so dringlicher wird. Daß eine Handlung gute Wirkungen nach sich zieht, kann erklären, warum ein Akteur sie vollzogen hat, aber die schlechten Wirkungen einer Handlung vermögen nicht zu erklären, warum sie vollzogen wurde, obwohl es beide Arten von Handlungen tatsächlich gibt. Die Erklärung moralischer Werte enthält eine Asymmetrie. Das reflektiert zweifellos die Tatsache, daß das Gute im Gegensatz zum Schlechten eine Handlung *rechtfertigen* kann. Doch dann fragt es sich nach wie vor, wodurch die böse Handlung ausgelöst werden kann, wenn die Möglichkeit einer moralischen Rechtfertigung ihres Zwecks gar nicht gegeben ist. Was für ein Motiv gibt es hier?

Diese Frage werde ich mit Hilfe der bisher dargelegten Analyse erkunden. Wie kommt es, daß für manche Menschen das psychologische Gesetz gilt, wonach die Leiden anderer ihnen Freude bereiten? Gibt es so etwas wie eine »Tiefenstruktur« dieser psychischen Einstellung, durch die sie verständlich wird? Läßt sie sich vielleicht aus einem anderen psychologischen Gesetz oder Syndrom ableiten? Hier kann man mehrere mögliche Antworten auf diese Frage in Betracht ziehen.

Eine vor allem historisch bedeutsame Antwort besagt, dieses Gesetz werde von einer dunklen satanischen Kraft gestützt. Der Teufel dringe in unsere Psyche ein und sorge dafür, daß uns das Leid anderer lieber ist als ihre Freude. In Extremfällen ergreife der Satan geradezu Besitz von uns und setze seine Psyche an die Stelle der unseren. Das ist eine religiöse Antwort. Auf sie werde ich nicht ausführlich eingehen, und zwar vor allem deshalb nicht, weil ich die religiösen Hintergrundvoraussetzungen nicht teile. Ich möchte nur festhalten, daß diese Antwort im Grunde ohnehin nicht zu erklären vermag, was erklärt werden muß. Sie gibt keine Auskunft darüber, was der Böse am Leid der anderen so anziehend findet, sondern sie nennt nur eine Ursache dafür, daß er überhaupt böse Regungen empfindet. Außerdem wird durch die Berufung auf den Teufel einfach die gleiche Frage in bezug auf *seine* Psyche aufgeworfen: Warum liegt ihm daran, das Leid anderer anzustreben? Die Psyche des Teufels führt uns das Rätsel in seiner dringlichsten Form vor, ohne es zu lösen. Was treibt den Teufel eigentlich an? Die Antwort, er sei eben der Satan, bietet keine Lösung und kann uns nicht zufriedenstellen.

Eine zweite Antwort besagt, es gebe zwar eine naturalistische Erklärung, doch die liege zu weit jenseits des menschlichen Begriffsvermögens, als daß man bis zu ihr vordringen könnte. Das Böse sei ein natürliches Geheimnis; seine Erklärung liege zu tief in der Natur verborgen, als daß unser erbärmlicher Geist bis zu ihr hingelangen könne. In anderen Bereichen habe ich gegen einen solchen Standpunkt nichts einzuwenden,[6] doch auf diesem Gebiet ist er nach meinem Eindruck nicht angebracht. Die Erklärung muß doch gewiß näher beim Erklärten liegen, denn sie muß so etwas wie einen *rationalen Grund* der bösen Regung nennen – etwas, was das Oberflächenmotiv des Akteurs verständlich macht. Wie wäre es denn möglich, daß das, was diesem Motiv Sinn verleiht, dem Träger dieses Motivs unverständlich bleibt? Auf jeden Fall sollte man sich nur in äußerster Not auf diesen Standpunkt zurückziehen. Daher sollten wir nachforschen, ob andere Ansätze mehr leisten.

Eine dritte Antwort besagt, daß die Erklärung auf neurologischer und biochemischer Ebene liegt: Es gebe Gehirnschaltungen rein physischer Art, die den Akteur dazu disponieren, gegenüber den Gefühlen anderer die von ihm faktisch empfundenen Gefühle zu hegen. Daher müßten wir Gehirnforschung betreiben, um herauszubekommen, wodurch die Menschen böse werden. In ihren inhaltlichen Voraussetzungen ist diese Antwort gewiß nicht verfehlt, denn es gibt bestimmt unterschiedliche neuronale Entsprechungen dieser beiden hedonischen Dispositionstypen. Es könnte sogar sein, daß es uns letzten Endes gelingt, die neurophysiologische Basis des Bösen zu entdecken. Aber auch hier befindet sich die Erklärung auf einer Ebene, die uns nicht zu befriedigen vermag, denn wir wollen wissen, was die böse Neigung in *psychologischer* Hinsicht stützt. Neuronale Entsprechungen reichen nicht aus, um sie in der gewünschten Weise verständlich zu machen.

Ferner gibt es eine vierte Antwort, wonach die Erklärung auf der Ebene der normalen Volkspsychologie liegt, sofern man diese vielleicht um einige theoretische Elemente erweitert. Die Erklärung findet sich demnach in unserem normalen Verständnis menschlicher Motive, zumindest, was ihre allgemeine Form betrifft. Das hedonische Gesetz gilt aufgrund weiterer Wünsche des Akteurs, aus denen der Wunsch nach Schmerzverursachung als Mittel zur Befriedigung dieser zusätzlichen Wünsche resultiert. Dementsprechend müßten wir ermitteln, um welche Wünsche es sich dabei handelt. Auf diese Art der Beantwortung werde ich noch im einzelnen eingehen, nachdem ich die letzte der hier zu berücksichtigenden Antworten genannt habe.

Diese letzte Antwort besagt, das Gesetz sei grundlegend und nicht hintergehbar; durch eine weitere Erklärung sei ihm nicht beizukommen. Nach dieser Anschauung ist das Böse einfach in dem gleichen Sinne unerklärbar, in dem das für jedes Grundgesetz einer Spezialwissenschaft gilt. Dieser Standpunkt scheint auch in Melvilles Erzählung vorausgesetzt zu sein, denn Claggarts Bösartigkeit wird als »naturgegeben« hingestellt, ohne daß eine Lösung genannt wird, die es verständlicher machte. Es mag zwar eine physische Basis in Claggarts Gehirn geben, aber auf der volkspsychologischen Ebene ist nichts Erhellendes darüber zu sagen. In einem gewissen Sinn ist das böse Motiv etwas Primitives: So sind die Menschen nun einmal aufgrund unhinterfragbarer nomologischer Tatsachen. Auch diese Antwort werde ich eingehender behandeln.

Die Anziehungskraft des Leidens

Angenommen, ich wünsche dem anderen Schmerzen zu bereiten, so daß ich Lust empfinde, wenn mein Wunsch erfüllt ist. Das dient keinem sonstigen Zweck, etwa der Entlockung wertvoller Informationen oder der Bestrafung einer Missetat. Es ist einfach so, daß ich dem anderen gegenüber sadistische Regungen verspüre – es macht mir Spaß, daß der andere leidet. Könnte es sein, daß dieser Wunsch, dem anderen Schmerzen zu bereiten, ein Mittel ist, um einen tieferen Wunsch meinerseits zu befriedigen, so daß der Schmerz des anderen ein Mittel zur Erfüllung dieses tieferen Wunsches ist? Es verhielte sich nicht so, daß ich nur will, der andere möge Schmerzen *empfinden* – Punktum! Nein, die Schmerzen des anderen sollen mit etwas *anderem*, das mir erwünscht ist, einhergehen. Es gibt eine ganze Reihe von Vorschlägen, die manchmal darauf hinauslaufen. Verschaffen wir uns einen Überblick über diese Vorschläge:

Man könnte meinen, daß mein tiefer Wunsch dahin geht, daß man Notiz von mir nimmt, sich an mich erinnert und mir Beachtung schenkt, während die Verursachung der Schmerzen das von mir gewählte Mittel zu diesem Zweck ist. Schmerzen verfehlen ihre Wirkung auf die Menschen bestimmt nicht – einerlei, ob Betrachter oder Opfer –, so daß ihre Verursachung sicher dafür sorgen wird, daß man mich beachtet. Es mag zwar sein, daß mich die anderen hassen, weil ich Leid verursache, aber sie werden mir bestimmt nicht gleichgültig gegenüberstehen. Ich werde mich in ihre Psyche eingeschlichen haben. In Extremfällen kann es sein, daß ich zur nationalen Berühmtheit avanciere, als Krimineller bewundert werde und in die Geschichte eingehe. Leiden verursachen ist mein Mittel, um diesen Wunsch nach Bekanntheit zu erfüllen.

Eine Paralleltheorie besagt, daß ich dem anderen Schmerzen zufüge, um meine Macht über ihn zu bekräftigen, ihm die Freiheit zu nehmen und ihn zum bloßen Körper zu degradieren. Der Schmerz ist ein Mittel zur Beherrschung des anderen. Ich strebe nach einer solchen Beherrschung – einer solchen Asymmetrie der Macht –, und Schmerz zu verursachen ist das Mittel zu diesem Zweck. In erster Linie will ich die Hilflosigkeit des anderen, und indem ich ihm Schmerzen zufüge, reduziere ich ihn zu einem hilflos sich windenden Körper. Das ist Jean-Paul

Sartres Antwort auf das passend von ihm so apostrophierte »Problem des Sadismus«: Der Sadist sucht »den Leib des Anderen wie ein Werkzeug zu benutzen, um den Anderen zu veranlassen, sein Fleischdasein zu realisieren«.[7] Er will, daß sich das Bewußtsein des anderen auf das Bewußtsein von seinem Körper beschränkt. Denn in diesem Zustand wird der andere zum bloßen »Für-sich« reduziert, zu einem Wesen ohne Freiheit. Nach dieser Theorie verursache ich dem anderen Schmerzen, weil ich einen solchen darüber hinausgehenden Wunsch hege; und der Schmerz ist ein gutes Mittel, um diesen zusätzlichen Zweck zu erreichen. Mein Streben gilt der Vernichtung der Freiheit des anderen, und ich wähle den Schmerz als Mittel zu diesem Zweck.

Das Mißliche an derartigen Theorien ist recht offenkundig. Die vorgelegten Erklärungen mögen einiges dazu beitragen, der Psyche des Sadisten etwas von ihrem Geheimnis zu nehmen, und außerdem haben sie den Effekt, daß sie seine Wünsche um ein Geringes weniger abstoßend und beunruhigend erscheinen lassen. Doch sie kranken an dem Problem, daß die Verursachung von Schmerzen nicht das *einzige* Mittel ist, um die betreffenden Zwecke zu erreichen. Wären diese Erklärungen richtig, könnte der böse Akteur genausogut wohltätige Mittel benutzen, um seine tieferen Ziele durchzusetzen. Aber das hieße gewiß, seine Bindung an das von ihm bewirkte Böse zu unterschätzen. Es gibt alle möglichen Weisen, in denen ich dafür sorgen kann, daß man mir Beachtung schenkt und sich meiner erinnert. So kann ich mich beispielsweise außergewöhnlich tugendhaft verhalten, Tischtennismeister werden oder in spektakulärer Manier Harakiri begehen. Es ist gewiß nicht einleuchtend, wenn man geltend macht, der böse Charakter beschließe anderen bloß deshalb Schmerzen zuzufügen, weil das ein besonders rascher oder praktischer Weg wäre, die Aufmerksamkeit auf sich zu lenken. Nein, er verursacht *gern* Schmerzen, und er vollzieht diese Handlung um ihrer selbst willen. Es ist ihm nicht gleichgültig, ob er sein Verlangen nach Beachtung durch Schmerzen oder etwas anderes stillt, sondern sein Motiv ist speziell auf Schmerzen gerichtet. Der Schmerz ist nicht bloß ein *Mittel* zur Erreichung von etwas, das davon logisch unabhängig wäre.

Das gleiche Problem betrifft auch die Theorie Sartres, denn es gibt neben der Verursachung von Schmerzen noch andere Möglichkeiten, eine Person auf das rein Körperliche zu reduzieren. Auch durch Lust – vor allem durch sexuelle Lust – kann das gelingen. Diese Art von Lust kann mit Hilflosigkeit einhergehen. Aber der Sadist ist nicht jemand, der genauso zufrieden wäre, wenn er Lust hervorbrächte, um seinen Wunsch nach Reduzierung des anderen auf das rein Körperliche zu erfüllen. Daß er sich für Schmerzen entscheidet, ist nicht nur ein entbehrliches Mittel zu einem logisch unabhängigen Zweck, sondern Selbstzweck. Über diese Konsequenz seiner Theorie ist sich Sartre zwar im klaren, aber er versucht, sie zum Vorteil umzustilisieren, indem er behauptet, daß man sich beim sexuellen Verlangen »in Richtung Sadismus orientiert« (eine entzückend vorsichtige Weise, das für ihn daraus entstehende Problem zu formulieren). Nach Sartres Theorie sollte es eigentlich keinen Unterschied geben zwischen dem Wunsch, sexuelle Lust hervorzubringen, und dem Wunsch, Schmerzen zuzufügen, da beide gleichermaßen dazu angetan sind, das Fleischliche des anderen hervortreten zu lassen. Aber dadurch wird der Hang des Sadisten zu Schmerzen als etwas Nebensächliches hingestellt. Außerdem wird dabei der Fehler gemacht, den Sadismus ausschließlich in der sexuellen Sphäre anzusiedeln, so als könnte er nicht auch auf andere Weise zum Vorschein kommen. Aber Grausamkeit kann viele Formen annehmen, die nicht allesamt eine sexuelle Dimension haben, gleichgültig, wie großzügig man den Begriff des Sexuellen deuten möchte. Und wie soll die Theorie Sartres mit rein geistiger Grausamkeit fertig werden, bei der ja gar keine Kasteiung des Fleisches vorkommt, durch die das Opfer auf seinen Körper reduziert werden soll? Wie steht es mit dem intellektuellen Sadisten? Wie erklärt sich die Gefühlsfolter?

Hier ist ein Muster gegeben: Jede Theorie, die den Versuch macht, Schmerzverursachung als Mittel zur Erfüllung eines darüber hinausgehenden Wunsches zu deuten, wird sich dem Problem stellen müssen, daß der Böse die Schmerzen um ihrer selbst willen hochschätzt. Daher haben solche Theorien eine strukturelle Grundschwäche. Dennoch scheint sich in diesem Umfeld eine Frage zu stellen, die nach Beantwortung verlangt: Wodurch werden die Schmerzen eigentlich anziehend und erfreulich? Welches sind die Eigenschaften des Schmerzes, durch die er dem Bösen angenehm wird? Durch die Verursachung oder Betrachtung von Leiden braucht zwar kein sonstiger, unabhängiger *Wunsch* erfüllt zu werden, aber es fragt sich, ob es ein weiteres Merkmal der Schmerzen gibt, das ihre Anziehungskraft verständlich macht. Schmerzen sind kein bloßes Mittel zu einem weiteren Zweck, aber vielleicht können wir ihre Fähigkeit, Menschen in ihren Bann zu schlagen, dennoch erklären.

Der Marquis de Sade, dieser Befürworter und Anatom der Schmerzen, hielt ihre bloße Intensität für ausreichend, um ihre Anziehungskraft zu erklären: »Es kommt bloß darauf an, alle unsere Nerven durch einen möglichst gewaltsamen Schock zu reizen. Nun, da kein Zweifel daran bestehen kann, daß Schmerzen uns stärker berühren als Lust, wird unser ganzes Wesen durch die Schockwirkungen erbeben, die ausgelöst werden, wenn diese Empfindung bei anderen hervorgerufen wird.«[8] Ferner heißt es: »Keine Empfindung ist heftiger und wirksamer als die Schmerzempfindung; der Eindruck, den sie hinterläßt, ist unverkennbar.«[9] Sades Grundgedanke ist also der, daß die Schmerzen – all das Stöhnen, diese Schreie und dieses Sichwinden – einer anderen Person mehr *Energie* enthalten und dem Betrachter daher als intensiverer Reiz erscheinen. Es ist jedoch wenig einleuchtend zu glauben, daß der Sadist den Schmerz als Reizursache wählt, weil er *stärker* wirkt als Lust. Das ist ein zu äußerliches Merkmal der Schmerzen, das dem Sadisten auch die Möglichkeit gäbe, Lust hervorzubringen, solange sie nur ebenso intensiv wirkt wie Schmerzen. Vor die Wahl gestellt, geringe Schmerzen und heftige Lust zu erzeugen, würde er sich nach dieser Erklärung für die Lust entscheiden. (War Sade vielleicht doch ein netterer Mensch, als er selbst vorgibt?) Offenbar müssen wir ein Merkmal der Schmerzen ausfindig machen, das anderen Empfindungen nicht zukommen *kann*. Auch die Fähigkeit, das Bewußtsein einer Person zu durchdringen, reicht nicht aus, denn das läßt sich mit anderen Mitteln ebenfalls erreichen – ein Orgasmus oder ästhetische Verzückung tun den gleichen Dienst. Wir benötigen eine kausale Kraft der Schmerzen, die sonst nirgends vorkommt.

Erhellen läßt sich die Sachlage, wenn man feststellt, daß heftige Schmerzen das Ergebnis nach sich ziehen können, daß das Opfer dem eigenen Leben keinen Wert mehr beimißt. Werden die Schmerzen schlimm genug, möchte es lieber sterben als das Leben ertragen. Und selbst wenn die Schmerzen nicht ganz so schlimm sind, stimmt es dennoch, daß man das eigene Leben weniger hochschätzt, wenn es ein Leben voller Schmerzen ist. Das ist ein Gemütszustand, in dem der Betreffende einen seiner tiefsten Werte ablehnt – vielleicht sogar den tiefsten überhaupt –, nämlich seine Bindung an das Leben selbst. Er schätzt sein Leben nicht mehr höher als alles andere, sondern er ist bereit, es aufzugeben, wenn dafür der Schmerz aufhört. So ist es dem Verursacher der Schmerzen gelungen, sein Opfer zur Aufgabe eines seiner tiefsten Werte zu veranlassen. Er hat die Wertestruktur des Opfers in grundlegender Weise zerrüttet. Was einst besonders kostbar war, ist zur schweren Bürde geworden. Dazu ist keine Form von Lust – einerlei, wie intensiv sie auch sein mag – imstande. Ganz im Gegenteil, Lust steigert nur die Bindung an das eigene Leben. Hier haben wir es mit jener Art von Asymmetrie zwischen Lust und Schmerz zu tun, nach der wir Ausschau halten. Also scheint die Absicht des Sadisten zum

Teil dahin zu gehen, eine solche Ablehnung des Grundwerts des Lebens zu bewirken. Am meisten genießt der Folterer den Augenblick, in dem er sein Opfer so weit bringt, daß es sogar den Wert des eigenen Lebens preisgibt. Das ist gewiß eine tiefreichende Form von Macht über den anderen, und Macht gehört offenbar wirklich zu den Dingen, um die es dem Sadisten geht. Dabei handelt es sich nicht bloß um Macht über Leben und Tod, sondern es ist die Macht, durch die man jemanden dazu bringen kann, den diesen beiden Zuständen zugesprochenen Wert umzukehren. Der Sadist wünscht, daß der andere den Tod *will*. Und selbst wenn der Sadist nicht diesem Extremtypus angehört, genießt er doch die Verminderung des Werts, den das Opfer dem eigenen Leben beimißt.

Falls das zutrifft, können wir hier eine Verwandtschaft zwischen der Grausamkeit und zwei anderen Phänomenen – der sexuellen Verführung und der rhetorischen Überredung – feststellen. Es ist allerdings nicht so, als wäre eines von ihnen ein Spezialfall der anderen, sondern sie alle fallen unter das gleiche abstrakte Muster. Bei der Verführung wird – vor allem wenn es sich um unschuldige oder widerstrebende Menschen handelt – dafür gesorgt, daß der Betreffende seine normalen Werte und Wünsche preisgibt, weil er von körperlicher Ekstase mitgerissen wird. Sexuelle Empfindungen bewirken eine Zerrüttung der üblichen Wertordnung. Dadurch wird die Lust an der Verführung nach übereinstimmender Meinung noch gesteigert, gerade weil sie eine grundlegende Umwandlung der Wertestruktur des Verführten beinhaltet. Ganz augenfällig wird das in *Les Liaisons Dangereuses* von Choderlos de Laclos, wo die Untergrabung der keuschen Werte von Madame de Tourvel als kostbare Trophäe hingestellt wird.[10] Der Verführer bemächtigt sich des Werts der Unschuld, der Keuschheit oder der Treue, indem er einen körperlichen und geistigen Zustand herbeiführt, in dem derartige Bedenken beiseite geschoben werden. In dieser Hinsicht unterscheidet sich die Verführung der Zaudernden von einer brutalen

Vergewaltigung, denn eine Vergewaltigung beinhaltet normalerweise keine Außerkraftsetzung der vorhandenen Werte des Opfers. Nimmt man das Wort »verführen« in umfassendem Sinne, so gilt die Wörterbuch-Definition: »jemanden zur Preisgabe seiner Prinzipien überreden«. Es besteht also tatsächlich eine gewisse abstrakte Analogie zwischen Verführung und Sadismus. Sadismus und sexuelle Verführung sind zwar weder gleichbedeutend noch bedienen sie sich der gleichen psychischen Grundeinstellung, aber dennoch besitzen sie beide das Merkmal, die Wertordnung anderer Personen umzumodeln. Beide bringen es mit sich, daß der andere will, was er normalerweise nicht will – und die Änderung ist grundlegend.

Die sprachliche Überredung weist, wenn sie weit genug geht, das gleiche abstrakte Merkmal auf: Die Grundüberzeugungen des Betreffenden werden durchgreifend verändert. Man denke an den Fall, in dem jemandem die innersten religiösen oder moralischen Überzeugungen ausgeredet werden – wenn etwa der Gläubige dazu überredet wird, es gebe keinen Gott, oder wenn dem Atheisten eingeredet wird, es gebe doch einen Gott. Plötzlich sind die tiefsten Überzeugungen dieses Menschen verschwunden und werden vielleicht durch die des Überreders verdrängt. Das ist eine seltene und überaus verlockende Form von Macht, weil der Überredete in solchem Maße verändert wird. Auch weniger extreme Arten der Bekehrung besitzen die entsprechende Anziehungskraft. Vielleicht ist es kein Zufall, daß manche Formen dieses Handelns als »Breitschlagen« bezeichnet werden, denn ein gewisses Maß an psychologischer Gewalt kommt dabei tatsächlich ins Spiel, und sogar völlig rationale und sanfte Überredung kann als Bedrohung des psychischen Gleichgewichts empfunden werden. Schließlich geht es darum, eine Reihe von Loyalitäten durch eine andere zu ersetzen, was nicht ohne den üblichen psychischen Tumult abgeht. Rhetorische Macht ist die Fähigkeit, psychische Umwälzungen – Umgestaltungen der kognitiven und affektiven Struktur – herbeizuführen. Auch diese Fähigkeit ähnelt der Macht des Sadisten, wenn er das Opfer dazu bringt, seine Bindung ans Leben neu zu bewerten.

Sadismus, Verführung und Überredung besitzen also eine gemeinsame abstrakte Struktur. Alle drei beinhalten Macht über die Wertsetzungen einer anderen Person. De Sade selbst legte alle drei Tendenzen in extremer Form an den Tag, denn er war ein Proselytenmacher, ein Verführer der Widerstrebenden und (natürlich) ein Sadist. Der Sadismus, möchte man meinen, ist von allen dreien die extremste Form dieses Musters, denn dabei wird das Opfer dahin gebracht, sogar den Wert des Lebens preiszugeben. Schmerzen werden benutzt, um den Betreffenden dazu zu veranlassen, das tiefste aller Prinzipien aufzugeben. Räumt man diese abstrakte Verwandtschaft ein, drängen sich einige psychologische Prognosen auf. Ist der Sadist im Regelfall jemand, dem die Macht des Verführers oder des Überreders abgeht und der das in der einzigen Form wettmacht, die ihm zu Gebote steht? Stellen wir fest, daß der Sadist eine Person ist, die ihre eigenen Werte nicht fest im Griff hat oder wankelmütig ist und in anderen einen ebensolchen Mangel an Gleichgewicht auslösen will? Besitzt er die Tendenz, das eigene Leben geringzuschätzen, weil dieses Leben soviel Leid mit sich bringt? Neigt der zwanghafte Überredungskünstler ebenfalls zur Grausamkeit? Ist das Bedürfnis nach Verführung der Widerstrebenden ein Ausdruck grausamer Regungen? Wie oft geschieht es, daß menschliche Beziehungen mit Überredung beginnen, zur Verführung fortschreiten und in Grausamkeit enden?

Aber die Existenz dieses Dreigespanns sollte uns nicht zu der Annahme veranlassen, es gehe dem Sadisten gar nicht um den Schmerz als solchen und er wäre genauso gern Verführer oder Überreder. Das Besondere am Schmerz liegt nicht darin, daß er *irgendeinen* tiefen Wert verdrängt, sondern es ist der spezifische Wert, den er zu untergraben tendiert. Er bewirkt, daß man den Wert des Lebens preisgibt, und dazu ist offenbar kein Mittel außer dem Schmerz imstande. Hier ist zu bedenken, daß es um mehr geht als rein körperliche Schmerzen. In unserem weiten Sinne des Wortes können auch Langeweile und Niedergeschlagenheit als Schmerzen gelten. Der Schmerz kann den Leidenden sogar dazu bewegen, sein Leben zu *hassen* und (wie man so sagt) den Tag seiner Geburt zu verfluchen. Das ist eine überaus radikale Zerrüttung – eine völlige Umkehrung – der normalen Wertestruktur des Menschen. Das ist es, was der Grausame bewirkt, und es ist wirklich eine furchteinflößende Macht. Zu beachten ist, daß diese Wirkung nur solange erzielt werden kann, wie das Opfer lebendig und bei Bewußtsein ist. Der Tod ist also überhaupt nicht das Ziel. Demnach hat es durchaus etwas auf sich mit der herkömmlichen Vorstellung, es gebe einen Zusammenhang zwischen Sadismus und Macht, aber wir müssen spezifisch angeben können, *was* diese Macht eigentlich vermag. Es geht dabei nicht nur um die Macht, jemanden auf seinen Körper zu reduzieren oder sein Bewußtsein unter Kontrolle zu bekommen, sondern es geht in Extremfällen um die Macht, in dem Betreffenden den Wunsch nach dem Tode auszulösen, und in weniger extremen Fällen darum, seine Bindung ans Leben zu verringern. Der Sadist ist in der Lage, seine eigene Bindung ans Leben mit neuer Würze zu genießen, während er eine andere Person dazu bringt, diese Bindung aufzugeben. Er kann sein eigenes Leben mit dem des Opfers vergleichen und sich dabei in der Ungleichheit des Wohlergehens sonnen.

Das ist der Punkt, an dem die unheilige Allianz zwischen Neid und Grausamkeit beginnt. Das Vorhaben des Sadisten kann als radikales Gegenmittel gegen tiefsitzenden existentiellen Neid wirken, und mildere Formen der Grausamkeit können dazu dienen, die nagende Pein des Neides zu lindern. Das trägt zu einer Erklärung bei, warum die Schönen und Tugendhaften häufig als besonders geeignete Zielscheiben grausamer Handlungen gelten. Neid auf Tugend und Schönheit gehört zu den Motiven, die Claggart gegen den »hübschen Matrosen« aufbringt – er kann sich nicht abfinden mit der Verschiedenheit ihrer Naturanlagen. Wer Glück hat, wird das Leben wahrscheinlich höher schätzen als jemand, der weniger Glück hat, und das wird mitunter an dem Wert liegen, der dem Betreffenden *innewohnt*. Wer Glück hat, wird mehr Freude und weniger Leid empfinden. Billy Budd wird als überaus zufrieden mit seinem Schicksal beschrieben. Stets ist er, obwohl er zum Dienst gezwungen wurde und einen niedrigen Rang hat, fröhlich und freundlich. Wenn es gelingt, einen solchen Menschen dazu zu bringen, daß er sein Leben weniger hochschätzt oder sogar haßt, dient das dem Zweck, den Neid der Menschen mit weniger guten Anlagen zu verringern. Angenommen, man fühlt sich elend, weil jemand anders glücklich ist, dann wird man das Leben weniger kostbar finden als der Beneidete. Man wird das Bedürfnis verspüren, das Ungleichgewicht wettzumachen; und Leid zuzufügen ist das offensichtliche Mittel zu diesem Zweck. Der Neid auf das Glück anderer ist eine Ursache geistigen Leids, und wenn man dafür sorgt, daß die anderen weniger glücklich sind, ist das ein Mittel, diesem Leid abzuhelfen. Der eingefleischte Sadist kann also jemand sein, der an einer Art von existentiellem Neid leidet: einem Gefühl, sein eigenes Leben sei aus inneren Gründen weniger wert als das Leben anderer Menschen. Sein Lebensprojekt besteht dann darin, das Wohlergehen der anderen auf sein eigenes klägliches Niveau zu reduzieren. Der Sadist hat eine Lösung des Neidproblems von brutaler Simplizität gefunden. Der Schmerz anderer Menschen hat die einzigartige Kraft, den Neid zu tilgen. Selbst beim größten Glückspilz fällt es schwer, ihn zu beneiden, wenn er ständig heftige Schmerzen erduldet. Schmerzhafte Krankheiten anderer Menschen sind für den Neidischen eine Wohltat, indem sie dem Bedürfnis zuvorkommen, selbst Elend herbeizuführen, was dann wieder Risiken und moralische Schande mit sich brächte.

Man darf demnach damit rechnen, bei den aufgrund ihrer Anlagen neidischen Menschen auf Grausamkeit zu stoßen. Für solche Menschen ist das Böse der einzige Weg zum Glück, da sie die für sie dermaßen niederschmetternde Ungleichheit ausmerzen müssen. De Sade kann man als jemanden begreifen, der das deutlich gesehen hat und sich weigerte, davor zurückzuschrekken. Sein eigenes Glück lag eben im Elend der anderen, denn das Glück der anderen war eine Kränkung seines eigenen, weniger begnadeten Zustands. Wer vom inneren Elend des Menschenlebens überzeugt ist und zugleich wahrnimmt, daß andere unfähig oder nicht bereit sind, ebenso klar zu sehen wie er selbst, kann durch Neid dazu bewogen werden, daß er das Leid anderer Menschen anstrebt. Warum sollen die anderen in ihrer Blindheit glücklich sein, während ich dazu unfähig bin? Wenn ich einsehe, daß das Leben nicht lebenswert ist, während du entgegen aller Indizien dabei bleibst, daß es sich doch lohnt, und dir so einen gewissen Gleichmut bewahrst, werde ich vielleicht durch Neid dazu gebracht, dir dein Leben *wirklich* zur Hölle zu machen, bis es offenkundig und unverkennbar wird. Die Verursachung heftiger körperlicher Schmerzen ist die Methode, die auf der Hand liegt. Für de Sade war es ein Glück, daß es Schmerzen gibt, denn sonst hätte es für ihn kein naheliegendes Verfahren zur Abmilderung seiner neidgeborenen Wut gegeben. Es genügt, jemandem den Arm umzudrehen, um dem Betreffenden das Leben unerträglich zu machen, solange man nicht losläßt. Der Schmerz ist das Geschenk des Teufels an die Neidischen. Er ermöglicht Vergeltung für das Elend, das durch Neid auf andere ausgelöst wird.

Es gibt daher eine verständliche psychologische Struktur, in die sich die Freude über den Schmerz des anderen eingliedert, denn der Schmerz des anderen bringt mir etwas. Es ist nicht so, als würde die bloße qualitative Beschaffenheit der Schmerzen mich auf unmittelbare Weise faszinieren, wenn andere darunter leiden. Das Vorhaben des Sadisten ist überdies eines, das sich tatsächlich verwirklichen läßt. Das steht im Gegensatz zur Theorie Sartres, derzufolge der Sadist sein Ziel nicht erreichen kann, weil Freiheit niemals völlig zunichte gemacht werden könne und keine Möglichkeit bestehe, jemanden zu ausschließlich fleischlicher Existenz zu degradieren, solange er noch bei Bewußtsein ist. Sartre hält das Vorhaben des Sadisten letztlich für selbstwidersprüchlich, was gewiß gegen seine Analyse dieses Vorhabens spricht. Nach meiner Analyse ist der Sadismus völlig sinnvoll, denn er kennt eine kohärente Zielsetzung und eine Methode zur Durchsetzung dieses Ziels. Freilich ist das Ziel böse, aber es ist immerhin auf verständliche Weise böse.

Überdies hat meine Erklärung das erwünschte Merkmal, die Psyche des Sadisten weder zu beschönigen noch abzumildern. Seine beherrschende Regung ist so abstoßend wie nur möglich: Er möchte dafür sorgen, daß der andere nicht mehr leben will. Das ist sehr viel abstoßender als der bloße Wunsch, auf sich aufmerksam zu machen oder den anderen zu rein fleischlicher Existenz zu degradieren. Das Hauptziel des Sadisten ist das Wunschsystem des Opfers. Er will es ummodeln, so daß der Lebensbejahende lebensmüde wird. Es geht ihm nicht in erster Linie um den Tod des Opfers, sondern er will es erreichen, daß das Opfer *selbst* den eigenen Tod herbeisehnt. Der Selbstmord des Opfers ist die logische Fortsetzung des sadistischen Ziels, aber der Selbstmord hat den Nachteil, daß das Opfer dann nicht mehr im Zustand völliger Werte-Umkehrung existiert. Der Tod des Opfers ist stets etwas zutiefst Ambivalentes für den Sadisten: Er ist die Vollendung und zugleich ein Fehlschlag.

Das primitive Böse

Ich habe keineswegs behauptet, der Neid *müsse* unweigerlich jeder sadistischen Regung zugrunde liegen, obwohl ich den Eindruck habe, daß es sich oft tatsächlich so verhält. Vielleicht gibt es noch »reinere« Fälle von Grausamkeit, bei denen größere Distanz im Verhältnis zum Opfer gewahrt bleibt. Grausamkeit gegenüber Tieren gehört womöglich in diese Kategorie, obwohl auch hier genereller Neid eine Rolle spielt.[11] Es ist offenbar weder eine begriffliche Wahrheit noch eine Binsenweisheit der Volkspsychologie, daß Grausamkeit unumgänglich durch Neid motiviert ist. Wenn sie dadurch motiviert ist, läßt sie sich gewiß im Sinne des Strebens nach eigenem Wohlergehen erklären. Aber gibt es nicht auch den reinsten aller Fälle, in dem der Akteur das Leid des anderen nicht aufgrund eigenen Nutzens, sondern einfach aufgrund dessen anstrebt, was dadurch dem *anderen* widerfährt? Er ist nicht auf den anderen neidisch, hat also kein egoistisches Motiv für die Minderung des Glücks dieses anderen, sondern er will nur, daß der andere leidet, Punktum! Seine Freude über den Schmerz des anderen ist in psychologischer Hinsicht primitiv. Es ist eine harte Tatsache (»hart« im Sinne von »unhintergehbar« und »brutal«), daß das Leiden des anderen für ihn ein Kitzel ist. Er wünscht das Leiden anderer in ebenso primitiver Weise, wie er sein eigenes Glück wünscht. Der intentionale Inhalt seiner auf den anderen gerichteten Wünsche läuft einfach darauf hinaus, »ihm Schmerzen zuzufügen«, genauso, wie der intentionale Inhalt seiner auf ihn selbst gerichteten Wünsche besagt: »Ich will Lust für mich selbst.« Vielleicht ist es gerade das Böse am bösartigen Wunsch, das ihm Kraft verleiht: Der Akteur ist eben deshalb auf Schmerzen erpicht, *weil* solches Handeln böse ist. Das Schlechte wird als ein Grund für die Ausführung der Handlung gesehen. Der altruistische Akteur empfindet das Wohlergehen anderer als anregend für sein Wollen, während sich der böse Akteur im gleichen Maße vom Elend der anderen angezogen fühlt. Psychologisch gesehen handelt es sich in beiden Fällen um primitive Affekt- und Triebstrukturen. Keine der beiden Regungen kann als Ausdruck gewöhnlicher egoistischer Motive betrachtet werden.

Damit ist im Grunde gesagt, daß die hedonischen Dispositionen der rein bösen Person primitiv sind. Es kann ein primitives Faktum sein, daß die eigene Lust (die Bindung ans Leben) durch den Schmerz einer anderen Person (die Loslösung vom Leben) verstärkt wird, wie es auch ein primitives Faktum sein kann, daß die eigene Freude durch die Lust anderer verstärkt wird. So sind die Leute sozusagen nun einmal beschaffen. Freilich könnte es sein, daß sich jemand mit böser Disposition so etwas wie eine Rationalisierung der eigenen psychischen Einstellung ausdenkt. Ja, er könnte sogar ein ethisches System errichten, in dem diese Art der Disposition gefeiert wird. Manchmal kann es vorkommen, daß Individualismus und Vorstellungen von Authentizität zu einem solchen ethischen Standpunkt hinführen. Das ist jedoch eigentlich eine Ex-post-facto-Erklärung. Die Neigung zum Bösen kommt zuerst. Sie ist in psychologischer Hinsicht primitiv, auch wenn sich nachweisen läßt, daß sie in intellektueller Hinsicht abgeleitet ist. Das heißt, sie ist von keinem andersartigen Wunsch hergenommen, zu dem sie sich bloß als Mittel verhält. Der Wunsch, Schaden anzurichten, kann – genauso wie der Wunsch, Gutes zu tun, oder der Wunsch nach eigenem Profit – ein Basiswunsch sein. Er ist das Gegenstück in der dritten Person zu einer anderen Art von Wunsch, die in den Katalogen menschlicher Motive nur selten genannt wird, nämlich dem Wunsch nach Selbstschädigung. Auch für diesen Wunsch muß Raum gefunden werden, und seine Existenz darf nicht *per definitionem* aus der Welt geschafft werden. Im Gegensatz zur utopischen Einstellung einiger Philosophen sind nicht alle menschlichen Motive darauf gerichtet, sich selbst oder anderen Gutes zu tun. Auch der Schaden kann Selbstzweck sein.

Entscheidungen sind deshalb nicht ausschließlich das Resultat eines Konflikts zwischen eigennützigen und altruistischen Wünschen. Auch bösartige und sogar selbstzerstörerische Wünsche spielen beim Entscheidungsprozeß eine Rolle. Die Maximierung von Schaden kann ein Selbstzweck sein. Der böse Charakter ist so beschaffen, daß er das Leben in dem Maße wertschätzt, in dem andere dazu gebracht werden, es geringzuschätzen. Die Lust des anderen ist der eigene Schmerz. Die Frage lautet: Ist das schwerer zu akzeptieren als die Primitivität der Dispositionen des Tugendhaften oder derjenigen des reinen Egoisten? Wir sind zu glauben geneigt, daß die Herleitung der Lust von der Lust keiner besonderen Erklärung bedarf – sie gilt als »natürlich«, als erwartungsgemäß, durch und durch verständlich. Wir schätzen die Freude der anderen, weil sie tatsächlich kostbar ist. Dagegen ist die Herleitung der Lust vom Leid (wie wir zu glauben neigen) »unnatürlich«, unserem intuitiven Empfinden fremd, durch und durch geheimnisvoll. Es verhält sich so ähnlich wie mit unserer tendenziellen (und irrigen) Auffassung von Homosexualität und Heterosexualität: Die letztere bedürfe im Gegensatz zur ersteren keiner besonderen Erklärung. Das Böse gilt als das anomale Glied dieser Zweiergruppe.

Die Annahme einer Asymmetrie ist hier, wie ich meine, verfehlt, jedenfalls wenn man die Sache begrifflich nimmt (statistisch gesehen, ist das Böse wahrscheinlich seltener). Keines der beiden hedonischen Gesetze ist als solches verständlicher als das andere, jedenfalls nicht, wenn man sie sich genau anschaut. Vom Standpunkt der Volkspsychologie sind beide grundlegend und unhintergehbar. Das Handeln gemäß der bösen Disposition ist also nicht *in höherem Maße* geheimnisvoll als das Handeln nach der tugendhaften Neigung. (Das letztere ist natürlich leichter zu *rechtfertigen*, aber das steht auf einem anderen Blatt.) Im Grunde wird umgekehrt ein Schuh daraus, denn evolutionstheoretische Überlegungen würden eher die bösartige psychische Einstellung prognostizieren. Demnach ist es also eine schlichte Tatsache, daß manche Menschen so gebaut sind, daß ihnen die Schmerzen anderer Lust bereiten, während andere Leute eben anders gebaut sind. Daß man angesichts der Schmerzen anderer keinen Genuß empfindet, sondern Mitgefühl, ist in psychologischer Hinsicht keineswegs besonders einleuchtend. Es handelt sich einfach um zwei verschiedene Charakterkonstitutionen. Laster ist nicht rätselhafter als Tugend. Es mag moralisch gesehen schwerer fallen, die Existenz des reinen Bösen zu akzeptieren, aber unter dem Gesichtspunkt einer Erklärung steht sie der Existenz der Tugend in nichts nach.

Damit ist nicht gesagt, daß es keine Gründe gibt, derentwegen eine psychologische Einstellung so und nicht anders geartet ist. Es mag umweltbedingte oder sogar genetische Gründe dafür geben, daß ein Mensch bestimmte moralpsychologische Züge annimmt. Kindheitstraumata, schlechte Vorbilder, sexueller Mißbrauch oder endokrines Ungleichgewicht – alle diese Umstände können dafür verantwortlich sein, daß sich bei jemandem die böse Disposition entwickelt. Aber auch die tugendhafte Disposition wird ihre psychologischen und physiologischen Ursachen haben: ein harmonisches Zuhause, exemplarische Rollenvorbilder oder ein optimaler Serotoninspiegel. Beide Arten von Dispositionen haben ihre Ursachen, und im tugendhaften Fall sind die Wirkungen nicht natürlicher als im bösen Fall. Wenn man der bösartigen Neigung eine Ursache zuschreibt, heißt das im übrigen nicht, daß man sie von einem andersartigen Motiv ableitbar macht. Mir kommt es darauf an, daß das Böse in diesem Sinne der Nichtableitbarkeit primitiv ist, aber nicht im Sinne der Ursachenlosigkeit. Das gleiche gilt auch für die Tugend.

Es sieht so aus, als hätte der Akteur so etwas wie eine existentielle Wahl zwischen den beiden Möglichkeiten, angesichts der Schmerzen des anderen entweder Schmerz oder Lust zu empfinden. Die Moral empfiehlt selbstverständlich die erste Alternative, aber die naturgegebenen Fakten selbst enthalten nichts, was den Akteur der einen oder anderen Entscheidung zugeneigt machte. Es ist nicht so, als wäre dem Schmerz aufgrund einer Naturnotwendigkeit das Gesetz einbeschrieben, die Schmerzen des anderen seien meinerseits nicht mit Lust, sondern mit Mitleid verknüpft. Indem ich den bösen Weg einschlage, handle ich nicht der Natur zuwider, um mich in einen zutiefst geheimnisvollen Bereich zu begeben, während ich dann, wenn ich den Pfad der Tugend einschlage, dem natürlichen Strom der Dinge folge und helfe, die Welt hübsch und einfach zu gestalten. Naturalistisch gesehen, stellt sich die Frage, warum deine Schmerzen bei mir eigentlich keine Lust auslösen sollen. Es ist doch nicht so, als stünde auf jedem Schmerz das Etikett »Nicht für den Lustgebrauch«. Es ist sozusagen durch und durch zufällig, welche interpersonalen Lust/Schmerz-Verbindungen hergestellt werden. Begrifflich gesehen, kann man die eine Sorte genauso leicht wie die andere mitbekommen. Das klingt zweifellos sehr schockierend, aber wenn man die Sache unvoreingenommen betrachtet, scheinen die Dinge dafür zu sprechen. Keine begriffliche Wahrheit kann uns vor dem bösen Charakter bewahren – leider!

Die Rationalität des Bösen

Angenommen, man hätte die Wahl, sich für einen Charaktertypus – gut oder böse – zu entscheiden. Welche Entscheidung wäre, rein egoistisch gesprochen, die rationalere? Dabei sei vorausgesetzt, daß man sich zwischen diesen beiden Möglichkeiten entscheiden *muß*, mithin nicht die bloße Eigennützigkeit wählen kann. Nehmen wir also an, daß man darauf aus ist, die eigene Lust zu maximieren. Dann stellt sich die Frage, welcher Charaktertypus mit größter Wahrscheinlichkeit zu diesem Ziel führt. Sofern beide Typen aus etwas Lust gewinnen, lautet die Frage, welche der beiden Möglichkeiten das größere Lustquantum mit sich bringt. Das Nachdenken über diese Frage führt nicht zu sonderlich tröstlichen Schlußfolgerungen. Wenn es in der Welt, in der einem zu leben bestimmt ist, viel Leid gibt oder wenn die Verursachung von Leid keine Mühe bereitet und verhältnismäßig wenig Risiken birgt, ist es rational, sich für das Böse zu entscheiden, denn dann wird man aus dem verfügbaren Leid wahrscheinlich viel Lust gewinnen. Hat hingegen die Freude das Übergewicht, ist die Entscheidung zugunsten der Tugend gescheiter. Also wird man in Erwägung ziehen müssen, wieviel Leiden das Leben mit sich bringt, und seine Wahl dementsprechend zu treffen haben. Wieviel Krankheit und Niedergeschlagenheit gibt es, wieviel Kummer und Mühsal, wieviel Verzweiflung und Gewalt? Wieviel Sorgen bereitet der unausweichliche Tod den Menschen? Eine pessimistische Einschätzung wird natürlich zur Entscheidung für die böse Neigung führen. Ist das Leben ohnehin ein Jammertal, kann man aus diesem Umstand immerhin Lustgewinn ziehen. Ist das Leben dagegen voller Freuden, sollte man sich für eine Neigung entscheiden, die ihrerseits mit Freude darauf reagiert. Es fällt zwar nicht leicht, die Frage nach der Qualität des menschlichen Lebens zu beantworten, aber auf der negativen Seite ist sicher genug zu nennen, um den Gedanken nahezulegen, daß die Entscheidung für die böse Disposition vernünftiger ist (was nicht bedeutet, daß sie moralischer wäre), vor allem wenn genügend Spielraum gegeben ist, um durch die eigenen Handlungen mehr Leid zu schaffen. Relevant ist hier auch die Frage, wie viele böse Menschen es in dieser Welt wahrscheinlich geben wird. Je mehr böse Menschen sich in der eigenen Umgebung finden, desto mehr Leiden wird es dort wahrscheinlich geben und desto klüger ist es für den Betreffenden, auch seinerseits böse zu sein, so daß er aus den bewirkten Leiden Lust gewinnen kann. Das bestätigt die alte Spruchweisheit, das Böse sei dazu angetan, fortwährend Böses zu erzeugen. Andererseits gilt, daß es mit zunehmender Zahl tugendhafter Menschen stets schlauer sein wird, selbst tugendhaft zu sein, denn dann wird man die mitfühlende Freude an der vorhandenen Freude genießen. Vermutlich gibt es eine Schwelle, an der es klug ist, von der einen Tendenz zur anderen zu wechseln. Wird das Leben für die Menschen generell unangenehm genug, weil es vielleicht immer mehr böse Akteure gibt, kann man sich genausogut die Disposition zulegen, mit der man am meisten aus dieser Situation herausholt. Das ist freilich alles überaus abstrakt und künstlich, aber vermutlich entspricht es wirklich einem Element der moralsoziologischen Gegebenheiten, nämlich der *ansteckenden* Kraft des Guten und des Bösen –

der Art und Weise, in der sich eine Gruppe lieber für diese als für jene Seite entscheidet. Es braucht vielleicht nur einen einzigen fest entschlossenen Bösewicht zu geben, um soviel Leiden hervorzubringen, daß auch die anderen mit Freude darauf reagieren. Ein einziger Heiliger kann in einer Gruppe soviel Glück erzeugen, daß nicht mehr genug Leid vorhanden ist, um Anlaß zur Freude zu geben.

Zu beachten ist, daß Gleichgültigkeit keine kluge Entscheidung ist, denn dann wird man aus den Gemütszuständen anderer Personen keine Lust gewinnen. Dadurch wird die Zahl der möglichen Ursachen der Freude verringert. Auch dies scheint mit den empirischen Gegebenheiten übereinzustimmen, denn die Menschen neigen dazu, entweder tugendhaft oder böse zu sein, während reine Gleichgültigkeit selten vorkommt und etwas Pathologisches hat. Die Gleichgültigen können *per definitionem* nicht glücklich sein. Der einzige Vorteil der Gleichgültigkeit liegt darin, daß sie die Möglichkeit schafft, den Schmerz zu vermeiden, der von den in der Welt vorhandenen Leiden herrührt, ohne daß man seinerseits ausgesprochen bösartig werden muß. Ist man ein guter Mensch, so bereiten die vorhandenen Schmerzen ihrerseits Schmerz und die vorhandenen Freuden ihrerseits Freude, während dem Bösen die vorhandene Freude Leid und das Leid Freude verschafft. Im einen wie im anderen Fall kommt man nicht umhin, ein gewisses Maß an Schmerz zu erdulden. Das wird dem Gleichgültigen erspart bleiben, aber nur um den Preis, daß ihm keine Lust zuteil wird. Das wirkt vielleicht wie ein günstiges Geschäft, wenn die durch Mitgefühl erzeugten Schmerzen zu stark sind und zu häufig vorkommen, aber hedonistisch gesehen sind die Kosten enorm. Wer aufrichtig nach Lust strebt, kann sich Gleichgültigkeit nicht leisten.

Wer leidet mehr – der Gute oder der Böse? Das ist eine leidige Frage, die man sich schon seit langem stellt, und die moralischen Optimisten behaupten, es sei der Böse, während weniger hoffnungsvoll gestimmte Seelen meinen, der Gute sei schlechter daran. Der Böse, so heißt es, muß mit seinem Gewissen zurechtkommen, während der Gute durch Verrat und Enttäuschung verletzt werden kann. Bedient man sich der hier vorgelegten Analyse, kann es immerhin gelingen, die Frage so zu formulieren, daß man sie beantworten könnte. Die naheliegende Antwort lautet, daß es letztlich davon abhängt, wieviel Leiden und wieviel Glück wirklich vorhanden sind. Der Gute leidet, weil er unglücklich ist über die in der Welt vorhandenen Schmerzen und den Erfolg des Bösen. Dem Bösen bereiten die Leiden seiner Mitmenschen eine Menge Genuß, während sein Unbehagen an der Freude der anderen wahrscheinlich weniger intensiv ist. Schmerz und Leid haben etwas Kräftiges, Solides und Unbestreitbares an sich. Das Glück hingegen ist eher flüchtig und kümmerlich und besteht bloß in der Abwesenheit des Unglücks. Hier scheint de Sades Anschauung, wonach Schmerz den Reiz der Intensität hat, angemessen zu sein: Der Versuch, der Freude Lust abzugewinnen, gleicht dem Versuch, ein Zimmer mit Hilfe einer schwachen Glühbirne auszuleuchten. Der Freude fehlt das Prickelnde, das der Schmerz mit sich bringt. Von einem völlig neutralen Standpunkt betrachtet, spricht die Intensität des Schmerzes eher für den Schmerz als eine potentielle Quelle der Lust. Er verfügt über die erforderliche Stromstärke. Dem Bösen steht demnach ein überaus intensiver Reiz zur Verfügung, aus dem er Lust gewinnen kann. Die Freuden des Tugendhaften sind wahrscheinlich weniger heftig. Diese Tatsachen mag man zwar bedauern, aber sie sind offenbar dennoch kennzeichnend für unsere beiden psychologischen Grundtypen.

Natürlich soll keine dieser Betrachtungen beschreiben, wie es tatsächlich dazu kommt, daß die Menschen gut oder böse werden. Wir wählen unsere psychische Einstellung nicht in der dabei unterstellten unkomplizierten Weise. Ich habe hier die Bedingungen eines idealisierten Gedankenexperiments angegeben, um auf diese Weise die wirklichen Gegebenheiten des moralischen Lebens in den Blick zu bekommen. Im Lichte dieser Überlegungen können wir durchaus dankbar dafür sein, daß sich die Menschen *nicht* in der genannten Weise für eine moralpsychologische Einstellung entscheiden. Anders ausgedrückt: Der beste Grund dafür, moralisch zu sein, liegt darin, daß es eben *moralisch* ist.[12]

Die Herkunft des Bösen und dessen Verhütung

Es ist beinahe eine Tautologie zu behaupten, daß man nicht böse sein sollte. Nach meiner Analyse ist der böse Charakter so beschaffen, daß er zu Handlungen führt, die man nicht vollziehen sollte. Wenn das Leiden der anderen Freude bereitet, erwirbt der Akteur die Neigung, absichtliche Taten auszuführen, die anderen Schmerzen bereiten. Wollen wir also begreifen, wie böse Handlungen zustande kommen, und deren Vorkommen verhüten, müssen wir der Frage auf den Grund gehen, wie es zur Ausbildung des zugrundeliegenden Charakters kommt. Man soll nicht fragen: Warum hat er diese böse Handlung vollzogen? Statt dessen sollte man fragen: Wie ist es dazu gekommen, daß er einen solchen Charakter entwickelt hat, der zu derartigen Handlungen führt? Auf diese Weise rühren wir an die Wurzel der Sache.

Kann man in irgendeinem Sinn behaupten, jemand *entscheide* sich dafür, einen bösen Charakter zu haben? Dementsprechend gefragt: Entscheidet man sich dafür, einen guten Charakter zu haben? Das ist eine unklare Frage, bei der alle Rätsel der Willensfreiheit ins Spiel kommen, aber ich kenne keinen triftigen Grund, zu bestreiten, daß der Charakter durch Entscheidungen beeinflußt werden kann. Außerdem gehört die Vorstellung von einer solchen Grundentscheidung gewiß zur Tradition unseres Nachdenkens über die Tugend. Die Überlegungen des vorigen Abschnitts liefern einen Rahmen, in dem sich die Wahl des Charakters explizieren läßt. Wir haben dort gesehen, inwiefern es aus Klugheitsgründen rational sein kann, sich angesichts des hedonistischen Potentials der bösen Neigungen für diese zu entscheiden. Realistischer gesprochen: Man kann sich vorstellen, daß eine Person in der Mitte ihres moralischen Lebens den eigenen Neigungen gestattet, sich in Richtung des Bösen zu entfalten, weil böse Handlungen dieser Person Lust bereiten. Daß affektive Gewohnheiten oder Tendenzen vom Willen gesteuert werden, ist eine uns gewiß nicht fremde Vorstellung. Sobald ein Akteur Mitgefühl und Mitleid als Last empfindet, könnte er sich für Gleichgültigkeit entscheiden, was ihn dann womöglich dazu bewegt, das aufregendere Wesen des durch und durch bösen Charakters zu wählen. Dies ist zweifellos ein wenig erforschtes Gebiet der menschlichen Psyche und kein Standardthema der modernen Sozialwissenschaft, aber nach meinem Eindruck handelt es sich um ein vertrautes Phänomen. Wir tun gut daran, dieser Möglichkeit aufgeschlossen gegenüberzustehen.

Eine Entscheidung ist allerdings gewiß nicht die einzige Art und Weise, in der ein böser Charakter zur Geltung kommt. Nach der hier vorgelegten Analyse wird das eintreten, sobald etwas geschieht, um Schmerz mit Lust und Lust mit Schmerz in Verbindung zu bringen. Dabei kommt manchmal vielleicht eine genetische Basis oder Komponente ins Spiel – womöglich ist das sogar, wenn man die Evolutionstheorie in Anschlag bringt, die genetische Normaltendenz. Daneben scheint es aber auch Faktoren zu geben, die eher zufällig zur Wirkung gelangen. Hier möchte ich zwei Beispiele dafür nennen, wie die Verknüpfung mit dem Bösen zustande kommen könnte. Angenommen, wir setzen eine Reihe von Personen dem Anblick von Gewaltszenen aus, während wir ihnen zugleich Vergnügen bereiten. Sie werden Zeugen des Leidens und empfinden dabei Lust durch Unterhaltung. Dann wird ein simpler Konditionierungsvorgang eine angenehme Empfindung mit dem Vorkommen von fremdem Schmerz verknüpfen. Ist die Verbindung erst einmal hergestellt, wird ein neues Schmerzereignis die gleiche angenehme Empfindung auslösen, obwohl diesmal nicht für Unterhaltung gesorgt ist. Die Reaktion des Schmerzes durch Mitgefühl wird dann von Lustempfindungen verdrängt. Das ließe sich durch die Vorführung wirklicher Gewalt ebenso erzielen wie durch fiktive Gewaltszenen. Auf diese Weise läßt sich eine gesetzähnliche Beziehung zwischen dem Anblick von Gewalt und Lustgefühlen herstellen, und schließlich wird die Neigung zum Bösen fest eingeprägt sein.

Nun können wir die einleuchtende Feststellung treffen, daß bei der heute so weit verbreiteten und beliebten Unterhaltung durch Gewaltszenen das gleiche geschieht. Man läßt attraktive Figuren in einer dramatischen Handlung auftreten, die von beschwingter Musik begleitet und mit fesselnd inszenierter Gewaltanwendung ausgeschmückt wird, ohne dabei irgendwelche Kosten zu scheuen. Das Ergebnis führt man sich in einem bequemen Kino in der Gesellschaft von Freunden und beim Genuß von Popcorn und Coca-Cola zu Gemüte. Das Publikum empfindet beträchtliche Lust, während zahllosen Personen offenbar gewaltiges Leid zugefügt wird. Das ist überaus wirksame Unterhaltung, bei der äußerste Gewalt gegenüber Personen zur Darstellung kommt. Es wird kaum wunder nehmen, wenn dem Nervensystem des Zuschauers dadurch eine Verknüpfung von Schmerz und Lust eingeimpft wird. Diese Verknüpfung wird sogar noch fester sein, wenn zuwiderlaufende mitleidige Schmerzgefühle von den Darstellungstechniken abgeschwächt oder beseitigt werden. Damit behaupte ich nicht, daß diese Verknüpfung unweigerlich zu gewaltsamem Verhalten führt, sondern ich will lediglich darauf hinaus, daß in dem Betreffenden bestimmte hedonische Kanäle installiert werden. Diese Kanäle werden ihn dazu geneigt machen, die Welt in bestimmter Weise zu erleben: Auf wirkliche Gewalt wird er dann mit wirren Gefühlen reagieren und nicht wissen, ob er lachen oder weinen soll. In manchen Fällen wird die Unterhaltung durch Gewaltszenen in

Wechselwirkung mit einer vorgegebenen Disposition zum Bösen fungieren und so die Verbindung zwischen Leid und Lust verstärken. Nach dieser Analyse des Bösen sollten wir uns wegen der psychischen Auswirkungen der Unterhaltung durch Gewaltszenen also Sorgen machen. Die Verknüpfung von Tötung und Spaß birgt echte Gefahren.[13] Zu beachten ist hier, daß die Unterhaltung durch Sex keine vergleichbaren Sorgen bereitet, denn dabei wird Lust mit Lust verknüpft – jedenfalls solange man keine Unterhaltung durch sadistische Sexszenen in Betracht zieht.

Das zweite Beispiel ist das Gruppenverhalten. Sozialen Tieren wie uns selbst bereiten das Zusammenwirken und die Abstimmung der eigenen Handlungen auf das Tun anderer Vergnügen. Dieses Vergnügen kann sich aber sogar dann einstellen, wenn es sich bei dem Tun um etwas Böses handelt – Freude über Zusammenarbeit und Kameradschaftsgefühle sind dennoch vorhanden. Böse Gruppenhandlungen führen daher unweigerlich zu einer Verbindung zwischen der Lust auf seiten der Gruppenmitglieder und dem Leiden des Opfers. Diese Lust könnte der einzelne auch dann empfinden, wenn er sie beim Alleinhandeln nicht verspürte. Außerdem ist natürlich allgemein zu beobachten, daß die Menschen in Gruppen weit Schlimmeres anrichten, als wenn sie allein sind. Zweifellos spielt Konformität dabei eine Rolle, aber es rührt auch daher, daß Gruppenleistungen von sich aus angenehm sind. Jede Form von gemeinsam verübter Gewalt wird durch die starke Kraft der Gruppenfreude gestützt. Reguläre Zugehörigkeit zu einer solchen Gruppe wird die für den bösen Charakter kennzeichnenden hedonischen Verbindungen fortwährend verstärken. Die natürlichen Gefühle des Abscheus, welche der einzelne gegenüber Gewalttaten empfindet, können durch den von gemeinsamen Handlungen ausgelösten Schwall an Kameradschaftsempfindungen leicht ausgelöscht werden. Genau das scheint bei solchen Akten von Gruppengewalt zu geschehen, wie sie in Bill Bufords *Geil auf*

Gewalt beschrieben werden.[14] In diesem Buch führen die Freuden der Gruppensolidarität, in deren Mittelpunkt eine auserkorene Fußballmannschaft steht, zu entsetzlichen Gewalttaten gegenüber Personen, die nicht dieser Gruppe angehören. Sogar bei der gemeinsam vollzogenen Planung und Ausführung eines Mordes kann eine solche Ausnutzung positiver Gefühlsregungen ins Spiel kommen. Der Charakter der Gruppe neigt daher eher als der individuelle Charakter zum Zusammenspiel böser Eigenschaften. Es kommt nicht von ungefähr, daß wir vor Banden und Horden Angst haben.

Das praktische Ergebnis dieser knappen und selektiven Erörterung lautet, daß man vom Bösen abgehalten wird, wenn man die dafür grundlegenden hedonischen Verbindungen außer Kraft setzt. Auf der einfachsten Ebene könnte man so verfahren, daß Kinder belohnt werden, wenn sie Freude über die Freude anderer zeigen, während man ihre entgegengesetzte Reaktion bestraft. Man könnte hohe Strafen für Gruppenhandlungen verhängen, deren Ziel das Leid anderer ist, oder zumindest könnte man die Menschen auf die Gefahren aufmerksam machen, die dem Spaß in der Gruppe innewohnen. Man könnte die Art und Weise, in der Gewalt mit immer größerem Können in Unterhaltung verwandelt wird, kritisch betrachten. Wir sollten auf der Hut sein vor der Möglichkeit, daß das Opfer einer bösen Handlung – vor allem wenn es sich um ein Kind handelt – die für den Missetäter charakteristischen hedonischen Verbindungen nachahmt. Denn wenn das Opfer wahrnimmt, wie jemand aus seinen Schmerzen Lust gewinnt, könnte es – da Mimikry eine Form des Lernens ist – dieser Tendenz nacheifern. Kurz, unter Voraussetzung der hier vorgeschlagenen Analyse des Bösen verfügen wir über ein Denkschema zur Erfassung dieser praktischen Fragen und können uns eine Vorstellung machen von den Möglichkeiten, welche die Menschen in die angemessene Richtung leiten würden. Wir müssen uns anstrengen, um den Menschen die richtigen Gesetze der interpersonalen Gefühlsregungen einzuprägen, denn die fundamentalen Quellen menschlichen Handelns liegen in solchen Gefühlszuständen.[15]

Die Begriffe »Schmerz« und »Lust« finden in der modernen Psychologie und Sozialwissenschaft nicht viel Anklang, was vielleicht an ihrem unangebrachten Behaviourismus liegt. Alles, was ich in diesem Kapitel gesagt habe, ist von der Überzeugung getragen, daß diese beiden hedonischen Pole die Hauptquellen menschlichen Verhaltens sind. Den Denkern der Antike galt diese Anschauung als ein Gemeinplatz, der die Formulierung von Fragen moralischen Verhaltens prägte, heute aber erscheint sie manchen vielleicht antiquiert und vorwissenschaftlich. Ich bin da offensichtlich anderer Meinung. Es ist eine Tatsache, daß wir das, was uns Lust verschafft, überaus anziehend finden, während wir das, was uns Schmerzen bereitet, verabscheuen. Einer der Hauptgedanken dieses Kapitels läuft auf die These hinaus, daß zwischen dem Bösen und der Lust ein enger Zusammenhang besteht. Der böse Charakter wird durch etwas mehr als das bloße Fehlen der Tugend zum Handeln angeregt. Wenn wir das Böse verstehen und ausmerzen wollen, müssen wir zunächst einsehen, welche angenehmen Gefühle davon ausgehen.

KAPITEL 5

Die Schönheit der Seele

Ästhetische Moralität

Hier werde ich ganz prosaisch mit einigen sprachlichen Feststellungen beginnen. Normalerweise werden zwei umfassende Kategorien moralischer Begriffe unterschieden. Auf der einen Seite stehen die ganz allgemeinen und abstrakten Ausdrücke moralischer Würdigung, die den betreffenden Gegenstand kaum oder gar nicht beschreiben (die sogenannten »porösen« moralischen Begriffe), also Wörter wie »gut«, »richtig« und »sollen«. Auf der anderen Seite finden sich spezifische und deskriptive Begriffe, die zugleich evaluative Kraft tragen, nämlich Wörter wie »tapfer«, »großmütig« und »geizig«. Wir werden dazu angehalten, beide Arten moralischer Begriffe ernst zu nehmen und einzusehen, daß die zweite Kategorie in mancher Hinsicht für moralische Äußerungen grundlegender und maßgeblicher ist.[1] Schön und gut – unser moralischer Wortschatz kennt tatsächlich diese beiden Abteilungen, obwohl die Grenze zwischen ihnen womöglich verschwimmt. Ich möchte jedoch auf eine dritte Kategorie aufmerksam machen, die sich nicht auf die beiden genannten zurückführen läßt, und dabei handelt es sich um Begriffe der moralischen Bewertung, die einen hochgradig *ästhetischen* Beigeschmack haben. Bei Standarderörterungen moralischer Begriffe werden diese Ausdrücke beinahe völlig außer acht gelassen, und zwar aus Gründen, die tiefer reichen als ein bloß willkürliches Auswahlverhalten, denn sie verweisen auf eine Auffassung des moralischen Denkens, die der Einstellung der philosophischen Ethik im 20. Jahrhundert gänzlich fremd ist. Diesem Typus sind viele Ausdrücke zuzurechnen, auf der positiven Seite z. B. »fein«, »rein«, »makellos«, »lieblich«, »wunderbar« und auf der negativen (reichhaltigeren) Seite etwa »verkommen«, »widerlich«, »abscheulich«, »häßlich«, »krank«, »abstoßend« und »befleckt«.

Diese Wörter bzw. ihre Verwendung in moralischen Zusammenhängen besitzen bestimmte kennzeichnende Merkmale. Sie sind stark wertend oder urteilend, sie bringen unsere moralische Haltung besonders eindringlich und schlagkräftig zum Ausdruck, und sie tun dies in höherem Grade als Wörter wie »großzügig« und »tapfer«. Dementsprechend sind sie weniger »deskriptiv« als diese Wörter, insofern sie weniger über die spezifischen Merkmale des Akteurs aussagen, während sie in höherem Grade deskriptiv sind als Wörter wie »gut« und »richtig«. Sie lassen eine moralische Bewertung erkennen, indem sie dem Gegenstand eine ästhetische Eigenschaft zuschreiben. Was sie benennen, sind nicht eigentlich Charakterzüge, sondern Charakter*qualitäten*, nachgerade *Stilarten* von Charakteren. Sie teilen uns mit, was man, moralisch gesprochen, von einer Person zu erwarten hat, ohne im einzelnen anzugeben, welche Züge – welche besonderen Tugenden und Laster – den Betreffenden auszeichnen. Diese Begriffe erfüllen demnach ein spezielles Wertungsbedürfnis, das bislang weder von den »dichten« noch von den »porösen« Moralbegriffen abgedeckt wird. Außerdem kommen sie im moralischen Diskurs überraschend häufig vor, wie jeder aufmerksame Zuhörer bestätigen wird. Hier müssen wir fragen, welche Betrachtungsweise der moralischen Bewertung dabei vorausgesetzt ist. Was sagen derlei Begriffe über das Wesen des tugend- oder lasterhaften Akteurs?

Im vorliegenden Kapitel werde ich folgende These darlegen und verfechten: Tugend fällt mit Schönheit der Seele zusammen und Laster mit Häßlichkeit der Seele. Diese Auffassung heiße die Ästhetische Theorie der Tugend (kurz: ÄTT). Das häufige

Vorkommen der eben genannten Begriffe zeigt, daß wir unsere moralischen Wertungen oft durch Verwendung ästhetischer Charakterprädikate zum Ausdruck bringen. Das spiegelt, wie die ÄTT meint, unsere implizite Festlegung auf die Anschauung, daß die gute oder schlechte Beschaffenheit eines Charakters mit ästhetischen Eigenschaften der betreffenden Person zusammenhänge. Das wird von unserer normalen Ausdrucksweise nahegelegt, und laut ÄTT ist das tatsächlich eine zutreffende Auffassung von Tugend und Laster. Im folgenden hoffe ich den Eindruck auszuräumen, hierbei handele es sich lediglich um eine poetische oder sentimentale These, die offensichtlich falsch sei, wenn man sie nüchtern beim Wort nehme. Ich werde geltend machen, daß sie im Grunde buchstäblich wahr ist: Moralische Unterscheidungen fallen mit einer speziellen Art ästhetischer Unterscheidungen zusammen.

Die Vorstellung von einer ästhetisch unterfütterten Moral ist keineswegs neu. Robert E. Norton zeichnet in seinem Buch *The Beautiful Soul: Aesthetic Morality in the Eighteenth Century*[2] sorgfältig die Ursprünge und Wandlungen der Idee moralischer Schönheit nach und bezieht sich dabei auf Platon und Plotin, Shaftesbury und Hutcheson sowie Kant, Schiller, Goethe und Hegel. Wie Norton nachweist, hat diese Auffassung des moralischen Lebens eine reichhaltige und wechselvolle Geschichte. In mehreren langen Perioden hat sie das ethische Denken beherrscht, obwohl sie heute im akademischen Bereich keine Rolle spielt. Es handelt sich um eine Vorstellung, die bei den Theoretikern und normalen Menschen vieler Zeiten und Gegenden Aufmerksamkeit und Anerkennung gefunden hat. Eine ernstzunehmende analytische Formulierung ist ihr allerdings nie zuteil geworden, und nie hat sie sich zum präzisen Lehrsatz verdichtet, sondern ist stets ein wolkiges Ideal geblieben. Wir müssen fragen, was es *bedeutet*, der Seele Schönheit zuzuschreiben, und wir müssen ausbuchstabieren, in welcher Wechselbeziehung diese Schönheit mit moralischen Attributen steht. Insbesondere müssen wir uns vergewissern, ob diese Theorie begrifflich kohärent und daher in der Lage ist, bestimmte Merkmale der Moral zu erklären. Dieses Thema werde ich im Sinne einer konstruktiven kritischen Analyse erörtern.

Reid über die Ästhetik der Seele

Thomas Reid vertritt zwei provokante Thesen über Ethik und Ästhetik.[3] Reid meint, (I) daß sich alle ästhetischen Eigenschaften von ästhetischen Eigenschaften des Geistes, der Seele oder des Charakters herschreiben und (II) daß die moralischen Eigenschaften der Person ästhetische Eigenschaften sind oder begrifflich mit diesen zusammenhängen. Was These (I) betrifft, sagt Reid: »Einem Werk schreiben wir die Größe zu, die eigentlich dem Geiste des Urhebers innewohnt« (773), so daß »dann, wenn wir die *Ilias* als ein Werk des Dichters betrachten, seine Erhabenheit in Wirklichkeit dem Geist Homers angehört« (ebd.). Folglich »suchen diejenigen, die im bloßen Stoff nach Größe Ausschau halten, im Reich der Toten nach Leben« (778). Ebenso findet sich »die Schönheit der guten Erziehung eigentlich nicht im äußeren Verhalten, welches sie ausmacht, sondern sie ist aus den Eigenschaften des Geistes, die von ihr zum Ausdruck gebracht werden, abgeleitet« (788). Nach Reid besteht die ästhetische Eigenschaft eines äußeren Gegenstands darin, daß er eine ästhetische Eigenschaft des Geistes zum Ausdruck bringt.

Diese These entspricht den folgenden beiden Zusatzbehauptungen: Erstens, jegliche Intentionalität der Bedeutung leitet sich von geistiger Intentionalität her, so daß Zeichen auf Papier und akustische Muster ihre Bedeutung daher beziehen, daß bestimmte geistige Zustände Bedeutung haben. Zweitens, alle moralischen Eigenschaften gehen letztlich auf moralische Eigenschaften geistiger Zustände zurück, etwa auf Motive oder hedonische Zustände, weshalb die moralischen Eigenschaften von Handlungen und Sachverhalten aus den betreffenden geistigen Zuständen hervorgehen. Zusammengenommen behaupten diese drei Thesen den klaren Vorrang des Geistigen in den Bereichen Ästhetik, Semantik und Moral. Physischen und wahrnehmbaren Dingen kommen diese Merkmale in abgeleiteter und abhängiger Weise zu. Auf diese Vorrangthesen werde ich hier nicht weiter eingehen. Ich erwähne sie, um Reids ästhetischen Standpunkt in einen erkennbaren philosophischen Kontext einzubetten. Tatsächlich stehe ich allen drei Thesen mit einer gewissen Sympathie gegenüber und meine, daß der Widerstand gegen sie häufig von einem Antimentalismus herrührt, der ebenso antiquiert wie unplausibel ist. Auf jeden Fall bedarf es einer robusten Auffassung von geistiger Realität, um die ÄTT positiv einzuschätzen.

Reids zweite These ist diejenige, die ich hier verfechte, obwohl sie im Rahmen seiner Erörterung weniger ausgestaltet wird als die erste These. Reid schreibt:

> Schönheit können wir daher denjenigen Eigenschaften zu Recht zusprechen, denen Liebe und Zuneigung von Natur aus zukommen. Von dieser Art sind vor allem einige der moralischen Tugenden, die in besonderer Weise grundlegend sind für einen angenehmen Charakter. Unschuld, Sanftmut, Entgegenkommen, Menschlichkeit, natürliche Zuneigung und Gemeinschaftsgeist … Diese Eigenschaften sind aufgrund ihres eigensten Wesens und ihres inneren Werts anziehend … Da es sich bei ihnen um Tugenden handelt, werden sie von unserem moralischen Vermögen gebilligt. Da sie schicklich oder liebenswert sind, gefallen sie unserem Schönheitssinn. (792)

Daher »ist es nur der Ausdruck der zarten und freundlichen Leidenschaften, der Schönheit verleiht. Alle grausamen und unfreundlichen Affekte tragen zur Entstellung bei. Darum kann das gute Wesen auch im schönsten Gesicht ganz zu Recht als der angenehmste Zug gelten« (803). In diesen Bemerkungen verbindet Reid Tugend, Liebe und ästhetischen Wert, um geltend zu machen, ein tugendhafter Charakter reize unseren Schönheitssinn und lenke deshalb unsere Zuneigung auf sich.

Auch Platon vertritt diese Anschauung, aber auch von ihm wird sie keineswegs klar und systematisch auseinandergesetzt. Allerdings spricht Platon tatsächlich von »schönen Neigungen der Seele«[4], und bekanntlich stellt er einen Zusammenhang zwischen dem Guten und dem Schönen her. Deshalb kann man ihn als Stammvater der ÄTT ansehen. Auch das *Oxford English Dictionary* anerkennt den Zusammenhang zwischen Schönheit und Moral, wenn es »Schönheit« wie folgt definiert: »eine Verbindung von Eigenschaften, die den Sinnen, dem Moralsinn oder dem Verstand gefällt«. Im *Othello* zeigt Jago seine Zustimmung zu dieser These, wenn er über Cassio meint: »Der hat in seinem Leben Tag für Tag eine Art Schönheit, die mich häßlich macht.«[5] Damit bezieht er sich offensichtlich nicht nur auf Cassios äußere Schönheit, sondern er formuliert in mürrischer Weise Cassios überlegene Tugend.

Aus der Verknüpfung der beiden Thesen von Reid ergibt sich, daß die Schönheit der Seele in ästhetischer *und* moralischer Hinsicht grundlegend ist – aus diesem Fundament folgt alles übrige. Reid faßt das so zusammen: »Ich begreife also, daß es die moralischen und geistigen Vollkommenheiten des Geistes und dessen aktive Kräfte sind, denen die Schönheit ursprünglich innewohnt, und daß aus dieser Quelle jegliche Schönheit stammt, die wir in der sichtbaren Welt wahrnehmen« (792). »Die Schönheiten des Geistes sind zwar an sich unsichtbar, aber an den Gegenständen der Sinneswahrnehmung, denen ihr Bild aufgeprägt ist, werden sie erkannt« (794). Die Schönheit, die wir in den Künsten und in der Natur finden, steht somit in wesentlicher Verbindung mit moralischen Vorstellungen, denn sie reflektiert die Schönheit der Seele, in der wiederum die Tugend besteht. Schließen wir uns der Anschauung Reids an, wird die Ästhetik der Seele dementsprechend zum Hauptthema der Ethik wie der allgemeinen Ästhetik. Sofern man diese Gesamtanschauung anziehend findet, muß man sich demnach die Arbeit machen, die eventuelle Gestalt einer solchen Ästhetik auf den Begriff zu bringen.

Der unverbesserliche Ästhet und hartnäckige Moralist Oscar Wilde spielt in *Das Bildnis des Dorian Gray* auf eine Theorie à la Reid an (auf Wildes Buch werde ich im folgenden Kapitel eingehen). Dorian sagt dort zu Lord Henry: »Ich möchte gut sein. Ich kann die Vorstellung, meine Seele könnte abscheulich sein, nicht ertragen.« Darauf erwidert Henry: »Eine höchst charmante künstlerische Grundlegung der Ethik, Dorian! Ich gratuliere Ihnen dazu. Aber wie wollen Sie das anfangen?«[6] Im Mittelpunkt der ganzen Erzählung steht das Porträt Dorians, das seine Seele wiedergibt und häßlich wird, während es mit Dorian immer weiter abwärts geht. Seine Seele wird, wie das Bildnis berichtet, tatsächlich abscheulich, obwohl ihn sein gutes Aussehen nie im Stich läßt. Diese Erzählung dramatisiert die Hauptthese der ÄTT: Die von Dorian selbst verursachte Abscheulichkeit der Seele wird von einem seinerseits scheußlichen Kunstgegenstand widergespiegelt. Das Bild ist eine konkrete Äußerung der inneren Häßlichkeit, die dann wiederum mit der Boshaftigkeit des Charakters gleichgesetzt wird. In moralischen Dingen ist Wilde offenbar ein Anhänger Reids.

Die Äußerung der inneren Schönheit

Diese These wollen wir nun ein wenig deutlicher formulieren. Der Grundgedanke besagt, die Tugendhaftigkeit (oder Lasterhaftigkeit) einer Person bedeute, daß ein Teil oder ein Aspekt des Betreffenden – seine Seele, sein Charakter oder seine Persönlichkeit – bestimmte ästhetische Eigenschaften aufweist, die ihrerseits notwendige und hinreichende Bedingungen dafür sind, daß eine Person gut ist. Am besten läßt sich das vielleicht mit Hilfe einer Supervenienzthese begreifen. Die Supervenienzbasis möge aus den diversen Tugenden oder Lastern bestehen: Freundlichkeit, Gerechtigkeit, Großmut, Mitgefühl, Zuverlässigkeit und dergleichen bzw. Grausamkeit, Ungerechtigkeit, Gemeinheit, Gefühllosigkeit, Launenhaftigkeit und dergleichen. Die supervenierenden Eigenschaften seien moralisch-ästhetische Eigenschaften der bisher betrachteten Art, unter denen man sich der Einfachheit halber innere Schönheit, innere Häßlichkeit und deren Abstufungen vorstellen kann. Dann besagt die ÄTT, daß die letzteren Eigenschaften den ersteren supervenieren. Sind zwei Personen im Hinblick auf ihre moralischen Tugenden und Laster genau gleich, dann ähneln sie einander auch im Hinblick auf ihre moralisch-ästhetischen Eigenschaften ganz genau; und niemand kann ihre moralisch-ästhetischen Eigenschaften ändern, ohne ihre tugend- und lasterhaften Eigenschaften zu modifizieren. Wir setzen die ästhetischen zwar nicht mit den tugendhaften Eigenschaften *gleich*, aber wir verknüpfen sie begrifflich miteinander. Ein naheliegendes Analogon ist hier die Art und Weise, in der die ästhetischen Eigenschaften eines Gemäldes den zugrundeliegenden Schattierungen und Formen der auf die Leinwand aufgetragenen Farbe supervenieren. In beiden Fällen haben wir es mit einer Verbindung von Basiseigenschaften zu tun, die dazu dienen, die Schönheit oder Unschönheit des Gegenstands zu bestimmen, wobei diese Schönheit entweder für das Auge oder für das moralische Vermögen erkennbar ist. Die moralische Qualität einer Person entspricht also diesen supervenienten ästhetischen Eigenschaften. Das ist angesichts dieser Supervenienzbasis auch kein Wunder. Intuitiv einleuchtend ist, daß die Tugenden und Laster die ästhetischen Eigenschaften der sie tragenden Seele *hervortreten lassen*.

Freilich sind nicht *alle* Zuschreibungen ästhetischer Eigenschaften moralisch wertend. Es wird durchaus nicht behauptet, daß eine als schön gekennzeichnete Musik deshalb als tugendhaft hingestellt würde. Aber sobald der *Gegenstand* der Zuschreibung eine Seele ist (wie ich das betreffende Organ nennen werde), *wird* die Bedeutung der ästhetischen Prädikate ethisch. Tugend ist, grob gesprochen, das gleiche wie Schönheit plus Seele. Die spezifische, der Seele angemessene Art von Schönheit ist das, worin Tugend besteht. Der hier erforderliche Schönheitsbegriff muß in weitem Sinn als umfassender Ausdruck für eine große Menge positiv wertender ästhetischer Begriffe gedeutet werden, denn wir wollen sowohl die von Reid genannten Eigenschaften der Größe oder Herrlichkeit einschließen als auch die bescheidenen, zu Geruch und Geschmack passenden ästhetischen Eigenschaften.[7] Die These besagt also, daß Tugend im Besitz bestimmter Arten von positiven ästhetischen Seeleneigenschaften besteht. Das schließt beinahe – wenn auch nicht ganz – die Möglichkeit aus, jemand könne sowohl böse sein als auch eine schöne Seele besitzen. Was die Logik – im Gegensatz zur Wahrscheinlichkeit – anlangt, kann man widerspruchsfrei annehmen, jemand besitze die für das Schlechte konstitutiven ästhetischen Eigenschaften – nämlich eine Vielfalt abscheulicher Laster –, habe aber überdies *weitere*, nicht moralisch-ästhetische Eigenschaften, die ausreichen, um seiner Seele Schönheit zukommen zu lassen. Das kann man nur ausschließen, wenn man angibt, daß *jede* ästhetische Eigenschaft einer Seele zugleich moralische Bedeutung hat. Das ist zwar einleuchtend, aber strenggenommen braucht man darauf gar nicht zu bestehen, denn es genügt zu sagen, daß *einige* moralische Eigenschaften der Seele moralischen Rang verleihen. Ich werde jedoch an der einfacheren Formulierung festhalten und davon ausgehen, daß jede ästhetische Eigenschaft einer Seele eine moralische Dimension besitzt. Außerdem kann jemand natürlich einen Teil – aber nicht alle – der ästhetischen Eigenschaften besitzen, die eine hinreichende Bedingung des Guten (bzw. des Schlechten) darstellen, so daß er in gewissem Maße oder teilweise tugendhaft (bzw. böse) ist. Meistens werde ich auch all dies wieder vereinfachen, indem ich bloß sage, jemand habe eine schöne oder eine häßliche Seele, ohne daß es auf graduelle Abstufungen ankäme. Auf jeden Fall schließt unsere These offensichtlich die Möglichkeit aus, jemand könne *ohne* Seelenschönheit gut oder trotz *völlig* schöner Seele böse sein.[8]

Um diese Theorie zu beurteilen, ist es hilfreich, unsere normale Sprache der moralischen Wertung zu betrachten und – wie ich anfangs bemerkt habe – festzustellen, welche Fülle ästhetischer Begriffe sich dort findet. Von einer moralisch hochgeschätzten Person kann man sagen, sie sei ein feiner Mensch, rein, makellos, hochanständig, ohne Fehl und Tadel, reizend, entzückend, anregend, unkompliziert, natürlich, spontan, anmutig oder wunderbar, während eine in moralischer Hinsicht mißbilligte Person als verdorbener Mensch gekennzeichnet werden kann, als viehisch, säuisch, anrüchig, abscheulich, widerlich, unsolid, monströs, grotesk, krank, ekelerregend, nicht einwandfrei, korrupt, häßlich, schmutzig, verdreckt, unschön, zum Kotzen, schändlich, unsauber, abstoßend, ein Arschloch, ein Pinscher oder ein hinterfotziges Wesen.[9] Eigentlich wäre unser Wortschatz zur moralischwertenden Beschreibung von Charakteren recht arm, wenn wir keine derartigen Ausdrücke mit einschlössen. Erstaunlich ist auch – wenn man erst einmal darauf achtet –, wie häufig man hört, daß moralische Urteile mit Hilfe solcher ästhetischen Begriffe zum Ausdruck gebracht werden. Dieser Reichtum des moralischästhetischen Vokabulars regt gewiß dazu an, die ÄTT mit einer gewissen Ernsthaftigkeit zu erkunden. Es kann doch kaum sein, daß wir immer dann, wenn wir dergleichen sagen, buchstäblich falsche Äußerungen von uns geben oder törichte Kategorienverwechslungen begehen.

Betrachten wir einmal, um weitere Daten für unsere Überlegungen zu gewinnen, die Rolle der körperlichen Schönheit und Häßlichkeit in Geschichten über Tugend und Laster. Außer Dorian Gray und seinem abscheulichen Bildnis kennen wir Frankensteins abstoßendes Geschöpf, Victor Hugos buckligen

Glöckner von Notre-Dame, David Lynchs Elefantenmenschen und viele andere Figuren. In jedem dieser Fälle wird ein Gegensatz zwischen der äußeren ästhetischen Erscheinung und der inneren moralischen Beschaffenheit der Person aufgebaut. Wir werden dazu aufgefordert, über die körperliche Häßlichkeit hinauszublicken und zu erkennen, daß dort im Inneren des Betreffenden dennoch etwas Schönes ist. Die äußere Häßlichkeit wird benutzt, um die moralische Schönheit in den Vordergrund zu rücken, so daß sie ohne die Maske der körperlichen Schönheit erfaßt werden kann. Dabei liegt die Vorstellung zugrunde, in dem abstoßenden Rahmen liege eine schöne Seele gefangen. Diese Auffassung geht von der Voraussetzung aus, daß dem Menschen zwei unabhängige ästhetische Dimensionen zukommen, und indem man diese beiden Bereiche auseinanderreißt, wird die Autonomie der inneren Schönheit betont. Außerdem wird immer dann, wenn eine physische Verkörperung der verdorbenen und bösartigen Seele einer Person zum Vorschein kommt, auf ein häßliches Gesicht verwiesen, um das zum Ausdruck zu bringen. Der Teufel wird herkömmlicherweise als überaus häßlich begriffen. Ich erinnere mich noch, wie mich als Kind die Vorstellung fesselte, von welch ausnehmender Häßlichkeit das Gesicht des Teufels sein müsse und wie grauenerregend dessen Anblick wohl wäre: das komprimierte und konzentrierte Böse, so daß von einem Gesicht eigentlich kaum die Rede sein könnte. In Sagen und Märchen tritt das Böse fast immer in schauderhafter Gestalt auf. Das liegt nicht an einem Vorurteil gegen von Natur aus häßliche Menschen, sondern es handelt sich um den eher begrifflichen Gedanken, der Böse sei im Inneren häßlich – sein *wirkliches* Gesicht sei scheußlich. Wir sprechen vom »Angesicht des Bösen« und versuchen, dieser Vorstellung visuellen Gehalt zu verleihen. Die Gleichsetzung des Bösen mit der Häßlichkeit der Seele ist zweifellos ebenso ein Bestandteil gängiger Auffassungen wie die Gleichsetzung der Tugend mit innerer Schönheit. Die Verkörperung des Bösen durch die physische Erscheinung einer Person ist einfach eine Veranschaulichung der Schauerlichkeit ihrer Seele.

Die in diesen kulturellen und sprachlichen Phänomenen registrierten begrifflichen Zusammenhänge lassen sich ansatzweise artikulieren, indem man die Frage aufwirft, ob es möglich ist, daß eine Seele häßlich und zugleich tugendhaft oder schön und zugleich böse sein kann. Man könnte geltend machen, logisch sei das möglich, wenn man annimmt, dabei handele es sich um kontingent verknüpfte Eigenschaften. Könnte es denn nicht sein, daß ein Kunstwerk ästhetisch vortrefflich und in moralischer Hinsicht trotzdem erbärmlich ist? Wäre das jedoch möglich, sollten wir imstande sein, ästhetische Begriffe ausfindig zu machen, die Seelenschönheit zuschreiben und dennoch keine moralischen Implikationen haben, also moralisch neutrale Begriffe ästhetischer Bewertung. Die normale Sprache weigert sich jedoch, derartige Begriffe zu liefern – sie alle haben offenbar moralische Bedeutung. Manchmal wird behauptet, eine böse Person könne »bezaubernd« sein, aber damit ist nicht gemeint, daß die *Seele* dieser Person bezaubernd sei, sondern nur ihr Benehmen. Das entspricht im Grunde dem Fall, in dem eine böse Person körperlich attraktiv ist, was ja sicher möglich ist.[10] Vom *Körper* einer Person kann man sagen, er besitze positive ästhetische Eigenschaften, ohne daß dadurch moralische Implikationen ins Spiel kommen, aber ich glaube nicht, daß wir auf irgendwelche Begriffe zur ästhetischen Beschreibung der Seele stoßen werden, die zugleich in moralischer Hinsicht neutral sind. Das scheint mir von vornherein sehr für die ÄTT zu sprechen.

Fragen wir uns, was der Fall sein müßte, wenn die ÄTT falsch wäre. Das hieße, jemand wäre in der Lage, einem Beobachter sowohl ästhetisch positive als auch moralisch negative Merkmale vorzuführen, die beide von derselben Sache – nämlich der Seele – exemplifiziert würden. Daraus ergäbe sich, daß wir von dieser einen Sache sowohl angezogen als auch abgestoßen würden: Wir bewundern ihre Schönheit, beklagen aber ihre Immoralität, indes wir sie zugleich schätzen und mißbilligen. Wie das realistisch möglich sein soll, ist nicht klar, denn dann würden wir im Hinblick auf ein und denselben Gegenstand gegensätzliche Einstellungen annehmen. Das würde eine ganz extreme Dissonanz auslösen, und es ist schwer zu erkennen, wie wir es fertigbrächten, beide Einstellungen beizubehalten. Wie Platon sagt, wir lieben die Schönheit und hassen das Böse. Demnach müßten wir ein und dieselbe Sache lieben und zugleich hassen. Das ist zwar nicht logisch unmöglich, selbst wenn man sich über die Identität völlig im klaren wäre, aber in psychologischer Hinsicht ist es überaus unnatürlich. Es fällt schwer, sich auszumalen, wie man diese beiden Einstellungen zu dieser einen Seele miteinander verbinden könnte. Im Falle einer äußerlich schönen und innerlich häßlichen Person können die Einstellungen der Liebe und des Hasses leichter miteinander verbunden werden, da sie sich auf verschiedene Gegenstände – den Körper und die Seele – beziehen, aber die Vorstellung von einer Seele, die aufgrund ihrer Schönheit geliebt und zugleich aufgrund ihrer Lasterhaftigkeit gehaßt wird, ist nicht so leicht durchzuhalten. Das deutet darauf hin, daß eine Übereinstimmung dieser beiden Merkmalmengen von vornherein in unserer normalen Psychologie der moralischen Reaktionen angelegt ist. Wenn die beiden auseinandergingen, würden wir uns verloren und verwirrt fühlen, denn wir gehen von der Voraussetzung aus, daß sie in Einklang stehen.

Ferner ist zu beachten, daß der Böse häßliche Handlungen vollziehen wird, wobei besonders die physischen wie verbalen Gewalthandlungen ins Auge fallen. Gewalt ist ihrem Wesen nach häßlich, und sie ist die natürliche Äußerung eines bösen Charakters. Das Böse kommt in häßlichen Handlungen *zum Ausdruck*. Es fällt jedoch schwer einzusehen, wie es möglich sein soll, daß eine schöne, aber niederträchtige Seele häßliche Handlungen hervorbringt, denn daraus würde folgen, daß hinter der Häßlichkeit des Handelns Seelenschönheit stünde. Das Gesicht des erzürnten und gewalttätigen Menschen ist kein hübscher Anblick, und wie könnte dergleichen aus innerer Schönheit hervorgehen? Häßliche Handlungen spiegeln innere Häßlichkeit wider, aber niederträchtige Handlungen sind im Regelfall häßlich. Also ist die Verbindung von innerer Schönheit mit moralischer Schlechtigkeit hier nicht möglich. Die vermeintliche innere Schönheit müßte von jeder offenkundigen Schönheit völlig abgeschnitten sein, doch das ist nicht zu vereinbaren mit unserer Auffassung des Verhältnisses zwischen Charakter und Handeln. Die Annahme einer Verbindung von innerer Schönheit mit Bosheit läuft also auch hier wieder nahezu auf eine Ungereimtheit hinaus.

Auch wenn man die Verbindung mehrerer Tugenden kennzeichnen will, ist es überaus natürlich, sich auf ästhetische Begriffe zu berufen. Es reicht nicht aus, die einzelnen Tugenden, die der Gute besitzen muß, aufzulisten. Wir müssen außerdem etwas darüber sagen, wie sie gemeinsam im Inneren des Betreffenden fungieren. Der Tradition gemäß spricht man hier von »Harmonie«: Die Tugenden müssen je für sich in der Einzelperson gegeben sein, aber sie müssen auch miteinander harmonieren und in einem Zustand der Ausgeglichenheit oder des Gleichgewichts existieren. Die Freundlichkeit darf der Gerechtigkeit nicht den Rang ablaufen, und genausowenig darf die Gerechtigkeit das Erbarmen auslöschen. Jede Tugend muß den ihr angemessenen Ort einnehmen und so zur Bildung eines harmonischen Ganzen beitragen. Unter den Tugenden muß eine angemessene *Ordnung* herrschen. Bei einer Lesart dieser Bedingung muß zwischen den Forderungen der Vernunft oder Pflicht und den Regungen des Fühlens oder Wünschens Harmonie herrschen.[11] Zwischen dem, was wir nach eigener Erkenntnis tun müssen, und dem, was wir gern tun möchten, darf es zu keinem Zusammenstoß und keiner Dissonanz kommen. Der tugendhaften Seele darf nichts Zerklüftetes und kein Mißklang Sorge bereiten. Dies sind jedoch ästhetisch gefärbte Begriffe, und der Begriff der Harmonie kann einen gewissen Anspruch darauf erheben, der wichtigste ästhetische Begriff überhaupt zu sein. Der Versuch, die Schönheit zu definieren, ist gewiß verfehlt, aber man könnte von einem weit schlechteren Ansatz ausgehen als der Vorstellung, Schönheit bestehe in einem aus getrennten Elementen zusammengesetzten harmonischen Ganzen. Dementsprechend könnte man sich vorstellen, die tugendhafte Person bestehe gleichsam aus einer Reihe ethischer Akkorde, die harmonisch zu einem angenehmen Ganzen verschmelzen. Daher fällt es schwer einzusehen, wie es möglich sein soll, daß jemand schlechthin tugendhaft ist und dennoch eine häßliche Seele in seinem Inneren birgt, denn die zur Gesamttugend nötige Harmonie würde den Betreffenden aus dem Zustand der inneren Häßlichkeit emporheben. Wieder ist es ausgeschlossen, die moralische und die ästhetische Dimension voneinander zu trennen. Das von unserem moralischen Alltagsvokabular nahegelegte Bild wird durch diese abstrakteren Überlegungen somit bestätigt.

Dagegen läßt sich folgendes einwenden: All dies sei bloß eine tröstliche, in der normalen Sprache verkörperte Mythologie. Es wäre eine Kategorienverwechslung, wollte man glauben, die Seele könne schön oder häßlich sein. Alle Schönheit gehöre der wahrnehmbaren Welt an, und diese Art der Schönheit stehe in keiner internen Beziehung zur Tugend. Hier werde nur der müßige Versuch unternommen, etwas ausfindig zu machen, wodurch wir jetzt, da Gott tot ist und die Moral eingestandenermaßen kaum noch oder gar nicht mehr motivierend wirkt, zu tugendhaftem Verhalten bewogen werden sollen. Man wolle die Tugend mit der Schönheit verbinden, um so in der Tugend etwas unabhängig Attraktives und Wünschenswertes zu finden. Anstelle des Bildes der tugendhaften Person als einem trockenen, langweiligen und wenig anziehenden Wesen werde hier die Aussicht geboten, in ihr einen Ausbund an Schönheit zu erblikken. Da wir alle eitel und traurig sind, wollen wir schön sein, und diese allzu menschliche Schwäche werde von der ÄTT ausgenutzt. Die Ästhetisierung der Schönheit sei nichts weiter als ein auf irriger Metaphysik aufbauendes Wunschdenken. So lautet der Einwand, den man erheben könnte.

Auf diese abweisende Reaktion läßt sich – abgesehen von einer Wiederholung der bisher angesammelten Gründe für die ÄTT – zweierlei erwidern: Zuerst ist an Reids Expressivismus zu denken. Nach Reid ist kein materieller Gegenstand von sich aus schön, sondern er ist es, weil er in irgendeiner Weise einen geistigen Akt zum Ausdruck bringt, dem die Schönheit in erster Linie innewohnt. Das ist die Theorie der »abgeleiteten Ästhetizität«, die der »abgeleiteten Intentionalität« entspricht. Diese Theorie möchte ich hier zwar nicht zu verteidigen versuchen, aber man sollte zumindest an sie denken, wenn behauptet wird, alle Schönheit habe ihren Ort *außerhalb* des Geistes. Außerdem ist gewiß etwas Richtiges an Reids Überzeugung, daß bloße Zeichen auf der Leinwand oder bloße Tonfolgen gar nicht schön sein könnten, wenn man sie bloß als solche betrachtete.

Wir brauchen Reid aber nicht in allem zu folgen, um einzusehen, daß ästhetische Prädikate tatsächlich zu Recht auf geistige Realitäten angewandt werden können. Wer das Gegenteil annimmt, sitzt eigentlich nur einem empiristischen oder antimentalistischen Vorurteil auf, nämlich der Annahme, alle Begriffe müßten sich durch Bezugnahme auf sinnliche Erscheinungen erklären lassen. Es ist doch so – kann man zweitens erwidern –, daß wir ästhetische Prädikate auf Dinge wie mathematische Entitäten, Schachzüge, wissenschaftliche Theorien, lyrische Einfälle, Schlachtpläne und philosophische Vermutungen anwenden. Entitäten fast jeden ontologischen Typs können unser ästhetisches Vermögen entzücken. So heißt es auch bei Reid: »Schönheit findet sich in so verschiedenartigen und ihrer Natur nach so überaus unterschiedlichen Dingen, daß es schwerfällt anzugeben, worin sie eigentlich besteht oder was allen Gegenständen, in denen man sie entdecken kann, gemeinsam ist«

(779). Nicht nur Gemälde, Musik, menschliche Körper und Naturlandschaften können schön sein. Praktisch alles kann in seiner ihm eigenen Weise schön sein. Nach meinem Eindruck entspricht es dem schlichten gesunden Menschenverstand, Personen wegen ihrer psychologischen Merkmale Schönheit zuzusprechen, denn wenn uns die Anwesenheit einer Person Freude bereitet, ist es nicht immer der Körper, auf den wir ansprechen. Daß jemand eine schöne Seele hat, kann buchstäblich *wahr* sein, und zwar aufgrund der Bestandteile und Leistungen dieser Seele, also aufgrund der gefühlten Emotionen, der gedachten Gedanken und der empfundenen Wünsche. Ebenso ist es wirklich abscheulich, das Leiden der Unschuldigen zu wollen, es ist widerlich, die Schwachen auszubeuten, und es ist gemein, einen Freund zu verraten – jede derartige Handlung löst Abscheu und Ekel bei uns aus. Wir reagieren nicht bloß mit moralischer Kritik oder Verurteilung, sondern auch unser ästhetisches Vermögen wird zum Einsatz gebracht. Solche ästhetischen Urteile sind buchstäblich genauso zutreffend wie vergleichbare Urteile über normale materielle Dinge. Außerdem haben sie offenbar moralischen Gehalt.

Damit will ich nicht sagen, derartige Äußerungen seien unter keinen Umständen metaphorisch. Gewiß sind viele ästhetische Ausdrücke, die wir auf Personen anwenden, Metaphern. Wenn ich meiner moralischen Mißbilligung Ausdruck verleihe und sage, jemand sei eine anrüchige Person oder er stinke mir, nimmt man nicht an, der Betreffende gebe buchstäblich einen schlechten Geruch von sich. Das gleiche kann man aber auch über ein Kunstwerk sagen: Es stinkt zwar nicht im buchstäblichen Sinne, aber es kann dennoch ästhetisch gesprochen *wahr* sein, daß es anrüchig ist. Viele ästhetische Begriffe sind vom Geruchs- bzw. Geschmackssinn hergenommen, um sodann auf Gegenstände übertragen zu werden, die man nicht buchstäblich schmeckt oder riecht. Mit der Seele verhält es sich in dieser Hinsicht nicht anders als mit sonstigen ästhetisch bewertbaren

Gegenständen. Mir geht es darum, daß derlei Ausdrücke in der gleichen Bedeutung verwendet werden, wenn man sie auf diese verschiedenen Arten von Gegenständen bezieht, um ästhetische Wertungen zum Ausdruck zu bringen. Eine Seele kann im gleichen *Sinn* häßlich sein, in dem das für ein Bild oder ein Gesicht gilt (aber sie kann natürlich nicht in der gleichen *Weise* häßlich sein). Das buchstäblich Gleiche ist die ästhetische Komponente dieser häufig metaphorischen Begriffe.[12]

Brief Encounter

Nun laufen wir allmählich Gefahr, einer in der Alltagserfahrung wurzelnden Idee durch abstrakte Philosophie den Garaus zu machen. Halten wir also einen Augenblick inne, um diese Idee in einer Umgebung zu untersuchen, in der sie besonders natürlich gedeiht, nämlich im visuellen Medium des Films. Wie läßt sich die schöne Seele besser vorführen als durch das Sichtbare, die Stimme und dramatische Szenen? Um die Idee der inneren Schönheit zu veranschaulichen, werde ich nun den Film *Brief Encounter* betrachten (deutsche Synchronfassung: *Begegnung*).[13] Ich will zwar nicht behaupten, daß die Urheber des Films die Absicht hatten, den Begriff der schönen Seele zu veranschaulichen; aber ich glaube schon, daß dieser Begriff den Film durchzieht und ihm seine besondere Eindringlichkeit verleiht.

Die Handlung wird von zwei Figuren getragen – Alec Harvey und Laura Jesson –, die einander zufällig im Wartesaal eines Bahnhofs begegnen, als Alec (der Arzt ist) ein Staubkorn aus Lauras Auge entfernt. Nach einigen weiteren Begegnungen verlieben sie sich ineinander, obwohl sie beide »glücklich verheiratet« sind. Am Ende beschließen sie, daß sie sich um ihrer Familien willen trennen müssen, und so nehmen sie in dem Wartesaal, in dem sie sich zum erstenmal getroffen hatten, unwiderruflich Abschied voneinander. Es kommt zwar nicht zur geschlechtlichen Vereinigung, aber dennoch ist die Beziehung äußerst leidenschaftlich, ihr Ende geradezu tragisch. Die Handlung spielt um 1940 in einer provinziellen Gegend Englands, die Umgebung ist höchst unromantisch, und der Film ist in frostigem Schwarzweiß gedreht. Düstere Bahnsteige voller Lärm und Qualm spielen eine hervorstechende Rolle. Die übrigen Figuren sind ausnehmend grau und wirken höchstens in komischer Hinsicht anziehend. In der Welt, in der die beiden Liebenden einander begegnen, gibt es keine Kunst. Aber die Hintergrundmusik, Rachmaninows Zweites Klavierkonzert, bildet einen begeisternden und erhabenen Kontrapunkt zu den gesehenen Szenen. So erleben wir ein Reich der Schönheit, das sich – verborgen, aber stets präsent – neben der Schäbigkeit und dem Mittelmaß behauptet. Die Musik existiert in derselben Parallelwelt, in der auch Alec und Laura leben, und das betont den ästhetischen Abgrund, der sie von ihrer Umgebung trennt. Sie sind – oder werden – Inseln der Schönheit in einer tristen und schmutzigen Landschaft.

Vor allem die von Celia Johnson gespielte Laura vermittelt spürbar ein Gefühl von innerer Schönheit und Tugend, was so weit geht, daß ihr inneres Selbst allmählich den eigentlichen Mittelpunkt der Geschichte ausmacht. Das gelingt hauptsächlich durch die Konzentration auf ihr Gesicht, das häufig durch Licht von der dunklen und schattenhaften Umgebung abgehoben wird, wobei sie durch ihre Erzählstimme unmittelbar zu uns spricht und über ihr inneres Wesen redet, während sie sich an die ihr widerfahrenen Ereignisse erinnert. Diese Verbindung des ausgeleuchteten Gesichts mit der körperlosen Stimme läßt ihren inneren Geist deutlich hervortreten und bringt die dort vorhandene Schönheit zum Ausdruck. Die Schauspielerin besitzt auch äußere Schönheit, die allerdings nicht erdrückend wirkt, aber das von ihr sichtbar gemachte Gefühl innerer Qualität und Anmut berührt den Betrachter ganz besonders und macht die Leidenschaft verständlich, die Alec für sie empfindet.

Sie ist humorvoll, freundlich, bescheiden, pflichtbewußt, empfindsam, leidenschaftlich und zum Äußersten bereit – die Schönheit ihrer Seele könnte nicht deutlicher sichtbar sein. Ihr achtbarer, aber langweiliger Ehemann Fred weiß sie – angesichts dieser ästhetischen Herausforderung – zwar in seiner beschränkten Art zu würdigen, aber er hat keine Augen für das ästhetische Phänomen, das ihm jeden Abend im Zimmer gegenübersitzt.

Lauras natürliche Tugend wird in Frage gestellt, als sie erkennt, daß sie ihren Ehemann betrügt und Gefahr läuft, das Leben ihrer beiden Kinder zu ruinieren. Einmal muß sie durch die Hintertür der Wohnung entkommen, in der sie mit Alec verabredet ist, weil dessen abstoßender und höhnischer Freund unerwartet auftaucht. Dieses unaufrichtige Handeln droht ihre Redlichkeit und Ehrlichkeit in Mitleidenschaft zu ziehen, und das bringt sie zu der Einsicht, was für ein Leben sie zu wählen riskiert. Ihre reine Seele ist nahe daran, durch den Makel kleinlichen Lasters befleckt zu werden. Aber es besteht eigentlich nie ein Zweifel daran, daß ihre innere Schönheit unversehrt bleibt. Das ist so, als würde der Film sagen: »Hier ist die schöne Seele in die Fallstricke des menschlichen Alltags geraten.« Den Zuschauern wird das Gefühl gegeben, sie könnten unmittelbar in Lauras Seele blicken und die dort vorhandene Schönheit sehen, bis sie Angst bekommen vor den entstellenden Mißbildungen, die sie zu ereilen drohen. Trotz der Schäbigkeit von Lauras Umgebung und ihrer eigenen fragwürdigen moralischen Stellung wird diese Schönheit eigentlich nie wirklich aufs Spiel gesetzt. Alec ist in ihre innere Schönheit eingeweiht, wenn auch nicht so unmittelbar wie die Zuschauer, und er spricht rasch und heftig darauf an. Als er das Stäubchen aus ihrem Auge entfernt (übrigens ein gelungenes Sinnbild für Lauras moralische Situation), ist das so ähnlich, als erblicke er ihre Seele und spüre deren Anziehungskraft. Er erkennt die Schönheit, sobald er ihrer ansichtig wird. Es ist sein im Film auf diskrete Weise sichtbar gemachter guter Geschmack, durch den Laura für ihn so anziehend wird. Die Geschichte wirkt einleuchtend, weil Lauras Tugend durch die Alec und uns vorgeführte innere Schönheit so vollkommen zum Ausdruck gebracht wird.

Für den Film wesentlich ist ein gewisser Dualismus der ästhetischen Ebenen. Einerseits gibt es die Welt der Kunst und des Gefühls, andererseits die Welt der stumpfen Körperlichkeit. Indem die Geschichte ihren Lauf nimmt, verliert diese äußere Welt immer weiter an Realität, sie gewinnt etwas von einem Traum, während Lauras inneres Wesen allmählich und spürbar die Hauptrolle spielt. Ihre innere Natur nimmt immer größere Teile der für uns wahrnehmbaren Welt ein, während sich die triste Umgebung wie eine schattenhafte Karikatur immer weiter in den Hintergrund zurückzieht. Das ist so, als würde sich die schöne Seele gegenüber der sinnlich wahrnehmbaren Welt behaupten und ihren Anspruch auf Wirklichkeit nachdrücklich geltend machen. Der Film setzt die Tugend so mit innerer Schönheit gleich und betont dermaßen das Vorhandensein einer verborgenen ästhetischen Realitätsebene, daß er beinahe wie ein eigens darauf zugeschnittenes Beispiel für die hier untersuchte Theorie wirkt. Für die Behandlung dieser Thematik ist das visuelle Medium besser geeignet als jedes andere, denn es ist dazu in der Lage, die geistige Schönheit in etwas Augenfälliges zu verwandeln. Wäre die Geschichte in rein sprachlicher Form erzählt worden, hätte sie keinen so überzeugenden Eindruck gemacht.

Hier ließe sich zweifellos eine ganze Menge über die Geschichte der Porträtkunst sagen, doch auf diesem Gebiet bin ich kein Fachmann, und der Punkt, auf den ich hinauswill, ist vermutlich schon deutlich genug geworden. Hier möchte ich nur ein paar Bemerkungen über die Gemälde Vermeers machen, die den mir fruchtbar erscheinenden Ansatz veranschaulichen helfen. Diese sogenannten »niederländischen Interieurs« stellen sich im Regelfall wie folgt dar: Eine einzelne Person – oder mitunter ein Paar – steht oder sitzt in einem nicht sonderlich großen Raum, in dem häufig Kunstgegenstände herumliegen und der zum Teil von sanftem, durch ein Seitenfenster eindringendem Licht erfüllt ist. Die Augen sind oft auf das Licht gerichtet, ohne völlig davon gefesselt zu sein. Irgendeine hausbackene Tätigkeit wie z. B. Schreiben nimmt die Aufmerksamkeit der Person in Anspruch. Der Maler ist äußerst bemüht, die Kleidung der im Raum Anwesenden wiederzugeben, und die Schönheit der Kleider überstrahlt häufig die Schönheit ihrer Träger. Der Raum selbst ist ein ruhiger und harmonischer Ort, der wunderschön ausgestattet ist, damit Menschen darin wohnen können. Die Farben sind kräftig, aber gedämpft, und sie deuten auf Festigkeit und Tiefe hin. Nun stellt sich die Frage: Was wird von diesen bemerkenswert homogenen und atmosphärisch überaus eindringlichen Gemälden dargestellt? Oder weniger aufdringlich gefragt: Woran erinnern sie uns, wodurch sich ihre gewaltige Beliebtheit und Anziehungskraft erklären ließe?

Ich möchte meinen, daß diese »Interieurs» auf Innenräume einer anderen Art hindeuten. Der Raum ist die menschliche Seele, was durch die Anwesenheit einer menschlichen Figur gekennzeichnet und mit ästhetischen Mitteln unterstrichen wird, also durch die aufgehängten Bilder, die luxuriösen Teppiche, die elegant geschneiderte Kleidung, die Musikinstrumente und die Anordnung des Zimmers selbst. Der Raum ist ein abgeschlossener Ort, keineswegs hell, mit unscharfer Begrenzung und harmonisch angeordnetem Inhalt, wie man sich auch die Seele gern als abgeschlossenen Innenraum vorstellt, der in stiller, durchscheinender Dämmerung daliegt und mit geistig bedeutungsvollen Möbeln ausgestattet ist. Die Seele ist der privateste aller Räume, in den man sich aus der Außenwelt zurückzieht und in dem das Leben besonders intensiv gelebt wird. In meinen Augen wirkt besonders das Fenster Vermeers suggestiv, welches das Licht in geringem Maße, aber nicht in überwältigendem Strom einfallen läßt und den Zugang der Seele zur Außenwelt darstellt.

Die Seele ist offen für das, was außerhalb ihrer selbst liegt, doch sie bewahrt ihre stille Autonomie, indem sie das einströmende Licht filtert und dämpft. Die Stille käme der Seele abhanden, würde sie vom Licht verschlungen und von äußeren Kräften überschwemmt. Die Atmosphäre des Raums ist die eines Ortes, der der stillen, bescheidenen und weltlich bestimmten Tugend förderlich ist – so entspricht er dem innersten Wesen einer Auffassung vom menschlich Guten.[14] Was wir in diesen Interieurs von Vermeer zu sehen bekommen, ist also eine ästhetische Wiedergabe der moralisch begriffenen Seele. Außerdem ist es eine Seele, die auffallend frei ist von religiösem Ballast. Ihre innere Ästhetik ist nicht die der Kirche oder der Bibel, sondern die einer von Menschen geschaffenen säkularen Zivilisation. Die Schönheit der Seele wird hier im Sinne einer humanistischen Ästhetik begriffen, nicht im Sinne einer Ästhetik des transzendent Übernatürlichen (Vermeers Figuren sind Engeln durchaus nicht ähnlich). Diese Gemälde haben zwar tatsächlich einen gewissen Zauber, aber das ist nicht der Zauber der traditionell aufgefaßten Wundertaten, sondern – wenn man so will – der Zauber der Seele selbst, jenes Aufbewahrungsortes der moralischen Würde und der spirituellen Schönheit. Der »Zauber« ist hier das menschliche Leben an sich, sogar das banale Alltagsleben. Die Seele besitzt selbst dann Schönheit, wenn sie ganz häuslichen Geschäften nachgeht, und nicht nur dann, wenn sie ihr Gesicht einem übernatürlichen Gott zuwendet und dessen Spiegelbild empfängt. Die Seele ist weder unweigerlich noch notwendig etwas Schönes, sondern diese Bilder enthalten auch Hinweise auf geistiges Mittelmaß oder Schlimmeres. Die Seele wird jedoch – genauso wie ein möbliertes Zimmer – als zuinnerst ästhetischer Ort dargestellt. Der ästhetischen und mithin moralischen Bewertung kann sie nicht entgehen.

Nabokovs Formel

Nun könnte man folgende Frage stellen: Welche Bewandtnis hat es mit der Schönheit, daß die Seele sie besitzen kann? Wenn wir wüßten, welcher *Art* von Eigenschaften die Schönheit angehört, wären wir eher imstande, die These zu verstehen, wonach die Seele schön sein kann. Worin besteht das Schönsein der Seele? Worin besteht das Schönsein irgendeiner Sache? Mit dieser Frage müssen wir jedoch vorsichtig umgehen. Sie sollte nicht als Aufforderung verstanden werden, den Begriff der Schönheit auf eine andere Vorstellung zurückzuführen. Wir sollten keinen Versuch machen, nichtzirkuläre notwendige und hinreichende Bedingungen für das Schönsein von etwas ausfindig zu machen; zumindest sollten wir uns nicht verpflichtet fühlen, uns auf eine solche Aufgabe einzulassen. Ebensowenig sollten wir die Schönheit als so etwas wie eine natürliche Art auffassen, deren empirisches reales Wesen wir aufzuspüren trachten. Erst recht sollten wir die Schwierigkeit der Beantwortung dieser Frage nicht als einen Grund zur Skepsis gegenüber der ÄTT oder irgendeiner sonstigen Theorie ansehen, die sich des Schönheitsbegriffs bedient. Außerdem sollten wir damit rechnen, daß die *Basis* der Schönheit nicht bei allen ästhetisch beurteilbaren Gegenständen gleich bleibt. Diese Basis wird offenbar vom Wesen und von der Zusammensetzung des Gegenstands abhängen. Sofern sich überhaupt etwas Allgemeines darüber sagen läßt, wird es sich auf einem hohen Abstraktionsniveau bewegen.

Ganz allgemein gesprochen, darf man wohl mit Sicherheit sagen, Schönheit sei die Eigenschaft, die unserem ästhetischen Vermögen Freude bereitet. Das ist nicht als *Analyse* dieses Begriffs gemeint, sondern als Feststellung einer klaren und wichtigen Wahrheit über die Eigenschaft der Schönheit. Als solche genommen, sagt sie allerdings nichts über die Voraussetzungen, die eventuell erfüllt sein müssen, um das ästhetische Vermögen zu erfreuen. Hier möchte ich einige Bemerkungen heranziehen, die Vladimir Nabokov im Nachwort zu *Lolita* – diesem Roman der ästhetischen Verzückung und der moralischen Verderbtheit – äußert.[15] Diese Bemerkungen sind schon von sich aus frappierend, doch sie leisten auch einen hilfreichen Beitrag zu unserem jetzigen Thema. Aber zunächst möchte ich einige Hinweise geben zu dem sprühenden Roman, der den genannten Bemerkungen vorausgeht.

Nabokov ist sich völlig im klaren über die ästhetische Wirksamkeit aller Dinge, die ihn als Schriftsteller interessieren, und er weiß die von der ästhetischen Bewertung ausgehende Anziehungskraft ebenso wie den Abscheu zu würdigen. Humbert Humbert ist – nicht anders als seine Leidenschaft für Nymphchen – selbst so etwas wie ein ästhetisches Paradoxon. Wir finden ihn und seine Begierden abstoßend, aber zugleich sind wir erstarrt und hingerissen. Er ist der Verfasser einer großartigen Erzählung, die von sprachlichen Effekten nur so funkelt und von starken Emotionen besetzt ist. Seine Sprachschöpfung ist zweifellos ein Kunstgegenstand von seltener Qualität. Außerdem wird er als in körperlicher Hinsicht ungewöhnlich attraktiver und charmanter Mann beschrieben: ein verbindlicher, gut gekleideter, kultivierter Ästhet europäischen Schlages. »Ich muß mit dringlicher Bestimmtheit wiederholen: ich war und bin noch immer, trotz *mes malheurs*, ein ungewöhnlich gutaussehender Mann: groß, mit langsamen Bewegungen, weichem, dunklem Haar und einem schwermütigen und deshalb um so verführerischeren Gesichtsausdruck« (26). Aber zugleich besitzt (und verbirgt) er eine groteske und sich windende Seele, die ihre Mißgestalt hinter äußerer Zurschaustellung von Kunstbeflissenheit und Anstand versteckt. Während er über seine Leidenschaft für Nymphchen spricht, macht er folgendes Geständnis:

> Man muß ein Künstler sein, und ein Wahnsinniger obendrein, ein tiefmelancholisches Geschöpf, dem das heiße Gift in den Lenden kocht und eine Wollustflamme unab-

> lässig in der elastischen Wirbelsäule lodert (ach, wie sehr man sich zu ducken und zu verkriechen hat), um sofort, durch untrügliche Anzeichen – die leichtgeschwungene Raubtierkontur eines Backenknochens, den Flaum an schlanken Gliedern und andere Merkmale, die auszuplaudern mir Verzweiflung, Scham und Tränen der Zärtlichkeit verbieten – den tödlichen kleinen Dämon unter den gewöhnlichen Kindern herauszuerkennen (17 f.).

Innerlich ist Humbert eigentlich kaum noch ein Mensch, sondern ein fremdartiges Wesen, das durch tückische Augen schielt. Mal wird er als affenähnlich beschrieben, ein andermal als Spinne, als »fünfgliedriges Ungeheuer« (303), als »lediglich zwei Augen und einige Zoll geschwellter Muskulatur« (301), während er der Außenwelt den geschliffenen und zurückhaltenden Gentleman darbietet, in dessen Kostüm er sich verbirgt. Im Grunde ist er ein phantastischer Ausbund an Doppelzüngigkeit, es handelt sich um so etwas wie künstlerische Hochstapelei: »Statt dessen bin ich der schlaksig starkknochige, wollbrüstige Humbert Humbert mit dichten schwarzen Augenbrauen, einem komischen Akzent und einer Senkgrube voll faulender Ungeheuer hinter seinem langsamen Jungenlächeln« (47). Nicht nur ist er im Inneren mißgestaltet und äußerlich völlig präsentabel, sondern gerade das geistig Abstoßende an ihm kommt in besonders feiner und kultivierter Prosa zum Ausdruck. Mit der Figur des Humbert Humbert prellt Nabokov völlig unsere gewohnten Reaktionen auf das Gute und das Böse, das Häßliche und das Schöne. *Lolita* ist ein Roman der ästhetischen und moralischen Übertretungen.[16]

Wenden wir uns nun den allgemeinen Bemerkungen Nabokovs über das Ästhetische zu, so stoßen wir auf folgende Äußerung: »Für mich existiert ein Werk nur in dem Maße, wie es mir das gewährt, was ich rundheraus ästhetisches Vergnügen nennen möchte – ein Gefühl, irgendwie, irgendwo mit anderen Seinsumständen in Berührung zu sein, bei denen Kunst (Neugier, Zärtlichkeit, Freundlichkeit, Leidenschaft) die Norm ist« (334). Das ist offenbar als Erklärung ästhetischer Qualität gemeint, und alles spricht für die Annahme, daß Nabokov diese Formel nicht nur auf literarische Kunstwerke anwenden würde, sondern auch auf sonstige Gegenstände ästhetischer Bewertung. Nun möchte ich Nabokovs Bemerkung wie folgt umformulieren: Ein Gegenstand ist genau dann schön, wenn er ästhetisches Vergnügen bereitet, und ästhetisches Vergnügen ist ein geistiger Zustand, in dem man mit anderen Seinsumständen in Verbindung steht, in denen Kunst die Norm ist – wobei Kunst auch Neugier, Zärtlichkeit, Freundlichkeit und Leidenschaft beinhaltet. Der schöne Gegenstand ist etwas, was uns geneigt macht, diese einer anderen Welt angehörenden Seinsumstände zu erleben. Er bringt uns, mit einem Wort, in Verbindung mit bestimmten *Idealen*. Nabokovs Auffassung hat hier etwas Platonisches an sich, aber es ist nicht nötig, seine Rede von anderen Seinsumständen wortwörtlich zu nehmen, um einzusehen, was er meint. Diese Umstände braucht man nicht als Wirklichkeiten im Sinne Platons anzusehen, sondern man kann sie als Gegenstände phantasievoller Betrachtung deuten. In ihrem Wesen läuft die Nabokovsche Formel darauf hinaus, daß das Schöne dasjenige ist, was uns die angeführten Ideale – eine Welt, in der diese Ideale »die Norm« sind – ins Bewußtsein ruft. Man könnte sagen, dies sei eine Welt, in der Neugier, Zärtlichkeit, Freundlichkeit und Leidenschaft als etwas *Selbstverständliches* gelten und die Grundlage der in dieser Welt herrschenden Gesetze bilden.

Ein interessantes Merkmal dieser Formel besteht nun darin, daß sie ästhetische Qualität durch moralische Begriffe kennzeichnet, denn Zärtlichkeit und Freundlichkeit sind moralische Tugenden (während Neugier und Leidenschaft einen moralischen Aspekt haben *können*, je nachdem, wie man sie auffaßt). Die Schönheit ist also eine Sache, die uns mit bestimmten moralischen Idealen in Verbindung bringt. Der schöne Gegenstand braucht nicht von moralischen Idealen zu handeln, aber er wird uns dazu veranlassen, sie unter die intentionalen Gegenstände unseres Denkens und Fühlens einzureihen. Das ästhetische Vermögen zehrt vom moralischen Vermögen und nimmt es in Anspruch. Daher rührt das Gefühl der moralischen Erbauung, das häufig mit ästhetischem Entzücken einhergeht. Das wird für unsere derzeitigen Belange relevant, sobald wir diese Erklärung der Schönheit mit unserer Analyse des Guten verknüpfen. Wenn das Gute eine Art von ästhetischem Verdienst ist und ästhetisches Verdienst wiederum etwas, was uns mit bestimmten moralischen Idealen in Verbindung bringt, dann ist das Gute etwas, was Bewußtseinszustände auslöst, in denen moralische Ideale betrachtet werden. Nabokovs Formel plus ÄTT führen zu dem Ergebnis, daß man durch eine tugendhafte Person auf den Gedanken an moralische Ideale gebracht wird: Der Betreffende stellt zwischen uns und einer moralischen Idealwelt eine Verbindung her. Laut ÄTT gilt erstens, daß persönliche Tugend unser ästhetisches Vermögen erfreut; und nach Nabokovs Formel gilt zweitens, daß wir durch unser ästhetisches Vermögen mit der Tugend in ihrer reinen, unverwässerten Form in Verbindung gebracht werden. Wenn ich den Charakter einer tugendhaften Person in der *wirklichen* Welt betrachte, wird mir dadurch eine *mögliche* Welt ins Bewußtsein gerufen, in der die Tugend allein maßgeblich ist. Ästhetische Wonne (oder zumindest ästhetische Würdigung) ist etwas, was mich in eine solche Welt versetzt. Das ist so, als würde mein Geist von den in dieser Welt vorherrschenden Idealen durchdrungen. In einem gewissen Sinn habe ich also *Anteil* an dieser Idealwelt, sobald ich in der wirklichen Welt auf Exemplifizierungen der Tugend stoße. Das kommt gerade durch die ästhetische Dimension der moralischen Tugend zustande. Von der schönen Seele wird man zu Gedanken an ungetrübte und allgemein verbreitete Vollkommenheit angeregt.

Das ist ein hübsches Resultat, finde ich, denn die Tugend, vor allem die außergewöhnliche Tugend, veranlaßt uns wirklich dazu, an eine Welt zu denken – oder uns sogar nach einer Welt zu sehnen –, in der die Tugend die Norm ist. Das ist ein Weg, auf dem die Vorstellung vom Himmel in unser Denken Eingang findet. Es handelt sich um eine Welt, in der die Moral *immer* die Vorherrschaft hat. Das ist eine unmittelbare logische Konsequenz der beiden schon von sich aus anziehenden Gedanken ÄTT und Nabokovs Formel. Aus ihnen leiten wir eine Prognose ab, die von der Phänomenologie der moralischen Bewertung bestätigt wird. Die ÄTT führt uns von der Moral zur Ästhetik, während wir durch Nabokovs Formel von der Ästhetik zur Moral geführt werden. Im Endergebnis führt uns die Moral zu ihr selbst zurück, nachdem sie einen Umweg über die Ästhetik genommen hat.

Das ist jedoch kein Anlaß zur Enttäuschung. Natürlich folgt daraus, daß wir die ÄTT nicht benutzen können, um eine *Zurückführung* oder *Eliminierung* moralischer Begriffe und deren Ersetzung durch ästhetische Begriffe zu bewerkstelligen, denn die moralischen Begriffe tauchen in unserer Analyse des Schönen wieder auf. Aber reduktionistische Zurückführung oder Eliminierung sind nie unser Ziel gewesen. Was wir geleistet haben, ist die Nachzeichnung eines Musters begrifflicher Beziehungen zwischen moralischen und ästhetischen Begriffen; und was die Erklärung interessant macht, läßt sich dem ermittelten Muster entnehmen, und nicht einem Versuch, eine Art von Begriffen mit Hilfe einer anderen Art reduktionistisch zu erklären. Das Moralische führt uns zum Ästhetischen, und das Ästhetische führt uns zurück zum Moralischen. In der Zwischenzeit haben wir eine Reise durch die Seele und hinaus in platonische Idealwelten unternommen. Daher sollten wir uns um die »Zirkularität« des resultierenden Bildes keine Sorgen machen. Ich möchte sogar behaupten, daß wir diese »Zirkularität« *beruhigend* finden sollten, denn es ist generell töricht, den Versuch einer reduktionistischen Gesamtzurückführung einer Begriffsmenge auf eine andere zu unternehmen.

Bei all dem dürfen wir das Böse nicht aus den Augen verlieren. Ästhetische Mängel haben vermutlich den der ästhetischen Qualität entgegengesetzten Effekt. Darüber sagt Nabokov nichts, aber die natürliche Fortsetzung seiner Formel würde lauten, daß man durch Häßlichkeit oder ästhetischen Mangel mit Seinsumständen in Verbindung gebracht wird, in denen moralische Ideale *nicht* die Norm sind – in denen statt dessen moralische Verdorbenheit die Norm ist. Schlechte Kunst sorgt dafür, daß wir an eine kunstfeindliche Welt denken, eine Welt, in der die Häßlichkeit Vorrang hat. Dort gibt es Unwissen statt Neugier, Brutalität statt Zärtlichkeit, Bösartigkeit statt Freundlichkeit, Verzweiflung und Leid statt Leidenschaft. Anstatt ein Utopia zu betrachten, richten wir unseren Blick auf ein Dystopia. Sobald wir mit der häßlichen Seele einer bösen Person konfrontiert sind, werden wir daher in eine Welt versetzt, in der böse Handlungen und Sachverhalte die herrschende Norm sind. Unser ästhetischer Widerwille wirkt sich so aus, daß wir an Unwissen, Gewalt, Verzweiflung und dergleichen erinnert werden. Daher rührt das spezifische Gefühl der Niedergeschlagenheit, das mit der Wahrnehmung eines ästhetisch minderwertigen Kunstwerks einhergeht. Auch dieses Resultat ist theoretisch erwünscht, denn die böse Person ruft uns wirklich ins Bewußtsein, wie es sich verhielte, wenn sie die Norm wäre. Und genau das wird von der ÄTT und der modifizierten Nabokov-Formel vorhergesagt. Auf die Gefahr hin, das Metaphorische zu übertreiben, könnte man die böse, häßliche Seele als eine Art von Mikrokosmos dieser dem Ideal entgegengesetzten Welt auffassen, der in sich die Welt verkörpert, von der wir fürchten, sie könne Wirklichkeit werden. Wir können keine böse Person betrachten, ohne an eine allzu naheliegende mögliche Welt zu denken, in der das Böse dieser Person tausendfach vergrößert wäre. Das ist ein Grund, weshalb böse Menschen so erschreckend und beunruhigend wirken: Sie stellen einen bloßen Ausschnitt aus einem größeren potentiellen Übel dar. Ihre Existenz scheint einen Vorgeschmack auf die Hölle zu geben. Dystopische Kunstwerke nutzen diese Tendenz aus, indem sie die böse mögliche Welt heraufbeschwören, die implizit in den lokal begrenzten Übeln enthalten ist, deren Zeugen wir in der wirklichen Welt werden.

Ferner ergibt sich aus der Nabokov-Formel, daß der Annahme einer schönen und dennoch bösen Seele eine weitere Abfuhr zuteil wird. Denn wenn uns die Schönheit mit moralischen Idealen in Verbindung bringt, ist schwer einzusehen, wie das auf den angeblichen Fall der schönen, aber zugleich bösen Seele zutreffen könnte. Das würde heißen müssen, daß wir durch einen im innersten Wesen *bösen* Gegenstand mit dem ideal Guten in Verbindung gebracht werden könnten. Das Böse dieser Person würde Gedanken an Schlechtes auslösen, während ihre angebliche spirituelle Schönheit uns nach Nabokovs Formel an das moralisch Gute denken ließe. Ein und derselbe Gegenstand würde zu genau entgegengesetzten moralischen Reaktionen anregen. Der resultierende Gemütszustand wäre, um es vorsichtig auszudrücken, dissonant und nicht durchzuhalten. Somit bürgt die Formel von Nabokov für die von uns geforderte Übereinstimmung.

Konsequenzen dieser Theorie

Die Vorstellung, die Seele sei – oder werde – *sichtbar*, wirkt ganz faszinierend auf uns. Das ist auch der Einfall, von dem *Das Bildnis des Dorian Gray* in so frappierender Weise ausgeht. Wie wäre es, wenn wir einander und uns selbst buchstäblich in die Seele blicken könnten? Manchmal wird die Annahme vertreten, dies sei ein besonderes Vorrecht Gottes. Er könne den Zustand einer Seele wirklich *sehen*. Daher wird geglaubt, man könne sich eine

Situation ausmalen, in der die Seele sichtbar wäre. Wird man mit mehr Nachdruck aufgefordert, dieser (vielleicht kaum verständlichen) Vorstellung Inhalt zu verleihen, macht man sich wohl erst mit Hilfe des menschlichen Gesichts ein Bild von der Seele, denn das Gesicht ist der Körperteil, der die Vorgänge im Bewußtsein besonders fein zum Ausdruck bringt. Um sichtbar zu werden, müßte die Seele demnach ein eigenes Gesicht haben, das von dem äußeren physischen Gesicht verschieden wäre. Dann stellt sich die Frage, wie ein solches Gesicht aussähe.

Da die Seele der Sitz von Tugend und Laster ist, muß ihr Gesicht ihren moralischen Zustand wiedergeben. Im Prinzip wäre jedes visuelle Merkmal – etwa Farbe oder Größe – dazu imstande, aber in Wirklichkeit halten wir uns an ästhetische Eigenschaften als Darstellungsmittel der Tugend. Das Gesicht der guten Seele ist visuell schön, das Gesicht der schlimmen Seele visuell häßlich. Die religiöse Ikonographie ist reich an derartigen Bildern, man denke etwa an die Gemälde mit Jesus und solche mit dem Teufel. Hier geschieht folgendes: Die Vorstellung von der Seelenschönheit wird in eine visuelle Darstellung verwandelt, denn das Sehvermögen ist der ästhetische Sinn, dem wir besonders zuneigen. Der Umstand, daß wir bei der Sichtbarmachung des moralischen Zustands der Seele eine ästhetische Wiedergabe wählen, zeigt, daß wir uns schon vorher einen ästhetischen Begriff davon gemacht hatten. Wieso wird das Gesicht der Seele als etwas Schönes oder etwas Häßliches gesehen? Weil die gute oder böse Beschaffenheit der Seele tatsächlich etwas Ästhetisches ist. Auf welche andere Weise – *außer* eben mit ästhetischen Mitteln – wäre es denn möglich, die Tugend in sichtbarer Verkörperung der Seele wiederzugeben? Logisch möglich wäre das schon, indem man etwa Rot für das Gute und Blau für das Böse benutzte, aber in Wirklichkeit kommt uns keines dieser anderen Verfahren als dem gegebenen Tugendbegriff natürlich angemessen vor. Sichtbare Tugend *muß* ästhetisch dargestellt werden, denn das ist nun einmal die Art und Weise, in der wir die *un*sichtbare Schönheit der Seele begreifen. Mit anderen Worten, *erklärt* wird der Einsatz der visuellen Schönheit oder Häßlichkeit des Gesichts zur Wiedergabe des sichtbar gemachten moralischen Zustands der Seele durch die Tatsache, daß wir die tugendhafte Seele schon vorher mit ästhetischen Mitteln begreifen.

Eine Wiedergabe der Seele in visueller Form würde eine Umgestaltung der moralischen Erkenntnistheorie bewirken. Normalerweise ist unsere Kenntnis des moralischen Zustands einer anderen Person – und auch unserer selbst – enttäuschend indirekt und ungewiß. Ob jemand einen tugendhaften Charakter besitzt, ist selbst im eigenen Fall nicht leicht *anzugeben*. Aufgrund dieser Indirektheit und Ungewißheit kommt es zu gewaltigen Irrtümern, wenn man anderen Vertrauen schenkt. Dorians Bildnis hingegen hat das erstaunliche Vermögen, seinen moralischen Zustand unmittelbar und unfehlbar erkennen zu lassen. Je häßlicher das Porträt aussieht, desto verdorbener ist er – daran ist nichts zu deuteln. Die Phantasievorstellung von der sichtbaren Seele ist deshalb so reizvoll, weil sie mit der Möglichkeit einer gewisseren als der wirklich gegebenen ethischen Erkenntnis spielt, und die Schönheit ist das Mittel, durch das diese Erkenntnis vermittelt werden kann. Wie die Dinge faktisch liegen – und wie sie aus metaphysischen Gründen liegen müssen –, ist die Schönheit der Seele keiner sofortigen und gewissen sinnlichen Bewertung zugänglich. Doch da wir uns nach einem gewisseren Zugang zur Seele sehnen, freunden wir uns ohne weiteres mit der Vorstellung von einer Art Schönheit an, die sich dem Auge unverzüglich zu erkennen gibt. Wir haben den tiefsitzenden Wunsch, die Schönheit der Seele möge zum *Gegebenen* gehören, so daß die Irrtumsrisiken beseitigt werden.[17] Daß wir den freilich nur in der Phantasie unternommenen Versuch machen, unsere erkenntnistheoretischen Probleme mit solchen Mitteln aus dem Weg zu räumen, zeigt, daß wir die Tugend stillschweigend im Sinne der ÄTT begreifen.

Es ist nicht nur so, daß wir die Tugend bewundern und hochschätzen, während wir das Laster mißbilligen, sondern außerdem lieben und verehren wir die Tugend, während wir das Laster hassen und verachten. Wenn man von der Art und Weise ausginge, in der die Dinge in vielen moralphilosophischen Schriften dargestellt werden, würde man annehmen, daß wir uns darauf beschränken, die Dinge zu billigen oder zu beanstanden, sie als richtig oder falsch zu *beurteilen*. Aber in Wirklichkeit handelt es sich in viel höherem Maße um eine Sache des Instinkts. Unsere Leidenschaften sind ebenfalls daran beteiligt. Als Theorie der moralischen Urteile war der Emotivismus zweifellos verfehlt, aber mit der Annahme, daß die Moral unsere Gefühlsregungen in Anspruch nimmt, hat er sich nicht geirrt. Das Böse stößt uns ab; das Gute zieht uns an. Die Vorstellungen von der »Tugendliebe« und dem »Haß auf das Böse« gehören zur grundlegenden Phänomenologie der moralischen Erfahrung. Nun könnte man sich fragen, woran das liegt. Wieso ist die Moral kein ebenso nüchternes Fach wie Physik oder Geschichtsforschung? Die ÄTT legt eine Antwort nahe: Es liegt daran, daß Schönheit und Häßlichkeit ebenfalls solche Gefühle auslösen – vom Schönen werden wir angezogen, und wir meiden das Häßliche. Damit will ich nicht behaupten, daß das immer etwas Positives ist, vor allem wenn es um das Gesicht und die Figur von Menschen geht – aber eine Tatsache ist es dennoch. Demnach können wir unsere gefühlsmäßigen Einstellungen zu Tugend und Laster erklären, indem wir auf ihre Verbindungen mit dem Ästhetischen hinweisen. Wenn man den Tugendhaften liebt, reagiert man auf seine innere Schönheit, und zwar ganz ähnlich, wie man auf ein Kunstwerk anspricht. Ähnliches gilt für unseren Haß auf die böse Person. Diese Gefühlsassoziationen sind kein Beweis für die »nonkognitivistische« Theorie der moralischen Urteile, sondern sie deuten darauf hin, daß es zwischen dem Moralischen und dem Ästhetischen Überschneidungen gibt. Das Schöne ist das, was uns Freude bereitet, und die tugendhafte Person bereitet uns ebenfalls Freude. Diese Gemeinsamkeit wird von der ÄTT erklärt.

Moralischer Hochmut wird oft als Sünde ohnegleichen angesehen. Das ist zweifellos eine Übertreibung, das Ergebnis einer Sklavenmentalität, von der Bescheidenheit um jeden Preis und ohne Rücksicht auf die Fakten gefordert wird. Dennoch hat es etwas besonders Peinliches, wenn sich jemand auf die eigene Tugend viel einbildet. Wer das tut, kommt den anderen verachtenswert, ja geradezu paradox vor. Löscht er die eigene moralische Vollkommenheit dadurch, daß er sie bejubelt, nicht wieder aus? Wie kommt es jedoch, daß wir in dieser Weise auf moralischen Hochmut reagieren? Warum ist diese Haltung nicht von der gleichen Art wie das Angeben mit den eigenen athletischen oder intellektuellen Fähigkeiten – weder besser noch schlechter? Warum gilt die moralische Selbstverherrlichung als Laster sondergleichen? Die ÄTT kennt eine Antwort auf diese Fragen: Die körperlich schöne Person kann der Eitelkeit erliegen und gebannt in den Spiegel starren, während sie ihr Aussehen zur Schau stellt. Wer einen schönen Geist hat, geht ein vergleichbares Risiko ein, wenn er in narzißtischer Einstellung auf die eigene innere Schönheit blickt. Wenn ich nach meinem Urteil tugendhaft bin, urteile ich, daß meine Seele schön ist, und dadurch laufe ich Gefahr, dem spirituellen Narzißmus zu frönen. Das Laster des moralischen Hochmuts ist demnach ein Spezialfall des narzißtischen Lasters. Wenn ich innere Schönheit besitze, gehe ich das Risiko ein, mich zu sehr in mich selbst zu verlieben und die eigene Seele allzu attraktiv zu finden. Genauso, wie mich die moralische Schönheit der anderen reizen kann, so kann es vorkommen, daß mich die eigene moralische Schönheit in ihren Bann schlägt. Da der Narzißmus jedoch ein Laster ist, wird die moralische Schönheit, welche ich besitze, dadurch aufs Spiel gesetzt.[18] Daher rührt die paradoxe Situation des moralisch Hochmütigen. Selbstliebe ist die moralische Gefährdung und Verlockung der schönen Seele – jene nach innen blickende, solipsistische Bezauberung durch das eigene strahlende Wesen. Das einzige sichere Heilmittel dagegen ist die entschlossene Weigerung, die Aufmerksamkeit von den moralischen Prozessen im eigenen Inneren in Anspruch nehmen zu lassen. Der Blick der schönen Seele muß unverwandt nach außen gerichtet sein, auf die Welt des Handelns und der anderen Menschen.

Sofern Tugend Schönheit ist und sofern Schönheit ästhetisches Wohlgefallen hervorbringt, sollte der Tugendhafte Anlaß geben zu ästhetischer Freude. Kunstwerke und Naturgebilde gehören zu den Dingen, die uns ästhetisches Wohlgefallen bereiten, und eine schöne Seele sollte uns in der gleichen Weise ästhetisch erfreuen. Die ÄTT sagt dementsprechend voraus, daß Tugend die gleiche Art von Lust in uns hervorruft wie alle übrige Schönheit. Stimmt das jedoch? Man könnte geltend machen, daß es Gegenbeispiele zu einer derart allgemein formulierten These gibt. Man denke etwa an den sich selbst verleugnenden, enthaltsamen Disziplinfanatiker, den viktorianischen Spielverderber, wie er im Buche steht. *Der* bereitet bestimmt kein ästhetisches Wohlgefallen, aber ist er nicht dennoch ein Muster an Redlichkeit? Ein solches Beispiel ist nicht leicht zu beurteilen, sofern man nicht über weitere Einzelheiten verfügt, aber man braucht nicht weit zu suchen, um eine ungefähre Antwort zu erhalten. Es *kann* sein, daß diese Person ein Beispiel für eine schnörkellose, einfache und funktionale Ästhetik ist – so etwas wie der »mission chair« des moralischen Universums. Der Betreffende besitzt die asketischen Tugenden und somit eine Seele, von der diese Züge ästhetisch gespiegelt werden. Es kann sich aber auch um eine grausame und unversöhnliche Figur handeln, die viel von der Prügelstrafe hält und anderen gegenüber nicht tolerant ist. Diese Figur bereitet tatsächlich kein ästhetisches Wohlgefallen, doch in dem Fall wird sie auch nicht zu Recht als tugendhaft apostrophiert (obwohl sie vielleicht nach den irrigen Maßstäben ihrer Gesellschaft so gekennzeichnet wird). Im einen wie im anderen Fall ist diese Figur kein Gegenbeispiel für die ÄTT.

Ich habe den Eindruck, daß mir die Gesellschaft von Personen, die nach meinem Urteil tugendhaft sind, Wohlgefallen bereitet, während mir andere »stinken« (wie man so aufschlußreich sagt). Ein Grund, weshalb man gern mit tugendhaften Menschen zusammen ist, liegt in der ästhetischen Freude, die von ihnen ausgeht – nicht nur darin, daß sie uns manchen Dienst erweisen können.[19] Dergleichen kommt im sozialen Verkehr sehr viel häufiger vor, als normalerweise anerkannt wird. Wir suchen das Schöne in allen seinen Formen, und die Tugend ist eine davon. Zu den beunruhigendsten Personen, die man kennenlernen kann, gehören diejenigen, die einige ästhetische Qualitäten in Hülle und Fülle besitzen, aber die der moralischen Art entbehren. Man weiß nicht, ob man sich angezogen oder abgestoßen fühlen soll, ob man bleiben oder gehen soll. Es ist so, als könne man eine Art ästhetischen Wohlgefallens nur dann von ihnen empfangen, wenn man bereit ist, auch manches ästhetisch Abstoßende in Kauf zu nehmen. Das typische Resultat ist kognitive Dissonanz und infolgedessen die Weigerung, ihre moralische Häßlichkeit gelten zu lassen, obwohl die Tatsachen auf der Hand liegen. Um des Angesichts willen verleugnet man die Seele. Das kann dazu führen, daß man sich vielfach selbst täuschen muß, und letzten Endes kommt es vielleicht zur Ernüchterung in großem Maßstab. Körperlich schöne Menschen sind – für sich selbst wie für andere – aus gerade diesem Grund gefährlich. Man ist geneigt, ihre moralischen Schwächen außer acht zu lassen, weshalb dann nichts geschieht, um sie zu zügeln. Über dieses Thema sagt Reid folgendes: »Es läßt sich tatsächlich nicht bestreiten, daß der Ausdruck eines hübschen Gesichts auf unnatürliche Weise getrennt sein kann von den liebenswerten Eigenschaften, die es von Natur aus zum Ausdruck bringt. Dennoch nehmen wir das Gegenteil an, bis uns klare Beweise vorliegen; und selbst dann erweisen wir dem Mienenspiel ebenso Reverenz wie etwa dem Thron, wenn darauf zufällig ein Unwürdiger sitzt« (806). Solche ästhetisch doppelgleisigen Personen können zu viel Leid und Streit Anlaß geben, was mitunter ihren eigenen Absichten zuwiderläuft. In manchen Fällen nutzen sie freilich bewußt ihre Fähigkeit zur Abwehr moralischer Mißbilligung aus und kommen selbst bei Mord straflos davon. Zumindest in dieser Hinsicht fällt es den Unscheinbaren leichter, gut zu sein, denn sie lassen sich nicht bis zur moralischen Trägheit einlullen. Die äußerlich Schönen können Zuneigung erwarten, einerlei, wie abscheulich es in ihrem Herzen aussieht. Sie sind so etwas wie ein Scheinbild des Guten, eine visuelle Trugerscheinung der Tugend. Das heißt natürlich nicht, daß sie gar nicht tugendhaft sein können, sondern nur, daß sie – wie immer es sonst stehen mag – ohnehin den Oberflächeneindruck der Tugend erwecken. Ihre Seele mag noch so garstig sein, dennoch werden sie, wie Dorian Gray, ganz von selbst Zuneigung und Vertrauen erwecken.

Tugend und Kunst

Ist Seelenschönheit eine Leistung oder eine Naturtatsache? Schaffen wir unsere eigene innere Schönheit ebenso, wie der Künstler ein Werk schafft, oder werden wir von der Natur mit einer anziehenden oder abstoßenden Seele ausgestattet? Nach der ÄTT läuft diese Frage auf das gleiche hinaus wie die Frage, ob wir selbst unsere eigene Tugend erzeugen. Hier geht es mir nicht darum, Gründe für die eine oder andere spezifische Antwort auf diese Frage zu nennen, sondern ich möchte nur andeuten, was es bedeutet, wenn die ÄTT zutrifft. Wie sollen wir die Entstehung der Tugend begreifen, wenn Tugend das gleiche ist wie innere Schönheit? Unterliegt die Tugend nicht unserer bewußten Kontrolle, weil sie genetisch vorherbestimmt ist, dann kommt unsere innere Schönheit in der gleichen Weise zustande wie unsere körperliche Schönheit. Sie ist ein Naturphänomen, zu dessen Erhaltung wir zwar etwas beitragen können, dessen wesentliche Züge aber nicht dem Willen unterliegen. Nur um es einmal festzuhalten, möchte ich sagen, daß ich es hier mit der Tradition halte und glaube, daß damit nicht schon alles über die Entstehung des moralischen Charakters gesagt ist. Wir sind – wenigstens in einem gewissen Maße – Herren unseres eigenen moralischen Geschicks, und das heißt zugleich, daß wir unsere eigene innere Schönheit oder deren Fehlen selbst bewirken. Was ich herausstreichen möchte, ist, daß genau dies im buchstäblichen Sinne die Schaffung eines Kunstwerks ist – das moralische Leben ist tatsächlich eine Art von künstlerischem Leben. Hier wird das Wort »Kunst« in beiden Hauptbedeutungen verwendet, einmal im Sinne von etwas, was nicht nur die Mithilfe der Natur, sondern auch Geschick (Kunstfertigkeit) verlangt, und zum anderen im Sinne von etwas, das ästhetische Qualitäten aufweist. Wer sich bemüht, ein guter Mensch zu sein, widmet sich einem in beiden Bedeutungen künstlerischen Vorhaben. Wir sind Baumeister der Seele.

Diese Betrachtungsweise wirkt sich in zweierlei Hinsicht auf das moralische Leben aus; zum einen geht es um die Methode, zum anderen um die Motivation. Welcher »Techniken« sollte man sich bedienen, um zur Tugend zu gelangen? Hier wird man mir hoffentlich keinen unangebrachten Ästhetizismus vorwerfen, wenn ich meine, daß die Techniken des Künstlers dabei durchaus nicht fehl am Platze sind. Der Künstler läßt seinem Gebilde die volle Aufmerksamkeit angedeihen, wobei er sich die Details ebenso angelegen sein läßt wie die Gesamtform des Endprodukts. Außerdem haftet sein Auge fest an der Wirklichkeit, zu der sein Produkt in verständlicher Beziehung stehen muß. Vor allem liegt dem Künstler daran, ein innerlich integres und verdienstvolles Werk zu schaffen, das dem Zahn der Zeit widersteht und anderen Menschen Wohlgefallen bereitet. Alle diese Ziele passen *mutatis mutandis* auch zur Schaffung der Tugend. Sie verlangt ebenfalls die äußerste Hingabe der obersten Vermögen des Betreffenden: einen bewußten Perfektionismus im Hinblick auf das Geschaffene. Zu den Verfahren, durch die einem Kunstgegenstand Schönheit verliehen wird, gibt es bei der Hervorbringung einer schönen Seele unerläßliche Entsprechungen. Die Weigerung, Kompromisse einzugehen oder sich anzupassen, ist ein wesentlicher Bestandteil beider Bestrebungen. Die gebührende Einsicht in diese Gemeinsamkeit könnte vielleicht dazu beitragen, unsere Bemühungen im moralischen Bereich zu konzentrieren. Außerdem legt sie den Gedanken nahe, daß es wenigstens *ein* künstlerisches Projekt gibt, an dem selbst der größte Spießbürger unter uns nicht vorbeikommt (vorausgesetzt, er engagiert sich für die moralische Tugend).

Was die Motivation betrifft, können wir uns kurz fassen. Oft wird gefragt, warum wir eigentlich moralisch sein sollen. Sofern der Vergleich mit dem Künstler angemessen ist, haben wir eine Antwort zur Hand, und die lautet: Um die Menge des Schönen in der Welt zu vermehren. Schönheit ist kostbar, Tugend ist Schönheit, also ist Tugend kostbar. Damit nicht genug. Die geschaffene Schönheit ist Schönheit im eigenen Inneren; daher ist die Vermehrung der *eigenen* Schönheit ein zusätzliches Motiv, das uns gewiß allen am Herzen liegt. Damit ist nicht gesagt, daß Moralität nicht auch ihr eigenes Motiv sein kann. Wem eine solche Anschauung jedoch allzu fade und nüchtern vorkommt, kann immer noch auf den Reiz der Schönheit zurückgreifen. Das Projekt der Tugend ist daher in motivationaler Hinsicht überbestimmt.[20]

Eine ganz andere Frage zum Verhältnis zwischen Tugend und Kunst ist die folgende: Von welcher Bedeutung ist die Schönheit der Umgebung für den moralischen Zustand? Manchmal wird behauptet, der Anblick schöner Dinge sei der Tugend förderlich, während der Anblick häßlicher Dinge dem Laster nütze. Schlechte Architektur z. B. führe zur Ausprägung eines schlechten Charakters; durch gute Musik hingegen werde edler Sinn eingeflößt. Obwohl diese unterstellte Wechselbeziehung gewiß nicht durchgängig gilt, scheint doch etwas daran zu sein. Schlechte Kunst braucht nicht nur eine Wirkung moralischer Schäbigkeit zu sein, sondern sie kann ihrerseits als deren Ursache fungieren. Jedenfalls wollen wir uns zunächst einmal an diese vertraute Idee halten, um zu sehen, welches Licht die ÄTT womöglich darauf werfen kann. Welches könnte der *Mechanismus* sein, der die äußere Kunst mit der inneren Tugend verbindet? Auch in diesem Fall liefert die ÄTT eine Antwort. Menschen neigen zur Nachahmung und passen sich gern dem Stil dessen an, was sie zu sehen bekommen. Wir lachen, wenn andere lachen; wir gähnen, wenn andere gähnen; wir kleiden uns nach der Mode; und wir sprechen den gleichen Dialekt wie die Menschen in unserer Umgebung. Es gehört beim Menschen offensichtlich zum Lernvorgang, daß er andere imitiert, was – wie wir alle wissen – mitunter überaus schlimme Wirkungen zeitigt. Das ist eine Tendenz, die wir von Geburt an besitzen. Es liegt in unserer Konstitution, daß wir uns dem, was wir in unserer Umgebung wahrnehmen, anzuähneln geneigt sind. Es besteht auch kein Grund zur Annahme, daß diese Tendenz auf die Nachahmung anderer *Personen* beschränkt ist. Es kann sich durchaus erweisen, daß die *Produkte* der Menschen ebenfalls Gegenstände der Nachahmung sind. Nehmen wir also an, man sei von schönen, angenehm gestalteten Gegenständen umgeben, von Dingen also, die ästhetisches Wohlgefallen bereiten. Dann wird man geneigt sein, diese Dinge in der eigenen Person nachzuahmen. Wenn der eigene Wohnsitz schön ist, nimmt vielleicht auch die Schönheit der Kleidung, der Bewegungen und der Ausdrucksweise zu. Es wäre aber auch möglich, die Schönheit weiter nach innen zu verlagern und zu verinnerlichen, so daß man in der eigenen Seele schön wird. Genau darin besteht nach der ÄTT die Tugend. Demnach ergibt sich aus dem Prozeß der ästhetischen Imitation eine Vermehrung der Tugend. Eine schöne Umgebung ist der moralischen Tugend förderlich, und dem liegt ein verständlicher psychischer Mechanismus zugrunde. Derselbe Mechanismus wirkt sich natürlich auch dahingehend aus, daß aus häßlicher Umgebung ein bösartiger Charakter hervorgeht, sobald die äußere Häßlichkeit verinnerlicht wird.

Die Qualität der Architektur einer Gesellschaft wird daher für die Moralität der Gemeinschaft von Bedeutung sein. Tendenziell wird sie nach dem Verfahren der Mimikry in die innere Ästhetik der Gemeinschaftsangehörigen eingehen. Das gleiche gilt auch sonst für alle Arten der Formgestaltung. Je besser der Geschmack einer Gesellschaft in äußeren Dingen, desto besser die Ausgangslage für eine Förderung der Tugend. Die Qualität der Kultur ist nicht nur ein Spiegel der Güte des Charakters, sondern sie ist dieser auch förderlich. Wenn das zutrifft, müssen bei Plänen zur Gesellschaftsverbesserung sowohl die ästhetische Qualität der Umwelt als auch der ästhetische Geschmack ihrer Bewohner in Rechnung gestellt werden. Moralische Bildung ist nicht bloß eine Sache der direkten moralischen Unterweisung oder des Vorhandenseins eines Lohn/Strafe-Systems, sondern ins Spiel kommt auch die umfassendere Frage der ästhetischen Qualität der Kultur. Diese Bereiche können wir nicht so behandeln, als hätten sie gar nichts miteinander zu tun. Ästhetische Verunreinigung hat die Tendenz, zu moralischer Verunreinigung zu führen, denn Moral und Ästhetik sind miteinander verknüpft. Die moderne Großstadt kann ein gefährlicher Aufenthalt sein, was die Qualität der eigenen inneren Architektur betrifft. Der Ausdruck »mean streets«, der einem bekannten Film über städtische Gewalt und moralischen Verfall als Titel dient, verschmilzt die Zwillingsvorstellungen von innerer und äußerer architektonischer Häßlichkeit in vollkommener Weise.[21]

Um diese Erörterung der schönen Seele zum Abschluß zu bringen, möchte ich auf einen allgemeineren Sachverhalt zu sprechen kommen: Ästhetische Begriffe haben einen weit umfassenderen Anwendungsbereich, als manchmal angenommen wird. Die Menschen haben die Tendenz, das Ästhetische mit

Hilfe viel zu enger Begriffe zu erfassen, als wäre außer Naturlandschaften nur das darin enthalten, was sich in Museen und Kunstgalerien findet. Das Ästhetische durchdringt jedoch beinahe jede menschliche Erfahrung, und zwar auf vielen Ebenen. Wir sind durch und durch ästhetische Lebewesen, und wir erfassen die Welt mit ästhetischem Blick. Nicht nur andere Personen werden ästhetisch wahrgenommen, sondern auch Tiere. Nicht nur Gebäude und Skulpturen sind ästhetische Gegenstände, sondern auch Küchenmesser, Schraubenzieher und Stereoanlagen. Sprechakte haben ästhetische Eigenschaften. Ideen und Gedanken ebenfalls. Es fällt schwer, überhaupt irgend etwas zu nennen, dem eine – sei's positive oder negative – ästhetische Dimension abginge. Der Panästhetizismus ist die naheliegende Theorie. Im vorliegenden Kapitel habe ich geltend gemacht, daß auch das Innenleben der Menschen zum Bereich des Ästhetischen gehört – daß Charaktere schön oder häßlich sein können. Sobald man sich über das volle Ausmaß des Ästhetischen klar wird, erscheint dieser Gedanke vielleicht nachgerade unumgänglich. Denn warum sollte man annehmen, daß einzig und allein der Geist keiner ästhetischen Kennzeichnung fähig ist? Es wäre doch verblüffend, wenn dem Geist ästhetische Eigenschaften *abgingen*. Das Gehirn besitzt gewiß solche Eigenschaften. Und sobald das erkannt ist, liegt die Verbindung mit der Moralität als nächster Schritt nahe. So gesehen, braucht die ÄTT nicht mehr wie das befremdliche Resultat einer poetischen Metaphysik zu wirken, sondern erscheint vielleicht geradezu als Gemeinplatz.

Eigentlich kommt mir nur ein einziger Grund in den Sinn, weshalb man sich vielleicht gegen den Gedanken der Seelenschönheit zur Wehr setzen möchte (und zwar unabhängig von seiner Verbindung mit der Moralität). Das ist ein zutiefst metaphysischer Grund, der besagt, daß wir in gewissem Sinne nicht wissen, was es heißt, daß der Geist ästhetische Eigenschaften besitzt, weil wir gar nicht wissen, welche Bewandtnis es mit dem

Geist hat. Ist er materiell oder immateriell, oder gehört er irgendeinem unbekannten Typus an? Was für eine Theorie regiert seine Wirkungsweise? Welches sind seine Elemente und Verknüpfungsarten? Der Geist ist ein Geheimnis, ein Bereich, in dem unsere Unwissenheit profund ist.[22] Und da wir nicht wissen, welche Bewandtnis es mit dem Geist hat, ist es natürlich auch rätselhaft für uns, was es heißen soll, dem Geist ästhetische Eigenschaften zuzuschreiben. Um eine klare Vorstellung von der eventuellen Beschaffenheit der geistigen Schönheit zu erlangen, benötigen wir eine Vorstellung vom *Wesen* dessen, was solchermaßen schön ist – aber eben darüber verfügen wir nicht. Zugegeben, wir *reden* so, als hätte der Geist ästhetische Eigenschaften, aber wir vermögen nicht zu erläutern, worin dieser Sachverhalt letztlich besteht. Im Falle eines Gemäldes etwa verfügen wir über die auf Leinwand aufgetragenen Farbmale als Medium der ästhetischen Eigenschaften. Welches aber ist das Medium der *geistigen* Schönheit? Welche Art von »Stoff« wird in etwas umgewandelt, was wir als schöne Seele bezeichnen?

Diese Ungewißheiten bestehen nicht ohne Grund, aber vom Begriff der geistigen Schönheit sollten sie uns nicht abbringen. Daß der Geist bestimmte Merkmale besitzt, können wir wissen, ohne eine Theorie über sein Wesen aufgestellt zu haben. Auf der Voraussetzung dieser Möglichkeit beruht unsere ganze Kenntnis des Geistes. Wir wissen z. B., daß der Geist des Menschen Überzeugungen, Wünsche und Empfindungen beherbergt, ohne daß wir wüßten, was für diese Dinge *konstitutiv* ist. Wir wissen schon heute, daß der Geist – einerlei, als was er sich erweisen wird – ein Wesen haben wird, das es ihm gestattet, ästhetische Attribute zu besitzen. Denn daß er solche Attribute besitzt, liegt auf der Hand. Dennoch ist es vielleicht natürlich, daß die metaphysischen Probleme des Geistes unsere Reflexionen über den Begriff der geistigen Schönheit in Mitleidenschaft ziehen. Auch auf diesen letzteren Begriff wird das Geheimnis übergehen, das dem Begriff des Geistes generell anhaftet. Aber zur Ablehnung des Begriffs der geistigen Schönheit bietet dieses Geheimnis ebensowenig einen Grund wie zur Ablehnung der Existenz des Geistes selbst.[23]

KAPITEL 6

Das Bildnis: Dorian Gray

Kunst und Sünde

Kunst spricht auf Schönheit an. Häufig wird sie dadurch schön, daß sie das Schöne wiedergibt. Aber worin besteht ihre Beziehung zur Sünde? Gelingt es der Kunst, Sünde in Schönheit zu verwandeln, oder ist die Sünde selbst schon eine Form von Häßlichkeit? Welches sind die ästhetischen Kräfte der Sünde? Und welche der beiden ist stärker – Kunst oder Moral? Wie sollen wir unser Leben im Hinblick auf Kunst und Schönheit führen? Ist es möglich, die Schönheit zu innig zu lieben? Läßt sich das Leben in Kunst verwandeln? Um welchen moralischen Preis? Dies sind einige der Themen, die Oscar Wilde in *Das Bildnis des Dorian Gray* behandelt.[1] Oberflächlich betrachtet, ist das Buch ein altmodisches Melodrama, eine Schauergeschichte mit Mord, Erpressung, Teufelspakt und übernatürlichen Ereignissen sowie vielen geistreichen Dialogen und mancherlei homosexuellen Anspielungen. Aber überdies ist es eine komplexe Meditation über die Beziehungen zwischen Kunst und Moral, vor allem insofern sie ins menschliche Leben eingebettet sind. Im vorliegenden Kapitel werde ich den Versuch machen, den von Wilde in diesem Buch angewendeten Begriffsapparat herauszuarbeiten und anzugeben, welche Lehren aus dieser Geschichte gezogen werden. Außerdem werde ich einige spezifische Interpretationsthesen aufstellen, die die Struktur der Erzählung betreffen.

Die Idee einer Dualität der ästhetischen Ebenen – der inneren und der äußeren – ist ein Grundgedanke des *Dorian Gray*.

Das Buch erkundet die Konsequenzen – vor allem die moralischen Konsequenzen – einer völligen Trennung dieser beiden Ebenen, die im Alltagsleben des Menschen normalerweise verbunden sind. An Dorian wird ein ästhetisches Spaltungsexperiment vorgenommen. Äußerste Häßlichkeit im Inneren ist mit frappierender äußerer Schönheit gekoppelt. Die innere Häßlichkeit soll als Äquivalent der moralischen Verdorbenheit des Charakters gelten, so daß Dorians Gesicht und Gestalt als Maske fungieren, um seine moralische Verdorbenheit zu verbergen. Da ihm seine Sünden nicht ins Gesicht eingraviert sind, sind sie für die Menschen seiner Umgebung unsichtbar, und er kann sich die durch seine Erscheinung hervorgerufene Illusion moralischer Tugend zunutze machen. Sein sündiges Ich hinterläßt nicht das geringste Zeichen an seinem Körper, obwohl seine Seele immer abstoßender wird. Insgeheim kann er das schreckliche Gesicht seiner Seele anschauen, während die anderen durch die Schönheit seines Äußeren hypnotisiert werden, so daß sie ihn für tugendhaft halten. Er wirkt wie eine visuelle Illusion der Tugend, die der Betrachter selbst dann, wenn er die Wahrheit kennt, nicht abschütteln kann. Die Fähigkeit des Ästhetischen, das Böse sowohl zu verbergen als auch zum Ausdruck zu bringen, wird also in einer extremen und exemplarischen Form vorgeführt. Dorian Gray ist ein Sinnbild für uns alle.

In Wildes Fabel von Freundschaft, Einfluß und Schicksal gibt es drei Hauptfiguren: Basil Hallward, einen begabten Maler; Lord Henry Wotton, einen brillanten Plauderer; und Dorian Gray, einen von Natur aus schönen jungen Mann. Jede dieser drei Personen ist in dieser oder jener Weise leidenschaftlich der Schönheit verpflichtet. Das Buch selbst trieft geradezu von ekstatischen Schilderungen sinnlicher Schönheit (»die honigsüßen und honigfarbenen Blüten eines Goldregens …, dessen zitternde Zweige kaum fähig zu sein schienen, eine so flammengleiche Schönheit zu tragen« (9), und dergleichen mehr). Am Anfang der Erzählung hat Basil soeben ein erstaunliches, lebensgroßes

Porträt Dorians – der ihn inspiriert und beunruhigt – fertiggestellt. Basil befürchtet, daß er zuviel von sich selbst in dieses Bild eingebracht, daß er die abgöttische Verehrung seiner Seele darin bloßgestellt hat, und daher beschließt er, es niemals auszustellen. Er sagt: »Jedes Porträt, das mit Gefühl gemalt wurde, ist ein Porträt des Künstlers, nicht des Porträtierten. Der Porträtierte ist nur Zufall, Anlaß. Nicht er wird vom Maler enthüllt; es ist vielmehr der Maler, der sich auf der farbigen Leinwand selber enthüllt. Der Grund, warum ich dieses Bild nicht ausstellen will, liegt darin, daß ich fürchte, ich habe in ihm das Geheimnis meiner eigenen Seele verraten« (13). Daher trägt das Gemälde schon den Keim seines späteren Animismus in sich – es hat einen Teil der Seele seines Urhebers in sich aufgesogen. Das ist vermutlich der Grund, warum es später so seltsam entgegenkommend auf Dorians Flehen reagiert. Zu gegebener Zeit wird es das Geheimnis der Seele des Modells erkennen lassen; doch bisher offenbart es die Seele des Künstlers. Es ist das Gemisch aus beiden, das dem Porträt seine übernatürliche Kraft verleiht. Basil beschließt, es Dorian zu schenken, damit nur dieser allein es betrachten möge, so daß die Welt nicht erfährt, welchen Einfluß Dorian auf ihn ausgeübt hat. Da er seine Seele an Dorian verloren hat, überläßt er dem Dieb das entwendete Gut als Geschenk. Seine Kunst ist von Dorian umgestaltet worden; nun bleibt es dieser Kunst überlassen, aus Dorian einen anderen zu machen.

Bisher hat Lord Henry noch nicht die Bekanntschaft Dorians gemacht, aber das geschieht schon bald, und zwar entgegen Basils Wunsch. Lord Henry ist, ebenso wie Basil, sogleich fasziniert von Dorians Schönheit und Zauber. »Es war etwas in seinem Gesicht, was sofort Vertrauen erweckte. Die ganze Aufrichtigkeit der Jugend lag darin, ebenso die ganze leidenschaftliche Reinheit der Jugend. Man spürte, daß er sich von der Welt unbefleckt bewahrt hatte. Kein Wunder, daß Basil Hallward ihn anbetete« (24). Henry bemüht sich von Anfang an, Dorians Gedanken und Gefühle zu beeinflussen, indem er mit seiner

»schönen Stimme« (25) eine Auffassung von der Moral darlegt, die sie der Kunst unterordnet und herkömmliche Tugend als bloße Feigheit hinstellt. »Gewissen und Feigheit sind im Grunde ein und dasselbe, Basil. Gewissen ist nur der eingetragene Name der Firma. Das ist alles« (14). Mit seiner »leisen, musikalischen Stimme« (26) hält er Dorian dazu an, sein außergewöhnliches Aussehen zu verherrlichen und die konventionelle Moral abzuschütteln, die seiner Entwicklung im Wege steht. Dorian soll, wie er hört, zum »hellenischen Ideal« (26) der freien Äußerung zurückfinden. Die Unterdrückung der natürlichen Regungen könne nur seelisches Elend und Leid nach sich ziehen. Es komme nicht mehr darauf an, den Armen im East End unter die Arme zu greifen – Dorian müsse sich nun seinem eigenen Leben und dessen Möglichkeiten zuwenden. Während Dorian diesen gefährlichen und reizvollen Ideen lauscht, betrachtet er zum erstenmal sein Porträt. Die Ebenbildlichkeit frappiert ihn, als er seine eigene Schönheit durch das Medium der Kunst reflektiert sieht, und dadurch wird Henrys Ratschlag, er möge die eigene Schönheit ernster nehmen, weiter untermauert. An diesem Punkt beginnt er, sich selbst *als* Kunstwerk zu sehen. Der eigenen Person gegenüber empfindet er die Pflichten eines Künstlers. Als Henry ihn an die Flüchtigkeit der Jugend – und folglich der Schönheit – erinnert und feststellt, daß er schon allzu bald nicht mehr so aussehen wird wie jetzt, treibt er Dorian zu einer Art von vorweggenommener Verzweiflung. Alles, was an ihm kostbar und erhaben ist, wird von der Zeit getilgt werden. »Das Leben, das seine Seele formen sollte, würde seinen Körper verderben. Er würde abscheulich, widerwärtig und häßlich werden« (33). Aus ihm, der für die Kunst zuerst eine Inspiration war, wird das Häßliche werden, aus dem uns die Kunst zu entfliehen gestattet. Das Gemälde besitzt jene ästhetische Dauerhaftigkeit, die ihm von seiner Sterblichkeit vorenthalten wird. Zu dieser Einsicht gelangt er durch das Zusammenwirken von Basil und Henry.

So ist Dorian bereits zum Vektor zweier ihn beeinflussenden Linien geworden, die von seinen schöpferisch begabten Freunden ausgehen: Da ist zum einen der visuelle Einfluß von seiten Basils in Gestalt eines grandiosen Kunstwerks und der darin enthaltenen abgöttischen Verehrung; und zum anderen ist da der diskursive moralische Einfluß von seiten des beredten, geistreichen und scharfsinnigen Henry. Basil schafft die Gelegenheit, die es Henry ermöglicht, Dorians Seele in den Griff zu bekommen und dafür zu sorgen, daß dieser die eigene Schönheit höher schätzt als alles andere. Das Kunstwerk ist der Antrieb zu Dorians Selbstverherrlichung und zu seinem letztlichen sittlichen Niedergang. Während die Handlung des Romans voranschreitet, gelangen diese beiden Kräfte immer mehr zur Herrschaft über Dorian, so daß er zum bloßen Zusammenfluß zweier ästhetischer Einflüsse wird (zu Anfang hat er nur wenig eigene Persönlichkeit). Im Grunde wird er zum Geschöpf zweier kreativer Genies – einem aus dem Reich der Malerei und einem anderen aus dem Reich der Konversation. Er ist ihr gemeinsames Kunstwerk, ein Produkt des künstlerischen Vermögens beider. So kommt es, daß er von Kunst und Kunstfertigkeit gründlich durchdrungen ist. Eigentlich ist er, wie ich geltend machen werde, selbst ein Kunstwerk.

Beinahe buchstäblich gilt das im Hinblick auf Basils Einfluß, denn es ist das Gemälde, durch das Dorian unter Mitwirkung von Henrys Loblied auf Jugend und Schönheit dazu veranlaßt wird, den Verwandlungspakt mit dem Teufel zu schließen, auf daß er die Stelle des Gemäldes einnehme und schön und unverändert bleibe, während das Bild die Zeichen der verronnenen Zeit und der begangenen Taten tragen soll.

> »Wie traurig es ist!« murmelte Dorian Gray, der noch immer auf sein Porträt starrte. »Wie traurig es ist! Ich werde alt und häßlich und widerwärtig werden. Aber dieses Bild bleibt immer jung. Es wird niemals älter werden,

> als es an diesem bestimmten Tag im Juni ist. … Wenn es doch nur umgekehrt wäre! Wenn ich stets jung bleiben könnte, und das Bild müßte altern! Dafür – dafür – würde ich alles hingeben! Ja, es gibt nichts in der Welt, was ich dafür nicht hingeben würde! Dafür würde ich sogar meine Seele hingeben!« (33 f.)

Es ist also die Existenz von Basils Gemälde, die Dorian die Möglichkeit gibt, genauso zu bleiben, wie er ist, einerlei, wieviel Zeit verstreicht und wie viele Sünden er begeht. Die abgöttische Verehrung Basils gibt Dorian die Möglichkeit, zu jenem zeitlosen ästhetischen Gegenstand zu werden, um den es in der Erzählung hauptsächlich geht. Dieses Werk gibt Dorian die Möglichkeit und den Antrieb, seinen Platz mit dem des Bildes zu vertauschen und sich so dessen Eigenschaften anzueignen. Im Vergleich damit ist der Einfluß Henrys bloße Beihilfe. Es ist nicht so, also stünde irgendeine böse Regung hinter Basils Werk, sondern die bösen Wirkungen seiner Kunst rühren von den höchsten ästhetischen Absichten und Fähigkeiten her. In diesem Sinne meint er: »Ihr Rang und Reichtum, Harry; meine geistigen Fähigkeiten, wie sie nun einmal sind – meine Kunst, gleichgültig wieviel sie taugen mag; Dorian Grays Wohlgestalt – wir alle müssen leiden für das, was die Götter uns geschenkt haben, entsetzlich leiden« (11). Die Erzählung behandelt die tragischen Konsequenzen von Handlungen, die durch hohe ästhetische Ideale und außergewöhnliches Talent motiviert sind.

Lord Henrys Einfluß besteht darin, daß er einen Gegensatz zwischen Kunst und Moral formuliert und behauptet, Kunst sei die höhere Wertform. In seinem eigenen Leben setzt Dorian diese Philosophie sodann in die Tat um. Als er seinen verhängnisvollen Pakt schließt, trifft er die Entscheidung, sich gegen die Moral abzuschirmen und sich von ihren sichtbaren Urteilen zu distanzieren, indem er ihre natürlichen Wirkungen auf die Leinwand überträgt. Anschließend kann er so leben, als wäre ästhetischer Wert das einzige, worauf es ankommt. Durch Vergessen und ästhetische Ablenkung schützt er sich gegen das Bewußtsein seiner eigenen Sündhaftigkeit, und das Porträt muß alle körperlichen Kennzeichen tragen, die dazu dienen würden, ihm die moralische Realität ins Gedächtnis zu rufen. Er versucht ein Etwas zu werden, bezüglich dessen die moralische Wertung *belanglos* ist. Im Grunde bemüht er sich, den Rang zu erreichen, der in den dem Roman vorangestellten Aphorismen der Kunst zugeschrieben wird: »So etwas wie ein moralisches oder ein unmoralisches Buch gibt es nicht. Bücher sind entweder gut oder schlecht geschrieben. Das ist alles.« »Kein Künstler hat ethische Neigungen. Eine ethische Neigung ist bei einem Künstler eine unverzeihliche Stilmanier.« »Laster und Tugend sind für den Künstler Materialien einer Kunst« (7). Ob Wildes eigenes Buch in moralischer Hinsicht so neutral ist, wie diese Aussprüche andeuten, ist eine Frage, auf die wir zurückkommen werden. Dorian treibt den Ästhetizismus bis an die Grenzen und verwandelt sein Leben – und sogar dessen unmoralische Aspekte – in Kunst. Jede Facette des Lebens, selbst der Tod, wird zu etwas Ästhetischem umgemodelt. Sünde ist lediglich eine Gelegenheit zur künstlerischen Äußerung. Anstatt zu verlangen, daß das Kunstwerk der ethischen Wertung unterliege, stuft Dorian die Kunst höher ein als die Ethik, so daß Handlungen und Ereignisse ausschließlich nach Maßgabe ihrer ästhetischen Qualitäten beurteilt werden. Als die Schauspielerin Sibyl Vane Selbstmord begeht, weil Dorian sie so gefühllos verlassen hat, besteht seine von Lord Henry unterstützte Reaktion darin, daß er ihren Freitod nur als schönen Augenblick einer sorgfältig gearbeiteten Tragödie sieht. Dorian sagt: »Und doch muß ich zugeben, daß mich das, was geschehen ist, nicht so berührt, wie es sollte. Es kommt mir einfach vor wie der wunderbare Schluß eines wunderbaren Theaterstücks. Es hat die ganze schreckliche Schönheit einer griechischen Tragödie, einer Tragödie, in der ich eine große Rolle gespielt habe, ohne indes verwundet worden zu sein« (108). Da er in ästhetischer Hinsicht makellos bleibt, sieht er sich imstande, seine Handlungen und deren Auswirkungen auch ihrerseits als etwas Schönes zu deuten. Er ist ein ästhetisch in sich abgeschlossenes Wesen, dessen Moralsinn vom ästhetischen Sinn verdrängt worden ist. An ihm ist nicht mehr Sünde als an einem schönen Gemälde, in dem die Sünde lediglich gemalt ist. Solange die Sünde ästhetisch zum Ausdruck gebracht wird, kann es keinen Einwand dagegen geben. Die Kunst löscht die Sünde aus, indem sie sich ihrer bemächtigt.

Bild und Person

Dorian ist, wie gesagt, ein Werk der Kunst. Nun möchte ich die spezifischere Meinung vertreten, daß er infolge seines Pakts mit dem Teufel in ein Bild verwandelt wird. Er vertauscht seine Rolle mit der ursprünglichen Leinwand. Dorian wird numerisch identisch mit dem Bildnis Dorians, er wird zum selbstbezüglichen Kunstwerk. Diesem Vorschlag zufolge wird er also in ganz buchstäblichem Sinne zu einem Kunstwerk. Während die Leinwand früher ihn abbildete, ist er jetzt eine Wiedergabe der auf der Leinwand in Erscheinung tretenden Person. Sobald der Pakt geschlossen ist, wechselt das Bild seinen Ort von den Farbpartikeln auf der Leinwand hin zu Dorians Körper aus Fleisch und Blut. Da sich Dorian selbst im Laufe der Zeit nicht verändert, obwohl die Figur auf der Leinwand mit den moralischen Wandlungen seiner Seele wechselt, bleibt das *Bildnis* Dorians konstant, wie es sich für ein Kunstwerk gehört. Weder hört die ursprüngliche Darstellung zu existieren auf noch gibt sie das Attribut der Unveränderlichkeit preis (was ihr nach den Maßstäben des Buches den Rang als Kunstwerk nähme), sondern sie wird in Dorians Körper seßhaft. Wäre das Bild auf der Leinwand geblieben, und hätte sich Dorian verändert und Alterserscheinungen gezeigt, wäre es aufgrund der ihm im Buch zugeschriebenen Unsterblichkeit der Kunst ebenfalls konstant geblieben. Statt dessen bewahrt das Bild aber seine Unsterblichkeit *trotz* der Veränderungen auf der Leinwand, indem es im Körper seines einstigen Gegenstands einen neuen Wohnsitz nimmt. So bleibt das Kunstwerk erhalten, allerdings in einem atmenden Lebewesen. Demnach führt Dorian sein Leben nicht nur so, *als ob* er ein Kunstwerk wäre, sondern er *ist* ein Kunstwerk – eine Darstellung, ein Bild. Das ist nach meinem Dafürhalten der Haupteinfall des Buchs: die buchstäbliche Verschmelzung von Person und Bild, Leben und Kunst. Dorian ist sein eigenes Porträt, und so wird die Welt letztlich der künstlerischen Darstellung einverleibt. Er verwandelt sein Leben gerade dadurch in Kunst, daß er auf übernatürliche Weise seinen Status ändert und vom sterblichen Lebewesen zum unsterblichen Kunstwerk wird. Der Pakt ist eigentlich ein Akt der Verwandlung einer Person in ein Bild. Dorian tut genau das, was ihm Lord Henry empfiehlt, allerdings in sehr viel buchstäblicherem Sinne, als Henry sich das je hätte ausmalen können. Man könnte sagen: Er »kehrte zurück in die Welt der Kunst« (118), um die Formulierung zu gebrauchen, die Dorian seinerseits verwendet, um den Tod Sibyls zu beschreiben. So wie Sibyl jetzt nichts anderes mehr ist als die großen Heldinnen Shakespeares, die sie dermaßen wunderbar darzustellen vermochte, so wird er zu dem herrlichen Kunstwerk, das Basil Hallward aus abgöttischer Verehrung gemalt hat. Sie verdankt ihre einzige wirkliche Existenz einem Dramatiker, während er die seine einem Maler verdankt.

Ich behaupte nicht, daß diese Gleichsetzung direkt und unumwunden im Text formuliert wird, aber ich glaube dennoch, daß sie der Absicht Wildes entspricht. Von Belang ist diese Interpretation vor allem im Hinblick auf die Schlußszene des Buches, die sonst rätselhaft und merkwürdig bleibt. Das ist eine Szene, die auf den ersten Blick der von mir favorisierten Deutung zu widersprechen scheint, während man bei genauerem Hinsehen erkennen wird, daß sie meinen Vorschlag bestätigt.

Ehe ich mich dieser Szene zuwende, möchte ich festhalten, wie sich mein Vorschlag zu anderen Elementen der Erzählung verhält.

Sobald die Leinwand Zeichen von Dorians moralischem Verfall zu zeigen beginnt, indem sie um den Mund herum grausame Züge annimmt, läßt er sie aufs Dachgeschoß bringen, wo er bezeichnenderweise einen großen Teil seiner Kindheit und Jugend verbracht hat, ehe der Pakt überhaupt geschlossen wurde. Hier wird sichtbar, wie seine Seele die Veränderungen durchmacht, die das Leben ihres Trägers spiegeln: Sie läßt groteske Zeichen des Alters und der Sünde erkennen. Ihre Schönheit verwandelt sich, wie vorhersehbar, in Häßlichkeit, während Dorian immerfort jugendlich und allem Anschein nach unschuldig bleibt. Demnach ist die Leinwand das lebende, sich verändernde, einen Geist zum Ausdruck bringende Etwas, während er bleibend und unveränderlich, beinahe wie eine Mumie wirkt. Dorians Seele ist droben im Dachgeschoß, sofern sie sich überhaupt irgendwo befindet, und somit hat sie einen gewissen Anspruch darauf, Trägerin seiner Identität zu sein. Das Gesicht auf der Leinwand wird so beschrieben, als trage es ein höhnisches und boshaftes Grinsen, das Dorian zum Handeln anstiftet, als wäre es das Grinsen einer Person. Den dreidimensionalen Dorian hingegen stellt man sich ausdruckslos und mit unbeweglichem Gesicht vor, wie ein dem Museum entflohenes Bild.[2] Die Eigenschaften der Leinwand dagegen entwickeln sich in einer für ein Kunstwerk ganz uncharakteristischen Weise. Damit Dorian die vom Pakt geforderte Unveränderlichkeit eines Kunstwerks annehmen kann, muß seine Seele den Körper verlassen und sich einen anderen Ort suchen. Doch dann ist *er* nicht mehr dort, wo sein Körper ist. Er kann seine Seele nicht bei sich haben und zugleich die Unsterblichkeit eines Kunstwerks besitzen. Das ist genau die Wirkung, welche das Porträt gleich anfangs auf ihn gehabt hat. Es bewirkt, daß er seine Seele verliert und preisgibt. Dementsprechend wandert sie, während er zu einer bloßen (wenn auch beweglichen und plastischen) Statue erstarrt. Als Basil Dorian aufsucht, um ihn wegen der Gerüchte zur Rede zu stellen, die seinen Namen betreffend in Umlauf sind, erwidert Dorian: »Ich werde Ihnen meine Seele zeigen. Sie sollen das Ding sehen, von dem Sie glauben, daß nur Gott es sehen könne« (162) – womit er das Ding im Dachgeschoß meint. Als Basil in Dorians Geheimnis eingeweiht wird, lesen wir: »… es war Dorian Grays Gesicht, das er anschaute! … Ja, es war Dorian« (165). Dorian lehnt derweil »am Kaminsims« (ebd.) und verhält sich laut Beschreibung so teilnahmslos wie ein Gemälde. Im Hinblick auf das gemalte Bild meint er: »Es ist das Gesicht meiner Seele« (166), womit er das Bild zum Träger seiner Identität erklärt. Offenbar haben Person und Bild ihren Status vertauscht. Das – die faktische Einstufung in die Kategorie der Kunst – ist die logische Grenze des ästhetizistischen Zugangs zum Leben (dem Hauptthema des Buches). Würde man sich die Szene verfilmt denken, könnte man sich vorstellen, daß die Figur auf dem Porträt buchstäblich aus der Leinwand herausschreitet und mit Dorians Körper verschmilzt, während seine Seele aus dem Körper heraus- und in die Leinwand hineinsickert. Von nun an ist er so etwas wie ein Spezialeffekt, eine künstlerische Erfindung. Dorians Bild steht doch nicht verborgen auf dem Dachgeschoß, sondern es begleitet ihn auf allen Wegen, wohin er auch gehen mag.

Betrachten wir nun den Ausgang der Geschichte. Gegen Ende des Buches ist Dorian bemüht, sich von der Sünde reinzuwaschen. An Henry gewandt, sagt er: »Die Seele ist eine furchtbare Realität. Man kann sie kaufen und verkaufen und verschachern. Man kann sie vergiften oder vervollkommnen. In jedem von uns lebt eine Seele. Ich weiß es« (226). Seine – wie er selbst meint – erste gute Tat besteht darin, daß er den Ruf seiner Geliebten, Hetty Merton, retten will, indem er ihr mitteilt, die Affäre sei zu Ende. Dazu meint Henry: »Mein lieber Junge, Sie fangen tatsächlich an zu moralisieren. Demnächst werden Sie umhergehen wie ein Bekehrter und Erweckungsprediger und die Leute vor den Sünden warnen, derer Sie überdrüssig geworden sind. Doch dazu sind Sie viel zu charmant. Außerdem ist es zwecklos. Wir beide sind, was wir sind, und werden sein, was wir sein werden« (229). Aber Dorian ist entschlossen, seine Seele zu retten:

> Ihn befiel ein heftiges Verlangen nach der unbefleckten Reinheit seiner Kindheit – seiner rosenweißen Kindheit, wie Lord Henry sie einmal genannt hatte. Er wußte, daß er sich besudelt, seinen Geist mit Verderbtheit erfüllt und seine Phantasie mit Grauen beladen hatte; daß er einen üblen Einfluß auf andere ausgeübt und dabei eine schreckliche Freude verspürt hatte; und daß er von all den Leben, die das seine gekreuzt hatten, gerade die schönsten und verheißungsvollsten in Schande gebracht hatte. Aber war das alles nicht wiedergutzumachen? Gab es für ihn keine Hoffnung mehr? (230)

Die Antwort lautet, wie sich später herausstellt und wie Lord Henry vorhersagt, daß es tatsächlich keine Hoffnung für ihn gibt. Er kann sich nicht ändern – dafür ist es nunmehr zu spät. Obwohl er eine seines Erachtens gute Tat begehen wollte, gibt ihm das Gemälde im Dachgeschoß einen anderen Rat, und das Gemälde ist eine unfehlbare Autorität, was Dorians moralischen Zustand anlangt. Dorian sieht keine Veränderung in Richtung Tugend, sondern er sieht nur,

> daß in den Augen ein verschlagener Ausdruck war und in der Mundpartie die gebogene Falte des Heuchlers. Das Ding war noch immer widerwärtig – womöglich noch widerwärtiger als früher –, und der Scharlachtau, der die Hand befleckte, wirkte heller, noch mehr wie frisch vergossenes Blut … Aus Eitelkeit hatte er sie geschont. Aus Heuchelei hatte er die Maske der Güte aufgesetzt. Aus

> Neugier hatte er es mit Selbstverleugnung versucht. Das erkannte er jetzt. (232 f.)

Mit anderen Worten, seine Seele ist inzwischen so verdorben, so durch und durch befleckt, daß er völlig außerstande ist, eine gute Tat auszuführen oder sich auf ein gutes Motiv zu besinnen. Es ist gar nichts Gutes mehr in ihm *übrig*. Er möchte gut sein – oder zumindest hat er den Eindruck, daß er es sein möchte –, aber er ist nicht mehr dazu in der Lage. Seine Seele ist unrettbar verloren. Schließlich hat er dem Teufel seine Seele angeboten, und der Teufel macht keine Anstalten, sie ihm zurückzugeben. Demnach gibt es nur noch einen einzigen Ausweg aus dem Bösen, nämlich dem eigenen Leben ein Ende zu machen. Das ist die mißliche Lage, in der er sich jetzt befindet.

So gestaltet sich der unmittelbare Hintergrund der entscheidenden Schlußszene, und bei der Interpretation des Geschehens dieser Szene sollte man sich unbedingt daran erinnern. Als Dorians Blick auf das Messer fällt, mit dem er vorher Basil erstochen hat, faßt er den Entschluß, auch das Werk des Künstlers zu zerstören:

> Wie es den Maler getötet hatte, so würde es auch das Werk des Malers töten und alles, was es bedeutete. Es würde die Vergangenheit töten, und sobald sie tot wäre, würde er frei sein. Es würde dieses ungeheuerliche Seelenleben töten, und ohne dessen widerliche Mahnungen würde er Frieden finden. Er ergriff das Messer und erstach mit ihm das Bild. Ein Schrei ertönte und ein Krachen. Der Schrei war so entsetzlich in seiner Todesqual, daß die Diener erschreckt aufwachten und aus ihren Zimmern schlichen. (234)

Was genau geschieht in dieser überaus verkürzt und distanziert geschilderten Szene? Bei oberflächlicher Lektüre des Texts erhält man den Eindruck, daß Dorian die Leinwand zu zerstören beschließt, so daß sie ihn nicht mehr daran erinnert, was für ein moralisches Ungeheuer aus ihm geworden ist. Er würde dann als Bösewicht weiterleben, ohne daß dieser Beweis seiner Bosheit den eigenen Augen oder den neugierigen Augen anderer sichtbar bliebe. Darum stößt er das Messer in die Leinwand, vermutlich in der Absicht, sie in Fetzen zu reißen. Ein Schrei und ein Krachen sind von unten zu hören, als das zerstochene Gemälde, schwer wie ein Mann, zu Boden fällt und einen Todesschrei ausstößt. Dorian steht vermutlich über das Gemälde gebeugt, mit hämischem Blick, das Messer in der Hand. Daß wir das aufgrund der geschriebenen Worte annehmen, ist angemessen.

Als die Diener hinzukommen, sieht der Schauplatz jedoch anders aus, als wir erwartet hätten. Der knappe Schlußabsatz lautet:

> Als sie eintraten, sahen sie an der Wand ein herrliches Porträt ihres Herrn hängen, so wie sie ihn zuletzt gesehen hatten, in all der Pracht seiner erlesenen Jugend und Schönheit. Auf dem Boden lag ein Toter, im Abendanzug, mit einem Messer im Herzen. Er war welk, runzlig und widerwärtig von Angesicht. Erst als sie die Ringe untersucht hatten, erkannten sie, wer es war. (234)

Wider Erwarten ist die Leinwand nicht zerschlitzt, sondern hängt in wiederhergestelltem Urzustand an der Wand, während Dorian mit einem Messer im Herzen am Boden liegt. Sein Gesicht ist nicht wiederzuerkennen, denn es hat das gleiche Aussehen angenommen wie das Gemälde in seiner letzten, abscheulichen Phase. Was ist dort oben *passiert*? Wir werden nicht zu Zeugen des Geschehens, also müssen wir Vermutungen anstellen. Oberflächlich betrachtet, wird Dorian auf geheimnisvolle Weise getötet, und zwar nicht aufgrund eigener Absicht, sondern vermittels eines seltsamen übernatürlichen Eingriffs, durch den Gott (wie man meinen könnte) ihn für seine Missetaten bestrafen will. Dorians Absicht war es, nicht sich selbst, sondern das Gemälde zu zerstören, aber eine äußere Kraft hat dafür gesorgt, daß statt dessen er selbst vernichtet wird. Nachdem das Messer in das Bild eingedrungen ist, wendet es sich wie durch ein Wunder von der Leinwand ab und gleitet irgendwie in Dorians Herz. Auch das Zerschlitzen der Leinwand ist wie durch Zauber rückgängig gemacht worden, so daß diese jetzt unversehrt ist. Ausgeschlossen ist, daß Dorian die Leinwand *verfehlt*, als die übernatürliche Kraft eingreift, denn es wird klar und deutlich gesagt: »Er ergriff das Messer und erstach mit ihm das Bild.« Sodann werden die beiden Gesichter vertauscht, denn durch Dorians Entschluß, das Gemälde zu zerstören, ist der Pakt gebrochen worden. Demnach war es nicht das Gemälde, sondern er selbst, der das Krachen verursachte, und vermutlich hat er auch den Schrei ausgestoßen, als das Messer von der Leinwand zurücksprang und – zweifellos zu seiner entsetzten Verwunderung – in sein Herz eindrang. All dies war das Handeln eines *Deus ex machina*, dem üblichen Hilfsmittel schauerromantischer Horrorgeschichten.

Das ist trotz der offenkundigen Brüche gewiß die naheliegende Weise, den Text zu lesen, doch nach meiner Überzeugung ist diese Deutung in Wirklichkeit ganz falsch. Freilich, Wilde fordert uns zu dieser Lesart auf, aber zugleich will er, daß wir sie durchschauen. Sie ist in vieler Hinsicht problematisch: Erstens ist sie in künstlerischer Hinsicht völlig unbefriedigend und steht nicht in Einklang mit dem allgemeinen Tenor des Buches. Woher diese plötzliche, unerklärliche Berufung auf göttliche Vergeltung samt Unterstützung durch übernatürliche Eingriffe? Warum hat Gott bis zu diesem Augenblick gewartet, um Dorian den Garaus zu machen? Wo war Gott, als sich der Rest der Geschichte zutrug? Ist der Stich ins Herz eine Handlung, wie wir sie von Gott zu gewärtigen haben? Und wenn wir annehmen sollen, daß es der Teufel gewesen ist, fragt es sich, warum er es für richtig hielt, Dorian zu ermorden, anstatt ihn einfach das Aussehen des zerstörten Gemäldes annehmen zu lassen. Die ganze Idee ist in künstlerischer Hinsicht schäbig, eine nachlässig erzählte Geschichte. Daneben gibt es jedoch weitere Probleme, die sachliche Details betreffen. Wie kommt es, daß das Bild unversehrt ist, wenn Dorian mit dem Messer hineingestochen hat? Hat er es zunächst aufgeschlitzt, und ist dann Gott (oder der Teufel) eingeschritten, um es nahtlos wieder zusammenzuflikken? Warum würde Gott das tun? Wie ist es im einzelnen geschehen, daß das Messer in Dorians Herz landete, wenn er damit in das Bild gestochen hat? Hat es sich ganz von selbst in die Luft erhoben, nachdem es Dorians Faust entglitten ist, um sodann eigenständig auf seine Brust zu zielen? Oder hat Gott die Hand Dorians gegen ihn selbst gelenkt, so daß er zusah, wie er entgegen seinem Willen von der eigenen Hand erstochen wurde? Beide Vorstellungen wirken weit hergeholt. Außerdem geht man, wenn man ein Bild spurlos vernichten will, nicht so vor, daß man *hineinsticht*, sondern man verbrennt es, so wie Dorian bereits dafür gesorgt hat, daß Basils Leiche verbrannt wurde. Nach einem bloßen Aufschlitzen des Bildes wären immer noch Hinweise auf das scheußliche Gesicht vorhanden gewesen. Klingt nicht überdies das Wort »Krachen« (*»crash«*) unangemessen, wenn es sich um das von einem zu Boden fallenden menschlichen Körper verursachte Geräusch handelt? Das ist zwar gewiß das richtige Wort für ein fallendes Bild, aber wenn Dorians Körper auf den Boden auftrifft, wäre die Rede von einem »dumpfen« Laut oder dergleichen eher zutreffend. Warum benutzt Wilde das Wort »Krachen«, wenn gar kein Bild auf den Boden gestürzt ist? Und wenn es auf den Boden gefallen ist, um gleich wieder hochgezogen zu werden, fragt es sich, warum kein zweites Geräusch zu vernehmen ist, als Dorian niederstürzt? Warum scheint Wilde anzudeuten, daß das Bild herabgefallen ist, um anschließend offenbar die eigene Andeutung zurückzunehmen? Billige Spannungsmache? Schlecht geschrieben?

Aber aufschlußreicher als irgendeine dieser technischen Fragen ist die Problematik der Motivation und des Kontexts. Wie bereits angemerkt, ist seit dem bereits genannten Vorfall mit Hetty Merton klar, daß Dorian den Punkt erreicht hat, an dem er völlig außerstande ist, eine anständige Handlung zu vollziehen, selbst wenn er sich darum bemühte, und daß ihm daher kein Ausweg aus seiner moralischen Notlage mehr bleibt außer dem Selbstmord. Wenn er bloß das Bild aus seinem Leben entfernt, trägt das nichts dazu bei, den moralischen Zustand seiner Seele zu verbessern, aber es ist die Verzweiflung darüber, die ihn zum Zustechen veranlaßt. Selbstmord ist der unvermeidliche Ausweg. Er ist genau das, was wir an diesem Punkt der Erzählung von Dorian erwarten. Also muß das Erstechen unter dem Dach als selbstmörderische Handlung gedeutet werden. Aber wie kann Dorian damit rechnen, Selbstmord zu begehen, wenn er nichts weiter tut, als das Bild zu zerstören? Das bizarre und wundersame Geschehen, das dann angeblich stattfindet, hat er doch wohl kaum vorhersehen können. Die oberflächliche Lesart kann es gar nicht zulassen, daß er in der Schlußszene Selbstmordabsichten hatte, die jedoch von der Logik der Erzählung gefordert werden. Dorian ist nunmehr der Mörder seines engsten Freundes, ein Erpresser, ein Drogensüchtiger, ein verrufener und verhaßter Mensch, der Grund für mehrere Selbstmorde, keiner moralischen Erlösung mehr fähig, bloß noch die verderbte Hülle eines Menschen. Er ist ein Werkzeug des Teufels, und seine Seele ist ein abscheulicher Abklatsch seiner einstigen Schönheit. Seine Zukunft verheißt nur noch mehr von der gleichen Art sowie die ständige Bedrohung durch Entlarvung. Der Tod ist für ihn die einzige Lösung; also muß er den Tod im Sinn gehabt haben, als er das Messer in die Hand nahm. Bei der oberflächlichen Lesart kommt das aber gar nicht in Betracht.

Nun wollen wir es mit der von mir vorgeschlagenen Lesart versuchen, wonach Dorian zum Bildnis *geworden* ist. Nach diesem Vorschlag beziehen sich »die Leinwand« und »das Bildnis« nun auf verschiedene Gegenstände, während sie vorher denselben Gegenstand bezeichneten. Insbesondere bezieht sich »das Bildnis« jetzt auf das wandelnde Kunstwerk Dorian. Wir müssen Wilde als einen Autor lesen, der verschmitzt, ironisch und spielerisch mit diesen Worten umgeht – Charakterzüge, die auf ihn durchaus zutreffen. Was der Text sagt, ist subtil: Beim Anblick des Messers, das er zur Tötung Basils verwendet hat, denkt Dorian: »Wie es den Maler getötet hatte, so würde es auch das Werk des Malers töten und alles, was es bedeutete.« Aber natürlich *ist* Dorian das »Werk des Malers«, wie er auch das Werk Henrys ist – diese beiden haben ihn so geschaffen, wie er jetzt ist. Was Dorian geworden ist – ein zeitloses, schönes Ungeheuer an Verkommenheit –, ist eben das Werk des Malers: Genau *das* ist es, was der Maler geschaffen hat. Darum ist das Wort »töten« der richtige Ausdruck für das, was Dorian vorhat, während es unangebracht wäre, wenn er es lediglich darauf abgesehen hätte, die Leinwand zu zerstören (man *tötet* doch keine Leinwand). Die *Leinwand* ist nicht mehr das Werk des Malers, denn sie hat sich bis zur Unkenntlichkeit verändert. Basil hat keinen häßlichen alten Mann gemalt. Nur Dorian bewahrt das ursprüngliche Bild, und zwar aufgrund der abgöttischen Kunst des Malers (und wegen des von ihm selbst geschlossenen Pakts). Somit ist hier sprachlich Raum für die Selbstmordabsicht. Außerdem sagt Dorian, er werde »dieses ungeheuerliche Seelenleben« töten, was ebenfalls durch Selbstmord zu bewerkstelligen wäre, denn die Seele, die jetzt im Umkreis der Leinwand haust, wird mit ihm sterben – schließlich ist es *seine* Seele.

Als nächstes schreibt Wilde: »Er ergriff das Messer und erstach mit ihm das Bild.« Nach meiner Interpretation heißt das, daß er *sich selbst* erstach, denn er ist das Bild. *Er hat überhaupt nicht mit dem Messer in die Leinwand gestochen.* Er hat auch gar nicht die Absicht dazu gehabt. Aus eben diesem Grund hängt die Leinwand unversehrt an der Wand, während das Messer in Dorians Herz steckt. Die Bahn des Messers hat nie von der Leinwand zur Person geführt, denn Dorian hat es einfach in die eigene Brust gestoßen und damit einen direkten Selbstmord begangen. Entsprechend den in uns geweckten Erwartungen *muß* er an diesem Punkt Selbstmord begehen, und er vollzieht den Akt in einleuchtender Weise, nämlich indem er sich ins Herz sticht. Da er jetzt das Bild ist, muß er dazu allerdings »das Bild erstechen«. Es gibt keine magische Bewegung des Messers, die von der Leinwand zu Dorians Herz führte, woraufhin die Schlitze in der Leinwand verschwänden. Das Messer ist der Leinwand niemals nahe gekommen. Der Schrei rührt von Dorian her, und das Krachen ebenfalls. Das Wort »Krachen« ist sorgfältig gewählt, um die Gleichsetzung von Dorian mit dem Bild vorzunehmen. Es hat genau die richtige Ambiguität und Suggestivität. Das Bild ist tatsächlich, wie uns zuerst nahegelegt wird, zu Boden gekracht, doch das liegt daran, daß Dorian hingestürzt ist, und er *ist* das Bild. Also geschieht alles ganz logisch und natürlich, ohne daß ein *Deus ex machina* etwas hinzutäte. Dorian ersticht sich in der Absicht, Selbstmord zu begehen, und anschließend erfolgt eine schlichte Annullierung des vorherigen Paktes, sobald seine Seele ausgelöscht ist. Indem er sich selbst Sterblichkeit auferlegt, setzt er die ursprüngliche Abmachung außer Kraft, und nimmt wieder die Sterblichkeit an, die ihm ganz zu Recht zusteht. Er verläßt den Bereich der Kunst, kehrt seine vorherige Verwandlung um und gelangt damit zurück ins Leben. Das Bild selbst wechselt dann erneut seinen Ort, während es die ganze Zeit hindurch unverändert geblieben ist. Es selbst ist nicht einmal eine Sekunde lang etwas anderes gewesen als vollkommen und unsterblich. Es ist nichts weiter geschehen, als daß sich die Kunst des Malers an verschiedenen Orten manifestiert hat. Jetzt hängt das Kunstwerk wieder an der Wand, wo es hingehört.

Wilde verfährt so, daß er das allgemeine Thema seines Buches in dieser Schlußszene zusammendrängt und es dort buchstäblich ausspricht, so daß Dorians seltsamer Doppelstatus – in der Schwebe zwischen Leben und Kunst – zur Darstellung kommt.

Der Pakt hat ihm ewige Schönheit verliehen, indem er ihn in ein Kunstwerk verwandelte. Jetzt beschließt er, seiner Stellung als Kunstwerk ein Ende zu bereiten. Das Kunstwerk, welches unvergänglich ist, zerstört er nie, sondern er nimmt sich nur das eigene sterbliche Leben. Das ursprüngliche Werk hängt immer noch ganz unverändert und herrlich an der Wand, während er zu bloßer Sterblichkeit – Sünde, Alter und Tod – degradiert ist. Die Schlußszene steht demnach völlig in Einklang mit der von mir vorgeschlagenen Interpretation, ja ohne diese Interpretation bleibt sie eigentlich rätselhaft. Legt man diese Interpretation – und nicht die oberflächliche Lesart – zugrunde, sind das Buch und dessen Schluß gewiß sehr viel befriedigender.

Schon ganz am Anfang des Buches finden sich einige Stellen, die diese Interpretation bestätigen, indem sie der Gleichsetzung von Person und Bild den Boden bereiten. So beklagt sich Dorian gegenüber Basil: »Ich bin für Sie nicht mehr als eine grüne Bronzestatue« (34), und Basil nennt ihn an früherer Stelle sogar »nichts weiter als ein künstlerisches Motiv« (18). Seine Einstellung zu Dorian ist die des Künstlers zu seinem Sujet – Dorian ist in erster Linie eine Quelle der ästhetischen Betrachtung und Inspiration. Er existiert, um angeschaut und ästhetisch gewürdigt zu werden. An einer späteren Stelle kommt es zu einem Wortwechsel darüber, wer der »echte Dorian« ist – das Bild oder der Mann –, woraufhin Basil verkündet: »Ich bleibe hier bei dem echten Dorian« (37), womit das Porträt gemeint ist, während Dorian im Begriff ist, Henry ins Theater zu begleiten (das seinerseits ein Ort zahlreicher Darstellungen ist). Hier stoßen wir bereits auf einen Hinweis, daß sich der Status der Darstellung verändern und diese einen anderen Ort einnehmen könnte. Denn wenn der echte Dorian auf die Leinwand gebannt ist, wer ist dann der Dorian, der durch London spaziert? Also schon in diesem frühen Stadium der Geschichte werden demnach Zweifel aufgeworfen hinsichtlich der Frage, was hier darstellt und was das Dargestellte ist. Besonders aufschlußreich und deutlich ist die Szene, in der sich Basil daranmacht, selbst das Gemälde zu zerstören, nachdem es Dorian zur Klage über den zu erduldenden Verlust der Jugend veranlaßt hat. Da schreitet Dorian ein und sagt: »Nicht, Basil, nicht! ... Das wäre Mord« (35). Das könnte es nur sein, wenn das Bild aufgehört hätte, ein bloßes Bild zu sein. Sodann sagt Dorian in bezug auf das Bild: »Ich liebe es, Basil. Es ist ein Teil von mir selber. Ich spüre es« (35). Da verschmilzt er bereits mit dem Bild, saugt es in sich auf oder wird von ihm aufgesogen. Und für den Fall, daß wir es immer noch nicht begriffen haben, erwidert Basil: »Nun, sobald Sie trocken sind, werden Sie gefirnißt und gerahmt und nach Hause geschickt. Dann können Sie mit sich machen, was Sie wollen« (35). Das Bild ist jetzt er, während er nur noch ein bloßes Abbild des Bildes ist. Die Kunst hat sich des Lebens bemächtigt, indem sie das Leben in Kunst und sich selbst in Leben verwandelt hat. Sie hat eine Art von ontologischer Autorität oder sogar Allmacht erlangt. Sie übt übernatürliche Macht über Dorian aus, zum Schluß ist es eine dämonische Macht. Sie verschlingt ihn, macht ihn zur bloßen Marionette, zu einem Sklaven der Kunst. Hier spricht Wilde dem Künstler nachgerade eine Zaubergabe zu. Er kann uns in seinen Bann ziehen und in etwas verwandeln, was wir gar nicht sind. Bei Dorian ist es so, daß er – wie diese frühen Stellen andeuten – durch Kunst *in* Kunst verwandelt wird. Sobald das Porträt existiert, wird seine eigene Identität strittig.

Die Grenzen des Ästhetizismus

Unsere Erzählung enthält einen besonders wichtigen Punkt, den man selbst bei flüchtigster Lektüre nicht übersehen kann, nämlich daß das Gesicht von Dorians Seele, das im Dachgeschoß hinter seinem purpurroten Tuch spöttisch und hämisch grinst, außerordentlich häßlich ist, so daß einem die Augen übergehen.

Der Anblick bereitet kein Vergnügen. Das einzige, wozu es anregt, sind Ekel und Abscheu. Es ist sozusagen das genaue ästhetische Gegenteil des schönen Gesichts, das seinen jetzigen Verfall bewirkt hat. Es wäre gar nicht denkbar, daß es auch nur die geringste Zuneigung oder Bewunderung auslösen könnte.

Doch welches ist die Bedeutung dieses Umstands für die gesamte Tendenz des Romans? Welche Lektion wird damit gelehrt? Auf der Hand liegt, daß sich die Dinge traurig entwickelt haben – nichts von alledem hätte geschehen dürfen. Basils Gemälde hat, unterstützt von Lord Henrys Loblied auf Jugend und Schönheit, zu äußerster Häßlichkeit geführt, samt allem, wofür sie in moralischer Hinsicht steht. Die Geschichte ist offensichtlich eine tragische. Die moralische Ordnung ist durcheinander geraten, und was sich daraus ergibt, ist eine Katastrophe für alle Betroffenen. Aus dem Glück, das Dorian von Henry vorausgesagt worden war, ist nichts weiter geworden als Kummer und Tod. Henrys Philosophie ist in keiner Hinsicht bestätigt worden. Was das Ergebnis anlangt, ist die Geschichte also in moralischer Hinsicht konservativ. Sie berichtet von den moralischen Gefahren der Kunst und des ästhetischen Impulses. Offensichtlich hätte Dorian nicht den Pakt schließen sollen, auf den er sich eingelassen hat. Er hätte sich damit abfinden sollen, daß er kein zeitlos schönes und unveränderliches Kunstwerk ist. Er hätte die Realitäten des Alters und der Sterblichkeit anerkennen sollen.

Ebenso hat Basils abgöttische Vernarrtheit in Dorians Schönheit sowohl seinen eigenen, besonders schauerlichen (und von seinem eigenen entstellten Werk überwachten) Tod bewirkt als auch die Vernichtung und den Tod vieler anderer. Er hat zusammen mit Henry dafür gesorgt, daß Dorian den Versuch unternahm, sein Leben ausschließlich nach ästhetischen Maßstäben zu führen und sogar in der Verderbtheit und im Tod noch Schönheit zu finden. Daß er aus Sibyls Selbstmord ästhetische Lust gewinnt, ist in moralischer Hinsicht offensichtlich verabscheuenswert und soll nach Wildes Absicht so wirken. Die extreme Häßlichkeit von Dorians Seele ist das Maß der Verfehltheit seines Verhaltens, und es ist ein Maß, das auch der glühendste Ästhet verstehen kann. Selbst Dorians Mentor Lord Henry wird gegen Ende des Romans als ein recht trauriger Fall hingestellt: ein Mann, der soviel Angst vor dem Tod und dem Leiden hat, daß er abwegige philosophische Theorien erfindet, um der Realität nicht ins Antlitz blicken zu müssen. Seine Ehe (die immer nur hohle und elende Verstellung gewesen war) ist in die Brüche gegangen. Seine beiden engsten Freunde sind durch Gewalt ums Leben gekommen. Er spricht düster von innerem Kummer.

Der ästhetische Impuls erweist sich also bei allen drei Hauptfiguren als kopflastige und gefahrbringende Regung. Die von ihnen über Gebühr angebetete Schönheit blendet sie und macht sie blind. Die Kunst zieht sie mit einer hellen und verlockenden Flamme an, in der sie zum Schluß jedoch alle verbrennen. Daß Henry letzten Endes relativ unbeschadet davonkommt, liegt zweifellos an der prahlend betonten Unaufrichtigkeit, mit der er seine ästhetischen und moralischen Theorien verkündet. Dorian nimmt Henrys kompromißlosen Ästhetizismus ernst und steht zum Schluß mit einer Seele da, die kein Ästhet billigen könnte. Die Häßlichkeit seines Porträts ist einfach ein Zeichen des Bösen, von dem die Geschichte mittlerweile durchdrungen ist. Damit wird über die bisherigen Ereignisse das Urteil gesprochen.

So gelangen wir zum Nerv des Buches und zu seinem meines Erachtens brillantesten Einfall. Denn Dorians Geschichte enthält eine eklatant ironische Wendung: Indem er ausschließlich nach Schönheit strebt und alle moralischen Schranken verschmäht, macht er den Kern seines eigenen Wesens zum Schluß so häßlich wie nur möglich. Die äußere Schönheit seines Lebens ist um den Preis extremer innerer Häßlichkeit erkauft. Indem er aus Sünde Kunst macht, verwandelt er seine Seele in ein Schreckgespenst – das genaue Gegenteil des Schönen. Das bedeutet: Sein ästhetisches Vorhaben ist in Wirklichkeit *selbst-*

widersprüchlich oder *selbstzerstörerisch*. Er will ausschließlich schön sein und behandelt sogar das Böse als Anlaß der ästhetischen Ausbeutung, doch das Resultat ist Häßlichkeit in der eigenen Seele. Gerade wenn man die Ansprüche der Moral im Dienste eines ästhetischen Ideals bestreitet, macht man die eigene Seele häßlich. Wer die Moral im Namen der Schönheitsliebe verleugnet, negiert also das eigene Ziel. Der Grund dafür liegt einfach darin, daß ein böser Charakter ein häßlicher Charakter ist. Weil die ästhetische Tugendtheorie in der im vorigen Kapitel erläuterten Form zutrifft, hat sich Dorian auf ein undurchführbares Vorhaben eingelassen. Die Schönheit kann nicht im *Gegensatz* zur Tugend stehen, weil die Tugend selbst eine Form von Schönheit beinhaltet. Darin liegt der grundlegende Fehlschluß des von Lord Henry verkündeten Ästhetizismus: Er hat vergessen, daß das Ästhetische über die Welt der Sinne hinausreicht. Er hat die *moralische* Schönheit außer acht gelassen. Dorians abstoßendes Porträt ist der konkrete Beweis dafür. Als Henry auf Dorians flehentliche Bitte, seine Seele möge nicht häßlich sein, mit den Worten antwortet, dies sei »eine höchst charmante künstlerische Grundlegung der Ethik« (105), sieht er im Grunde den in der eigenen Philosophie enthaltenen Widerspruch ein. Wie ist es möglich, die Moral im Namen der Schönheit zu verwerfen, wenn eben diese Verwerfung die Schaffung eines einzigartig häßlichen Gegenstands beinhaltet? Wildes Erzählung setzt die ästhetische Theorie der Tugend als – im Porträt verkörperte – Gegebenheit voraus, und dadurch wird der von Henry verkündete und von Dorian gelebte Ästhetizismus widerlegt. Daß böse Handlungen nicht in etwas Schönes verwandelt werden können, ist, wenn man so will, eine begrifflich bedingte notwendige Wahrheit, denn diese Handlungen tragen ihre eigene Form von Häßlichkeit in sich. Der böse Akteur hat eine häßliche Seele, daher ist es nicht möglich, das böse Leben durch und durch zu verschönern. Vielleicht predigt Henry gerade darum Seichtigkeit als Weisheit, denn dies ist die einzige

Möglichkeit, den in seiner eigenen Philosophie enthaltenen Widerspruch zu vermeiden.

Es ist wichtig zu erkennen, daß das Paradox des Ästhetizismus nur entsteht, wenn die Kunst versucht, die Ethik zu usurpieren oder zu ersticken, d.h., wenn sie Schönheit im Bösen zu finden und das Böse um der ihm zu verleihenden Schönheit willen anzustreben trachtet. An einer besonders bedeutsamen Stelle des Buches schreibt Wilde, nachdem er Dorians Begeisterung für komplizierte Morde unter Adligen, Stickerei und Priestergewänder geschildert hat: »Es gab Augenblicke, in denen er das Böse nur als ein Mittel betrachtete, mit dem er seine Auffassung der Schönheit verwirklichen konnte« (155). Doch gerade dadurch macht er seine Seele immer häßlicher. Hierin liegt sonnenklar das Paradox, und durch dieses Paradox wird dem Ästhetizismus eine logische Grenze gesetzt. Wenn man sich des Bösen bedient, um die Schönheit auszudrücken oder zu erfinden, indem man sich etwa als feinsinniger und raffinierter Folterer betätigt und zum Künstler der Folterbank und der Daumenschrauben avanciert, kann es nicht ausbleiben, daß man irgendwo in seinem Inneren Häßlichkeit erzeugt. Die Moral muß den Sieg über den Ästhetizismus davontragen, und das ist *sogar im Sinne des Ästhetizismus selbst.* Die einzige umfassende Form von Ästhetizismus ist eine, die die Moralität *in sich enthält.* Ein Ästhetizismus, der sich der Moral widersetzt, ist notwendig instabil. Der wahre Ästhet muß ein Moralist sein, denn ihm liegt an der Schönheit seiner Seele. In gewisser Hinsicht steckt der Fehler der von Lord Henry verkündeten und von Dorian in die Tat umgesetzten Philosophie darin, daß sie nicht ästhetisch genug ist. Die richtige Form eines ästhetischen Zugangs zum Leben ist von beiden Männern verkannt worden. Das ist das wirkliche Ergebnis von Wildes Erzählung. Das häßliche Porträt erinnert von sich aus greifbar daran, daß es nicht möglich ist, Schönheit und Tugend voneinander zu trennen. Eigentlich bringen Dorian und Henry nicht die Schönheit schlechthin zur

Moral in Gegensatz, sondern eine *Art* von Schönheit in Gegensatz zu einer anderen: Die sinnliche Schönheit wird als Widerpart der moralischen Schönheit hingestellt. Das Resultat ist, daß sich die moralische Schönheit als die stärkere erweist. Es wäre durchaus möglich, die ganze Erzählung – zumindest ihrer Grundstruktur nach – als Plädoyer für die moralische Schönheit zu lesen. Sie spricht sich rückhaltlos für den moralischen Ästhetizismus aus, nicht für die von Henry und Dorian praktizierte amoralische Art des Ästhetizismus.

Das ist nicht die Einstellung, die man normalerweise mit Oscar Wilde in Verbindung bringt. Man glaubt eher, daß er die gleiche Philosophie des in moralischer Hinsicht zynischen Ästhetizismus vertritt wie Lord Henry (sie klingen jedenfalls ganz ähnlich). War Wilde nicht ein Verächter der traditionellen Tugend und ein Befürworter des Dandytums und der nach neuen Empfindungen suchenden Freiheit des Geistes? Die dem Roman vorangestellten Aphorismen *klingen*, als würden sie eine solchermaßen von Moral gesäuberte Einstellung gutheißen. Wildes Erzählung dagegen legt einen ganz anderen Schluß nahe. Wilde hat die Grenzen, die dem Standpunkt des Ästheten innewohnen, nachgezeichnet. Er nimmt den Ästhetizismus ernst und stellt die Frage, ob ästhetische Werte die einzige Art von Werten darstellen, bei denen es sich lohnt, daß wir sie anstreben, und zwar bis zu dem Punkt, an dem man sogar das Böse ästhetisch anziehend zu machen versucht. Wildes Schlußfolgerung besagt, soweit sie in der Geschichte zum Vorschein kommt, zweierlei: Erstens führt diese Haltung für alle Beteiligten zu Vernichtung, Verzweiflung und Kummer. Zweitens ist die Position des amoralischen Ästheten einfach nicht ganz widerspruchsfrei, sofern man davon ausgeht, daß der Bereich des Ästhetischen das Moralische einschließen muß: Es ist eben nicht *möglich*, die Schönheit in allen ihren Formen anzustreben, ohne zugleich nach Tugend zu streben. Als Dorian stirbt, wird er sogar *körperlich* häßlich, als sein inneres Wesen an die Oberfläche dringt, so daß es ihm letztlich nicht gelungen ist, die sinnlich wahrnehmbare Scheußlichkeit abzuwehren, die er zu vermeiden trachtete. Außerdem ist er jetzt viel häßlicher, als er jemals ausgesehen hätte, wenn er sein Leben ohne den Pakt zu Ende geführt hätte. Seine amoralische Hingabe an die eigene körperliche Schönheit resultiert zum Schluß in einer wahrhaft abscheulichen körperlichen Erscheinung. Wir können uns nur vorstellen, was Lord Henry gedacht hätte, wenn ihm dieser runzlige und entstellte Ausbund an Antiästhetik zu Gesicht gekommen wäre – sein schöner Freund in ein scheußliches Ungeheuer verwandelt. Aus seinem Ästhetizismus hat sich nicht nur Häßlichkeit der Seele ergeben, sondern letztlich ist sogar Häßlichkeit des Körpers dabei herausgekommen.

Lord Henrys Philosophie enthält zweifellos wirklich attraktive Seiten, die Wilde ebenso herausspürt wie der Leser: Schönheit ist tatsächlich etwas Gutes, die traditionelle Moral ist tatsächlich oft irrational und heuchlerisch, und Kunst kann tatsächlich dabei helfen, den Schmerz des Lebens (und des Todes) zu lindern. Es wirkt daher verlockend, den Versuch zu machen, Kunst und Schönheit in die einzigen Realitäten zu verwandeln. Dennoch muß der ästhetische Impuls gezügelt werden; es geht nicht an, ihm uneingeschränkten Spielraum zu gewähren. Anders ausgedrückt: Er muß von Moral durchdrungen sein, sonst wird er zu einer Häßlichkeit führen, die uns zu unmittelbar betrifft. Einfach ausgedrückt: Die Schönheit und das Böse können nicht koexistieren. Das ist, wie man sagen könnte, nicht nur eine Weisheit des gesunden Menschenverstands, sondern auch ein *Lehrsatz* der ästhetischen Tugendtheorie. Das Schicksal von Dorian Gray liefert ein Beispiel für diese Wahrheit. Seine Bösartigkeit vertreibt seine Schönheit – zunächst innerlich, und dann sogar äußerlich. Ihm ist das Los beschieden, unter jedem Gesichtspunkt abscheulich zu werden. Die Ironie, die darin liegt, könnte kaum krasser sein.

Die Bedeutung von Dorian Gray

Auf diese Erzählung bin ich nicht nur deshalb eingegangen, weil sie in begrifflicher Hinsicht interessant ist, sondern weil ich außerdem überzeugt bin, daß Wilde hier ein Thema behandelt, das von großer Bedeutung für das menschliche Leben ist. Wir sind unter anderem ästhetisch empfängliche Wesen, die imstande sind, sich selbst und andere als ästhetische Gegenstände zu sehen; und das ist moralisch nicht ungefährlich. Es fällt uns leicht und kommt uns natürlich vor, uns selbst als Schauspieler in einem Theaterstück zu sehen, in dem jeder mit seinem eigenen Quantum ästhetischen Werts ausgestattet ist. Wir zwingen den Ereignissen ein künstlerisches Moment auf. So kann es kommen, daß wir – ebenso wie Dorian – wirkliche Tragödien bloß als Augenblicke in einem Stück empfinden, und solche Augenblicke haben einen gewissen Unterhaltungswert (das Fernsehen ist voll von dergleichen). Außerdem sind wir geneigt, einander je nach unserer ästhetischen Anziehungskraft zu beurteilen und dabei in einer Weise zu verfahren, die wohl kaum näher gekennzeichnet zu werden braucht.[3] Die ästhetische Tendenz kann daher mit anderen moralischen Werten in Konflikt geraten; diese beiden Gruppen von Werten leben nicht in vollkommener Eintracht nebeneinander. Außerdem ist es schlicht falsch, das Ästhetische die Oberhand über das Moralische gewinnen zu lassen. Das Leben sollte *nicht* auf diese Weise in Kunst verwandelt werden. Leiden und Tod sind, was sie – prosaisch gesprochen und schrecklicherweise – nun einmal sind, und kein Aufgebot an ästhetischen Mitteln kann an ihrem Wesen etwas ändern. Der Versuch, ihr Wesen unter dem Mantel der Kunst zu verbergen, mag zwar verlockend sein, aber er kann nur zu Selbsttäuschung und katastrophalen Ergebnissen führen. Diese Art von Ästhetizismus dürfen wir nicht fördern, sondern wir müssen uns gegen sie wehren. Zunächst müssen wir uns ihrer *bewußt* sein.

Wildes Erzählung bejaht im Grunde die schlichten Tugenden

der Freundlichkeit, Rücksichtnahme, Aufrichtigkeit, Treue, Bescheidenheit, Zurückhaltung und Ergebenheit ins eigene Geschick. Daß diesen Tugenden der Glanz der (sinnlich) ästhetischen Eigenschaften fehlt, wird zwar gesehen, aber dennoch werden sie nachdrücklich gefordert. Interessant ist, daß die Geschichte zu dieser dem gesunden Menschenverstand entsprechenden Schlußfolgerung gelangt, nachdem sie die Beziehung zwischen Moral und Schönheit auf komplizierte und raffinierte Weise erkundet hat. Sie benutzt die Kunst, um zu zeigen, daß die Kunst nicht schon alles ist, worum man sich kümmern sollte. Besser ausgedrückt: Sie setzt sich für eine Form von Schönheit ein, die vielleicht so wirkt, als sei sie weit von der Kunst im konventionellen Sinne entfernt. Das heißt, es gibt eine Möglichkeit, das Ästhetische mit dem Moralischen in Einklang zu bringen, indem man einsieht, daß die beiden – wie im vorigen Kapitel geltend gemacht – letztlich untrennbar sind. Die Leistung des Romans *Das Bildnis des Dorian Gray* besteht darin, daß er diese Frage in dramatisch wohlgeformter Manier aufwirft und überdies andeutet, wie sie am besten zu lösen ist. Der Begriff der schönen Seele erweist sich als die einzige Möglichkeit, den ästhetischen Impuls angemessen unter Kontrolle zu halten.

Ein abschließendes Wort zum Thema Täuschung: Kurz nach dem Mord an Basil empfindet Dorian »lebhaft die grausigen Wonnen eines Doppellebens« (184). Er genießt also die systematische Täuschung, die ihm inzwischen zur Lebensnotwendigkeit geworden ist – die Spannung, die der geläufige und erfahrene Lügner empfindet. Aber in diesem Fall hat die Doppelung eine spezielle Bedeutung, denn in einem Leben ist er schön, anmutig und charmant, während er im anderen Leben grotesk, gewalttätig und abstoßend wirkt. Er bewegt sich auf auseinanderstrebenden ästhetischen Geleisen, und dabei ist es notwendig, dieses Faktum vor der Welt geheimzuhalten. Er überlebt mit Hilfe systematischer ästhetischer Täuschung. In dieser Hinsicht veranschaulicht er die normale Situation des Menschen in dramatischer Weise: Wir alle müssen in gewissem Grade ein ästhetisches Doppelleben führen, und stets ist die Möglichkeit (oder Notwendigkeit) der Täuschung gegeben.[4] Ästhetische Täuschung ist – potentiell oder wirklich – ein Faktum des menschlichen Lebens. Dorian führt es lediglich zu neuen Höhen.

Auf diese Weise erscheinen auch das Handeln und der Wille auf der Bildfläche. Dorian verfügt über zwei Möglichkeiten, seine innere Häßlichkeit zu verbergen: sein naturgegebenes Aussehen und sein Benehmen. Sein gutes Aussehen ist übernatürlich gewährleistet, so daß sein inneres Geheimnis nicht verraten wird. Seine Handlungen hingegen sind seiner eigenen Kontrolle unterworfen, und es kann durchaus sein, daß sie zu erkennen geben, was durch sein Aussehen verborgen wird. Er ist dennoch zu häßlichen Gesten, abscheulichem Mienenspiel und mißtönenden Äußerungen fähig. Also muß er bewußte Täuschung praktizieren, was ihm allerdings dadurch erleichtert wird, daß sein Gesicht und seine Gestalt den Anschein der Tugend erwecken. Dies ist der Punkt, an dem sich seine innere Häßlichkeit trotz der makellosen Schönheit des körperlichen Trägers am ehesten zeigt. Das Handeln fungiert als eine Art Brücke zwischen den beiden ästhetischen Ebenen, denn es steht mit einem Fuß im Geist des Betreffenden und mit dem anderen in seiner körperlichen Erscheinung. Aufgrund dieser Tatbestände bezüglich des Handelns ist bewußte Täuschung nötig, und Dorian kann sich nicht einfach entspannt zurücklehnen und die Täuschung der anderen seinem Gesicht überlassen. Das Handeln ist ein drittes Forum, in dessen Rahmen die persönliche Schönheit oder deren Mangel in Erscheinung treten können. Das makellose Gesicht kann gelegentlich durch abscheuliches Mienenspiel entstellt werden, durch grausames Grinsen, den starren Blick des Hasses oder den verkniffenen Mund der Gemeinheit. Hier kommt die häßliche Seele im schönen Körper sozusagen zum Ausbruch und führt beim Betrachter zu einer seltsam beunruhigenden ästhetischen Dissonanz. Daher rührt die Notwendigkeit ständiger Täuschung auf seiten derjenigen, die innerlich voller Makel sind. Die stereotype Figur des Sadisten mit den feinen Manieren ist ein treffendes Beispiel, denn dieser Charakter muß seine innere Gemeinheit durch eine übertrieben vorgeführte Anmut bemänteln. So wird ein bestimmter Menschentyp geboren, nämlich der Typ derjenigen, die sich im Leben sorgfältig bemessener und auf maximalen ästhetischen Effekt berechneter Gesten bedienen, während ihre innere Landschaft trostlos und abstoßend ist. Solche Menschen sind besonders gefährlich, denn sie können den Eindruck einer Tugendhaftigkeit erwecken, die ihnen in eklatanter Weise abgeht. Es geschieht nur allzu leicht, daß man von ihnen hinters Licht geführt wird.

Es ist daher ganz natürlich, daß diese Art der Täuschung als moralisch besonders abscheulich gilt. Diese Form der Verhüllung der eigenen inneren Natur verführt zu unangebrachtem Vertrauen, zur Unterstellung von Tugendhaftigkeit. Dorian Grays Porträt verdankt einen großen Teil seiner Scheußlichkeit sicher der Sünde der Täuschung, die der Abgebildete den ihn umgebenden Menschen systematisch antut. Denn diese Sünde ist die Voraussetzung der Möglichkeit seiner übrigen Sünden. Aber der Preis ist eine brodelnde innere Häßlichkeit, die schließlich an die Oberfläche dringt und sich in sein Antlitz einschneidet. Er personifiziert die moralische und ästhetische Unredlichkeit, derer er sich in so extremem Maße befleißigt, daß kein normaler Sterblicher es ihm gleichzutun hoffen könnte. Diejenigen unter unseren Mitmenschen, die sich an weniger extreme Spielarten der gleichen Strategie halten, dürfen ihn gern zum Vorbild und Helden küren. Es wäre zweifellos zu optimistisch gedacht, wollte man hoffen, daß ihnen ein ähnliches Schicksal widerführe wie ihm.

KAPITEL 7

Wer ist Frankensteins Monster?

Die Bedeutung der Monstrosität

Das Monstrum ist seit eh und je unter uns. Das Monstrum ist mißgebildet, verwachsen, scheußlich, entsetzlich, es schleicht umher, es lauert uns auf und ist darauf erpicht, uns beispiellosen Schaden zuzufügen. Es ist stark, beweglich, entschlossen. In seinem Wesen ist es anormal, aber generell sterblich und nicht rein dämonisch. Es gebraucht keine Waffen außer denen, die ihm seit jeher vertraut sind. Sein Aufenthalt ist der Wald, die Höhle, der Holzschuppen, das Laboratorium, die ferne Galaxie, der Himmel oder das Meer. Es hat seine Heimstatt dort, wohin wir uns nicht zu gehen trauen, in fremden Gefilden. Aber es ist seltsam auf uns fixiert, und es will uns nicht in Ruhe lassen. Es braucht uns. Wir unsererseits haben Angst vor ihm, doch manchmal kann es unser Mitgefühl erregen. Seine Existenz beunruhigt und erregt uns. Das Monstrum ist eine üppig strömende Quelle menschlicher Ängste. Es ist immer in unserer Nähe, denn wir fordern es auf, bei uns zu bleiben.

Die vielen Monstren aus Mythen, Volksmärchen und Erzählungen stehen zweifellos für eine tiefe psychologische Einsicht in unser Wesen. Wir sind ihre Schöpfer, der Ursprung ihrer Monstrosität. Sie haben die Eigenschaften, die wir ihnen verleihen. Wir sind ihre Urheber und zugleich ihre Opfer. Sie sind unsere eigenen Erzeugnisse. Wir rufen sie ins Dasein, und dann kommen sie zurück, um uns zu quälen. Die menschliche Phantasie neigt demnach zur Monstrosität. Aus ihrem fruchtbaren Boden gehen alle möglichen Teufel hervor.

Was bedeuten diese Monster? Ich möchte in Einklang mit den Ausführungen der vorigen beiden Kapitel meinen, daß sie als sichtbare Verkörperungen des Bösen fungieren und so der Vorstellung entsprechen, das Böse sei eine Form von Häßlichkeit. Würde der böse Geist sichtbar werden, würde er *so* ausschauen: eine Gestalt von teuflischer Häßlichkeit. Wir bedienen uns der Vorstellung vom Bösen als seelischer Häßlichkeit und konkretisieren sie in der Gestalt eines Monstrums von körperlich abstoßendem Aussehen. Wir holen das Böse aus seinem Versteck in der Seele heraus und stellen es zur Schau, damit alle es sehen können. Das Monstrum ist das erkennbar Böse, und daher ist es leichter zu erfassen und aufzuspüren. Monster existieren eigentlich deshalb, weil die ästhetische Theorie der Tugend fest in der Psyche verwurzelt ist. Die Monstren sind eine Vergegenständlichung der durch Laster und angeborene Verderbtheit häßlich gemachten Seele.

Einigen Ausnahmemenschen gelingt es durch ihre eigenen Handlungen, den Rang von Monstren zu erreichen, und wenn das geschieht, nimmt ihre physische Erscheinung leicht etwas Groteskes an. Ihre Bösartigkeit scheint sich in ihren Zügen zu konzentrieren, indes das Gesicht zur abstoßenden Maske wird. Betrachten wir, um das übliche Paradebeispiel zu nehmen, das Gesicht von Adolf Hitler. Es personifiziert unbarmherzige, manische Zerstörungswut und Grausamkeit, so als wäre es kaum imstande, das unter der Oberfläche tobende Böse im Zaum zu halten – ein von wahnsinniger Gewalt gespanntes und zerfurchtes Gesicht. Die kleine Bürste auf der Oberlippe – als solche nicht mehr als ein läppischer Strich auf einer unsicheren Oberlippe – wirkt nach und nach wie das Sinnbild der organisierten Brutalität, etwa wie eine Signatur des Todes. Ein kümmerliches Zwei-Zentimeter-Streifchen aus Barthaar ist furchterregend und abstoßend geworden. Wer wird es heute schon wagen, einen solchen Schnurrbart zu tragen? So kommt es, daß wir durch die Zuschreibung von Bösartigkeit dazu gebracht werden, dem bösen Menschen monströse Züge nachzusagen. Auf diese Weise kennzeichnen wir die heimischen Monster in unserer Mitte, also diejenigen, die ihre Mitmenschen in puncto Ausmaß und Qualität des Bösen weit übertreffen. Der Zusammenhang zwischen dem Bösen und der äußeren Monstrosität ist in unserem Denken und in unserer Phantasie tief verwurzelt.

Aber dieses einfache Bild wird sogleich kompliziert, sobald man ein bestimmtes Monstrum als Gesamtwesen in Betracht zieht. Denn das Monstrum braucht keine physische Äußerung *unseres* Innenlebens zu sein, sondern es muß auch ein eigenes Innenleben haben. Und wie soll das, ästhetisch gesprochen, beschaffen sein? Welches wird sein Zustand der Tugend sein? *Tendenziell* ist auch das Innere monströs, wenn man den Grund berücksichtigt, aus dem das Monstrum überhaupt erst ersonnen wird. Logisch notwendig ist das aber nicht. Es wäre *möglich*, daß das Monstrum kein häßliches Inneres hat. Es bewegt sich ebenso wie wir selbst auf getrennten ästhetischen Geleisen und braucht seine äußere Häßlichkeit daher nicht im Inneren zu verdoppeln. Es gibt also Raum für eine Ausgeburt der Phantasie, die in ihrer Erscheinung das seelische Böse zum Ausdruck bringt, aber zugleich eine unschuldige und tugendhafte Natur in sich birgt. Dieses Geschöpf wird die ästhetische Umkehrung von Dorian Gray sein, dessen äußere Schönheit die innere Verderbtheit Lügen straft. Eine solche Verbindung wird unweigerlich ambivalente Gefühle in uns erwecken. Da ist zwar das durch den Körper exemplifizierte äußere Symbol des Bösen, aber es hat sich von seinem üblichen Bezugsgegenstand in der Seele gelöst. Das Gute und das Böse sind in ein und demselben Wesen miteinander verknüpft und bringen uns aus dem moralischen Gleichgewicht. Sollen wir vor diesem Wesen fliehen, oder sollen wir uns (obwohl es so abstoßend ist) an es klammern? Aber die Verbindung wird außerdem einen Gegenstand erzeugen, der beträchtliche Faszination auf uns ausübt – ein Wesen, das unsere moralischen und ästhetischen Kategorien auf die Probe stellt und uns dazu zwingt, angestrengter über unsere Art der Verwendung dieser Kategorien nachzudenken. Das innerlich attraktive Monstrum nimmt seinen eigenen anormalen und einzigartigen Ort im logischen Raum ein. Es fordert sowohl unsere Voraussetzungen als auch unsere normalen menschlichen Reaktionen heraus. Es ist der mündig gewordene Monsterbegriff.

Ein Wesen eben dieser Art ist die von Mary Shelley in ihrem Buch *Frankenstein* geschaffene Kreatur.[1] Geschrieben wurde das Werk um 1816, als die Autorin erst neunzehn Jahre alt und dem Jugendalter kaum entwachsen war. In diesem Buch erschafft der besessene und brillante Wissenschaftler Victor Frankenstein mit eigenen Mitteln ein Monster, um die Wissenschaft zu fördern und der Menschheit zu helfen. Mary Shelley ersinnt das Monstrum, damit wir uns in der Vorstellung damit beschäftigen, während Frankenstein eher praktische Motive hat. Wir empfinden ebenso wie er ein komplexes Gefühlsgemisch im Hinblick auf diese Kreatur (die im folgenden stets als »Geschöpf« bezeichnet wird, ohne eines eigenen Namens gewürdigt zu werden). Dieses Geschöpf stellt unser Mitgefühl und unseren Verstand auf die Probe, so daß wir es einmal wegen seiner Not bemitleiden und ein andermal wegen seiner gewaltsamen Reaktion auf diese Not schmähen. Es fällt nicht leicht, diese Gefühle und Reaktionen zu analysieren und den Fall gerecht zu beurteilen. Das macht zweifellos einen Teil der von diesem Buch ausgehenden Faszination aus. Es ist eine vermutlich im großen und ganzen richtige Feststellung, wenn man sagt, das Geschöpf löse sowohl Zuneigung als auch Abscheu in uns aus, sowohl Hochachtung als auch Verdammung, sowohl Vertrauen als auch Furcht. Wir werden von ihm angezogen und zugleich abgestoßen. Trotz des Gleichbleibens seiner körperlichen Erscheinung wechselt seine innere ästhetische Konfiguration und verändert sich in nachvollziehbarer Weise. Zwischen seinem Inneren und seinem Äußeren gibt es ein ständiges Wechselspiel, das durch menschliche Reaktionen auf es vermittelt ist. Die wichtigsten Baumeister seiner seelischen Gestalt sind die feindseligen Menschen, denen es begegnet. Zunächst ist es so etwas wie eine unbeschriftete Tafel, auf der dann die Handlungen der anderen ihre Spuren hinterlassen. Die Geschichte dieses Geschöpfs ist komplex, inhaltsschwer und lehrreich – eine emblematische Fabel, die von moralischer Metamorphose handelt.

Über dieses Monstrum und seinen wissenschaftlichen Schöpfer ließe sich eine ganze Menge sagen, aber ich möchte mich, was diese Geschichte betrifft, auf eine ganz bestimmte Frage konzentrieren: Warum sind wir so davon fasziniert? Seit die Geschichte 1818 zum erstenmal erschienen ist, hat sie stark und nachhaltig gewirkt. Sie hat in die moderne Kultur – vor allem in die volkstümliche Kultur – Eingang gefunden und sie durchdrungen. Jeder hat schon von Frankenstein gehört (obwohl viele glauben, daß es sich um den Namen des Unholds handelt, nicht um den seines menschlichen Erzeugers). Auch wer das Buch gar nicht gelesen, sondern etwa die vielen mehr oder weniger streng darauf basierenden Filme gesehen oder auch bloß vom wesentlichen Faden der Handlung gehört hat, ist davon gefesselt. Diese Geschichte scheint uns an etwas zu erinnern, das tief in unserem Inneren steckt. Das kann nicht nur daran liegen, daß sie die allgemeine Vorstellung vom Monstrum als einem moralischen Sinnbild exemplifiziert, denn die Anziehungskraft geht offenbar gerade von dieser und nur von dieser Geschichte aus. Es ist etwas an *diesem* Monstrum, das unser gespanntes Interesse und unsere Anteilnahme erweckt.

Welche Eigenschaft des Monstrums ist dafür verantwortlich, daß wir so davon gebannt sind? Freilich, die Geschichte ist spannend und gut erzählt, sie ist dramatisch und enthält fesselnde Horrorelemente. Außerdem ist das Thema der Gefahren, welche die ungezügelte wissenschaftliche Forschung mit sich bringt, einschlägig und seit der Abfassung des Buches immer aktueller geworden. Aber es können nicht die Sorgen um die Gefahren der Atomwaffen, der Gentechnik, der intelligenten Roboter, der bakteriologischen Forschung und dergleichen sein, derenthalben die Geschichte in gerade dieser Weise Anklang findet. Dafür ist unsere Konzentration auf das Geschöpf selbst viel zu spezifisch. Wenn die Anziehungskraft der Vampirgeschichten wenigstens teilweise im Sexuellen liegt und so deren spezielle Faszination erklärt, fragt es sich, worauf die Anziehungskraft einer Geschichte beruht, die von diesem von Menschen gemachten, aus Leichenteilen zusammengeflickten und das Land durchstreifenden Monstrum handelt. Worauf stoßen wir im spezifischen Wesen dieses Geschöpfs, das uns dermaßen in Anspruch nimmt? Damit meine ich nicht die Frage, was Mary Shelley mit der Schaffung ihres Monstrums zu erreichen *beabsichtigt* hat, sondern ich will fragen, warum *wir* – ganz unabhängig von Mary Shelleys bewußten (oder unbewußten) Absichten – *faktisch* mit solcher Faszination auf die Geschichte ansprechen. Was bedeutet uns dieses Monstrum?

Eine naheliegende Antwort lautet, es sei der gefährliche Andere aus der Fremde. Es ist die abnorme, nicht menschliche Bedrohung, der brutale Eroberer aus dem Jenseits, das verirrte Mitglied eines fernen und schrecklichen Stammes. Es gehört einer seltsamen, raubtierhaften Spezies an, die eine Parodie auf unsere eigene darstellt. Es kommt mit all seiner Absonderlichkeit und Andersheit zu uns, um uns mit seinen barbarischen und undurchsichtigen Wünschen zu peinigen. Es ist das gefahrbringende Unbekannte, die Kreatur aus dem Jenseits. Es gehört in die gleiche Kategorie wie die Invasoren aus dem Weltraum, die Teufel aus der Hölle oder die Artenkreuzungen der Mythologie. Oder vielleicht steht es für jene wenigen unglücklichen Menschen, die wegen ihrer körperlichen Verschiedenheit von der Norm an den Rand gedrängt werden: Bucklige, Mißgeburten, Menschen mit Brandmalen oder irgendwelchen sonstigen Mißbildungen. Jedenfalls ist die Andersheit sein Wesen; es ist nicht

»unseresgleichen«. Seine körperliche Häßlichkeit hebt es vom menschlichen Durchschnitt ab. Das ist die nächstliegende Weise, diese Geschichte zu lesen. Victor Frankenstein wird zumindest anfangs als normaler, gesunder, attraktiver und erfolgreicher junger Mann geschildert, der einer überaus liebevollen Familie entstammt und eine ihm gewogene Cousine hat, die er kurz darauf heiraten soll. Victors Vater ist ein Mustervater: freundlich, vernünftig und zuverlässig. Auch Kapitän Walton, der den halbtoten Victor ganz zu Anfang der Erzählung in der Antarktis findet, ist ein normaler, glücklicher Mensch mit einer Aufgabe und einer anhänglichen Schwester. Das Fremdelement, das diese ruhige und gesunde Situation stört, ist der Unhold, den Victor aus wissenschaftlichem Übereifer, wenn auch mit den höchsten humanitären Absichten schafft. Dieses Geschöpf ist übermenschlich stark und gewandt, widerstandsfähig, erschreckend häßlich und auf ganz unorthodoxe Weise zur Welt gekommen. Seine Geburt und Erziehung sind alles andere als normal. Was könnte stärker von uns selbst abweichen als ein Wesen, das aus Leichenteilen zusammengebastelt und künstlich zum Leben erweckt worden ist? Es hat keine Angehörigen, keine Freunde, keinen Partner, keine eigentliche Kindheit, kein Zuhause, keinen Namen. Es steht allein in der Welt und ist verzweifelt. Es beneidet seinen Schöpfer um dessen ideale Familie, während es den eigenen Ausschluß aus der menschlichen Gesellschaft übelnimmt und schließlich den Entschluß faßt, das Glück seines »Vaters« – also des Menschen, der ihm das Leben geschenkt hat – zu zerstören. Das ist gewiß (wie man annehmen möchte) die außerordentliche Geschichte eines völligen Außenseiters, der kaum in einem größeren Gegensatz zum normalen menschlichen Schicksal stehen könnte.

Nachdem es die ungerechte Ablehnung und Feindseligkeit der Menschen, denen es begegnet, erduldet hat, besteht sein erster richtiger Gewaltakt darin, daß es Victors jungen Bruder William erdrosselt. Den Augenblick der Tat beschreibt das Geschöpf wie folgt: »Ich betrachtete mein Opfer, und das Herz schwoll mir dabei vor Freude und teuflischem Triumph. Ich klatschte in die Hände und rief: ›Auch ich kann Unglück bringen! Mein Feind ist nicht unverwundbar, dieser Tod wird ihn in Verzweiflung stürzen, und noch tausend andere Qualen sollen ihn martern und zugrunde richten‹« (243 f.). Dieser Mord an einem unschuldigen Kind ist offenbar eine Ausnahmehandlung, und die jubelnde Reaktion des Geschöpfes ist ebenfalls eine Ausnahme. Dies ist eine böse Tat in großem und abnormem Maßstab. Dergleichen fürchten wir beim Gedanken an das barbarische Andere – das Böse, das keine menschliche Beherrschung oder Reue kennt. In dem Geschöpf stoßen wir somit auf einen Brennpunkt unserer Angst vor dem grausamen, ungebärdigen Anderen. Als etwas Übernatürliches, das dennoch im Randgebiet des Menschlichen angesiedelt ist, steht es für alles, was unserem normalen Leben zuwiderläuft: eine aus fremdem Stoff gemachte Kreatur. Man könnte es mit dem Raubtier aus dem Film *Alien* vergleichen, der seinen Titel zu Recht trägt.[2] Dieses Geschöpf aus dem Weltraum, das ebenso unerbittlich und einfallsreich wie abstoßend ist, gelangt von einem unerforschten Planeten in eine normale menschliche Umgebung, um dort ein mörderisches Chaos anzurichten. Seine Art der Fortpflanzung ist völlig verschieden von unserer eigenen, denn es wird lebensfähig, indem es den Magen des Unglücklichen sprengt, in dem es vorher als eine Art Larve schmarotzt hat. Sein *Aussehen* ist völlig unmenschlich, denn es wirkt wie eine Kombination aus Insekt, Roboter und Reptil. Das Faszinierende dieses Geschöpfes liegt darin, daß es einen völligen Gegensatz zu uns bildet und uns das Gefühl gibt, nach ganz anderen Regeln zu verfahren als wir. Ebenso wäre es naheliegend zu glauben, das Monster Frankensteins sei aus einem fremden Element in die menschliche Gesellschaft eingedrungen, um dort Schrecken und Zerstörung zu verbreiten. Das sei seine Funktion in der Erzählung, seine dramatische Bedeutung. Seine Unbarmherzigkeit und der Jubel, mit dem es sich über die Tötung eines Kindes äußert, seien Hinweise darauf, daß es in seinem Wesen kein Mensch sei.

Das wäre eine natürliche Annahme, und es gibt in der Literatur bestimmt viele andere Monster, die für unsere mehr oder weniger begründete Angst vor dem Fremden stehen. In diesem Fall jedoch geht die Interpretation, wie ich meine, völlig an der Sache vorbei. *Wir* sind Frankensteins Monstrum. In ihm sehen wir *uns selbst*. In ihm erblicken wir unsere *eigene* Natur. Seine Geschichte ist unsere eigene Geschichte, in riesigen und häßlichen Lettern geschrieben. Seine Situation ist die normale *Condition humaine* – freilich nicht buchstäblich, sondern metaphorisch oder symbolisch genommen. Weil wir uns insgeheim mit diesem Monstrum identifizieren, fasziniert es uns dermaßen. In sein Leben lesen wir Aspekte unseres eigenen Daseins hinein, und zwar Aspekte, die wir lieber außer acht lassen. Nun möchte ich die Geschichte des Monstrums in ungefähr chronologischer Reihenfolge der Ereignisse und unter Berücksichtigung dieser Interpretation nacherzählen. Der Leser möge sich darauf einstellen, daß er die Wahrheit über sich selbst zu hören bekommt.

Das menschliche Monstrum

Die Geschichte ist als Abfolge der Berichte dreier Erzähler aufgebaut, wobei jeder Bericht in den vorhergehenden eingebettet ist. Zuerst kommt Kapitän Walton, der Victor in der ödesten Antarktis an Bord seines Schiffes nimmt. Der zweite ist Victor, der Walton schildert, wie er in seine derzeitige elende Lage geraten ist. Als dritter kommt das Geschöpf an die Reihe, das seine Lebensgeschichte und Wünsche an Victor adressiert. Sodann wird die Abfolge der Erzähler umgekehrt, so daß Walton die Geschichte abschließt. Jeder Teil ist in der ersten Person gehalten und jeder gibt das Geschehen aus einer bestimmten Perspektive wieder. Das Geschöpf wird ganz zu Anfang von Walton erblickt, der sieht, wie es auf einem Schlitten durch die Eiswüste rast, und zum Schluß wieder, als es sich am Totenbett seines Schöpfers aufhält. Victor berichtet über die Entstehung des Geschöpfs und seine Erfahrungen mit ihm, während eine Katastrophe auf die andere folgt. Es bleibt dem Geschöpf selbst überlassen, sein Wesen in den Brennpunkt zu rücken und seine Erlebnisse aus erster Hand zu schildern. Diese Struktur ermöglicht eine allmähliche Entfaltung des wahren Charakters des Geschöpfs, so daß es zu einem Schock des Wiedererkennens kommt, sobald wir nach und nach in seine innersten Gedanken und Gefühle eindringen. Die anfänglichen Hinweise auf Verwandtschaftsbeziehungen zwischen ihm und uns gipfeln in einem Strom verständlicher menschlicher Erlebnisse. Das Geschöpf rückt immer näher an unsere eigene Situation, während wir uns seinem Leben nähern. Wir unternehmen eine Reise in sein Inneres und stoßen dort auf ein bekanntes Gesicht.

Doch zunächst müssen wir uns wieder der physischen Entstehung des Geschöpfs zuwenden, also den Mitteln, durch die es auf die Welt kam. Kein Geschlechtsverkehr zwischen Menschen stand am Anfang seiner Existenz. Statt dessen besteht es aus totem Gewebe, welches den von Victor gesammelten und zerlegten Leichen entstammt und dann zu einer menschenähnlichen Gesamtfigur zusammengesetzt wurde. Durch eine wissenschaftliche Entdeckung, über die Victor keine Auskunft geben möchte, gelangt der Lebensfunke in diesen zusammengesetzten Leib. Sobald die Einzelteile richtig miteinander verbunden sind und der zum Leben erforderliche Puls in den Körper gepumpt wird, kommt dieser rüttelnd und zuckend zur Empfindungsfähigkeit. Kein Schoß dämpft den Übergang von der bloßen Materie ohne Empfindungen zu einem in die Welt hineingestoßenen bewußten Subjekt. Den Augenblick der Geburt des Geschöpfs beschreibt Victor so:

> Es war ein trüber Novemberabend, als ich die Frucht meiner Bemühungen sah. Mit einer Spannung, die fast zu einer Agonie wurde, ordnete ich die Instrumente um mich, die dem zu meinen Füßen liegenden leblosen Ding den Lebensfunken spenden sollten. Es war schon ein Uhr nachts, der Regen prasselte unheilvoll an die Fensterscheiben, und meine Kerze war beinahe heruntergebrannt, als ich im Schimmer des halb erloschenen Lichtes sah, wie sich das stumpfe gelbe Auge des Geschöpfes öffnete. Es atmete mühsam, und ein krampfhaftes Zittern ging durch seine Glieder. (97)

In einer Regennacht und in einem trostlosen Zimmer kommen mit einem Augenaufschlag Leben und Gefühl unvermittelt zur Existenz. Jetzt gibt es ein neues Bewußtseinszentrum, das im Begriff ist, sich der Realität zu stellen. Zu dieser Realität gehört auch die Art und Weise seiner eigenen Erschaffung und seiner physischen Zusammensetzung.

Es fällt nicht schwer, diese Anfänge als eine Allegorie unserer eigenen Erschaffung zu interpretieren. Es ist nämlich genauso richtig, daß die Gewebe, aus denen *wir* bestehen, von diversen unappetitlichen Arten gefühlloser Materie hergenommen sind, die in vereinigter Gestalt ein bewußtes Lebewesen bilden. Da sind das Sperma und das Ei – diese organischen Stoffklümpchen ohne Sinn und Verstand –, aus denen man hervorgeht, und da ist die von der Mutter verzehrte Nahrung, die dann in Knochen, Muskeln, Gehirngewebe und alles übrige verwandelt wird. Während der Fötus heranwächst, entwickelt sich diese Anhäufung disparater Stoffe durch immer noch nicht vollständig begriffene Mechanismen irgendwie zu einem bewußten Wesen. Für den Beginn des Bewußtseins und die motorische Aktivität scheinen elektrische Vorgänge im Nervensystem ebenso ausschlaggebend zu sein wie für die Erschaffung des Geschöpfes als eines bewußten Lebewesens. Es ist wirklich eine unglaubliche

Wahrheit, an die wir eigens erinnert werden müssen, obwohl wir uns ihrer insgeheim stets bewußt sind, daß wir alle Ansammlungen von Materieteilchen sind, die aus unterschiedlichen und wenig verheißungsvollen Quellen zusammengebracht wurden, um ein großes Stück blutigen Fleisches zu bilden. Unsere Körper sind zwar durch natürliche Fäden zusammengenäht, aber dennoch sind sie kontingente Brocken aus früher totem Stoff. Die Gewebe, aus denen wir bestehen, haben Bestandteile, die einst zu Kohlköpfen und Schweinen, zu Exkrementen, Würmern, Stücken fremder Planeten und der auf den Urknall folgenden Energiesuppe gehörten. Es wäre amüsant, eine Geschichte über den Lebenslauf eines einzigen Teilchens zu schreiben, das im Laufe der Zeitalter in den Körpern verschiedener Gegenstände und Organismen gehaust hat. Unser Lieblingsteilchen würde sich dann vielleicht vor seinen Kollegen damit brüsten, daß es vorübergehend an berühmten Orten untergekommen ist. Ja, genauso wie das Geschöpf aus den Körpern anderer Personen zusammengesetzt ist, so bestehen auch wir wahrscheinlich teilweise aus Materie, die schon einmal zu den Körpern anderer Menschen gehört hat. Die Würmer fressen die Leichen, die Vögel fressen die Würmer, und wir essen die Vögel. Natürlich besteht auch der Körper des Fötus völlig aus Materie, die zum Körper der Mutter gehört, vor allen Dingen aus ihrem Blut. Wir alle entstammen geronnenen Stückchen toter Materie zufälliger Herkunft, deren Beschreibung nicht sonderlich erfreulich ist. Unter einem bestimmten Gesichtspunkt ist alles Leben nichts weiter als die zufällige Umverteilung unbelebter Stoffe – so etwas wie ein flüchtiger Wirbel im Leeren.

Wir sind außerdem aus Organen zusammengesetzt, von deren richtigem Funktionieren unser Leben abhängt. Die meisten dieser Organe liegen unter der Haut verborgen und gelten allgemein nicht als schöner Anblick. Auf dem Operationstisch kommen alle diese feuchten Röhren und pulsierenden Gefäße zum Vorschein und bereiten uns Unbehagen und Abscheu. Selbst der schönste Leib ist im Inneren – in der Tiefe der Innenorgane – gräßlich anzusehen. Die Nieren oder die Gedärme eines Starmannequins sind nicht attraktiver als deine oder meine. Offen gesagt, unsere Körper sind recht abstoßend, wenn man erst einmal unter die Oberfläche schaut. Unser ästhetisches Gefühl wendet sich ab vor ihrer vollen Realität. Es ist bemerkenswert, daß der Leser an einer der wenigen Stellen, an denen die äußere Erscheinung des Geschöpfs beschrieben wird, dazu angehalten wird, die Funktionsvorgänge unter der Haut zu betrachten: »Seine Glieder hatten das richtige Verhältnis, und ich hatte ihn auch mit schönen Gesichtszügen ausgestattet. Schön! – Großer Gott! Die gelbe Haut verdeckte kaum die Muskelmasse und die Arterien darunter …« (97) Das erinnert uns an das, was *unsere* Haut so dürftig und unzulänglich verbirgt, und folglich an das, was unsere Körper wirklich sind. Der Ausdruck »tierisch« geht an der Sache vorbei; »monströs« wäre schon eher treffend. Und genauso, wie die Zusammenstellung dieser unter der Haut liegenden Teile im Fall des Geschöpfes schauerlich und blutig wirkte, so muß es dem menschlichen ästhetischen Empfinden auch erscheinen, wenn es die normalen Prozesse aus der Nähe zu sehen bekommt. Wem außer den professionell Abgehärteten wird nicht ein wenig übel, wenn er den organischen Aufbau des Fötus betrachtet? Ärzte müssen ihr natürliches ästhetisches Gefühl bekanntlich abstumpfen oder in neue Bahnen lenken (»Die Niere ist für uns Ärzte wirklich ein *schöner* natürlicher Gegenstand, obwohl es dem Laien vielleicht anders vorkommt …«). Unter der Haut sind wir also alle Frankensteinsche Ungeheuer. An *dieser* Stelle ist das Monstrum vermutlich nicht häßlicher als wir. Unsere Schönheit reicht ganz buchstäblich nicht tiefer als die Haut (und wenn man die Haut unter einem Mikroskop zu betrachten beginnt, stehen einem auch einige schlimme ästhetische Überraschungen bevor). Beim Blick auf das Geschöpf sehen wir an Narben und Nähten Spuren des Vorgangs der Zusammensetzung und der zusammengesetzten Einzelteile, so daß uns die körperliche Realität seines Wesens zur Gänze ins Bewußtsein gerufen wird. Aber auch wir befinden uns im Grunde in der gleichen Lage, nur daß die Nähte weniger sichtbar und die Innereien besser verhüllt sind.

Das Geschöpf schämt sich seines Körpers. Es ist sich seiner Mißgestalt bewußt und beklagt sich heftig darüber:

> Ich hatte die vollkommene Gestalt meiner Nachbarn bewundert, ihre Anmut, ihre Schönheit und zarte Haut; aber wie erschrak ich jedesmal, wenn ich mein Spiegelbild im Wasser sah! Das erste Mal war ich zurückgewichen; ich konnte es nicht fassen, daß ich mich selbst erblickte, und als ich mich überzeugt hatte, daß ich tatsächlich ein solches Monstrum war, ergriffen mich bittere Verzagtheit und Niedergeschlagenheit. (194 f.)

Aber solche Scham über den eigenen Körper ist uns selbst nicht unbekannt, vor allem unter Umständen, in denen unser normaler ästhetischer Schutz außer Kraft gesetzt ist. Der Operationstisch und das Behandlungszimmer des Arztes wurden bereits erwähnt, aber außerdem gibt es Situationen sexueller Intimität, in denen es leicht geschieht, daß die Geheimnisse des Körpers plötzlich gelüftet werden. Die Geschlechtsorgane sind zwar offenbar erotisch, gelten aber im allgemeinen nicht gerade als *schön*. Der Frage der Geschlechtlichkeit des Geschöpfes wird im Buch nicht ausgewichen, und die Beschaffenheit seines Fortpflanzungsorgans ist ein Thema, das nicht immer weit von der Oberfläche verdrängt wird. Das Geschöpf verlangt sogar die Schaffung einer weiblichen Partnerin, um zusammen mit ihr seine Art fortzupflanzen. Der Verkehr zwischen Monstern wird offenbar in Betracht gezogen. Das trägt dazu bei, den Leser an seine eigene sexuelle Körperlichkeit zu erinnern: Wenn uns der Geschlechtsverkehr zwischen dem Geschöpf und seiner etwaigen Braut ästhetisch wenig anziehend vorkommt, fragt es sich, ob wir nicht ein ähnliches Unbehagen eingestehen könnten, wenn es in dieser Hinsicht um unsere eigenen Körper ginge. Ist der Penis des Geschöpfs in ästhetischer Hinsicht *scheußlicher* als der irgendeines anderen Mannes? Körperbezogene Scham wegen des gluckernden Apparats, aus dem wir selbst bestehen, kommt recht häufig vor. Das Geschöpf ist keineswegs das einzige Körperwesen, das darunter zu leiden hat. Und wenn man bedenkt, welche Einstellung zur Sexualität am Anfang des 19. Jahrhunderts in England vorherrschte, wundert man sich vielleicht nicht mehr darüber, daß Mary Shelley auf die unterschwelligen Themen der Scham über den Körper besonders empfindsam reagierte. Im Rahmen sexueller Beziehungen wird das wahre ästhetische Wesen des Körpers in peinlicher Weise durchsichtig.

Keine der bisher geäußerten Bemerkungen beschränkt sich auf Menschen, die in der einen oder anderen Hinsicht körperlich anormal sind. In einem gewissen Sinn sind wir alle mißgebildet, allesamt ästhetische Katastrophen. Wir sind geneigt, uns gegen diesen Gedanken zu wehren, aber das Geschöpf erinnert uns an seine unausweichliche Wahrheit, wenn auch in verdrängter und daher leichter zu ertragender Form. Die Schönheit der menschlichen Gestalt ist eine Art visueller Täuschung, bei der die Haut eine ähnliche Rolle spielt wie die Pfeile bei der Müller-Lyer-Illusion.[3] Selbst Dorian Gray war unter der Haut nicht schön (von seinen seelischen Mißbildungen gar nicht zu reden). Bei dem Geschöpf fällt diese Illusion völlig weg, so daß die wahre Natur des Körpers zum Vorschein kommt. Außer dieser allgemeinen Sachlage gibt es aber auch noch die individuelle körperliche Befangenheit, die die spezifischen physischen Merkmale betrifft, von denen wir glauben, daß sie unsere ästhetische Anziehungskraft vermindern. Dieses Thema ist zu vertraut, als daß es weiterer Ausführungen bedürfte, die über die bloße Anerkennung seiner Existenz hinausgingen. Die Angst, um die es hier geht, beginnt normalerweise bei jungen Heranwachsenden und bewirkt eine Menge pubertäres Leid. Jeder hat das Gefühl, in physischer Hinsicht unvollkommen, ja in mancher Hinsicht sogar gravierend mißgebildet zu sein: die Gestalt der Nase, die Form der Wade, der Abstand zwischen den Augen, die Größe der Ohren und dergleichen mehr. Ganz zu schweigen von Pickeln, mangelhaften Zähnen, widerborstigen Haaren usw. Alle diese Dinge werden in Mary Shelleys eigener Erfahrung noch ganz präsent gewesen sein, denn sie war zur Zeit der Abfassung des Buches noch fast im Alter einer Heranwachsenden. Die Empfindlichkeit des Geschöpfs ähnelt in vieler Hinsicht überhaupt sehr den Gefühlen eines überempfindsamen Jugendlichen. Ich habe einmal gelesen, ein Mann sei als Heranwachsender überzeugt gewesen, sein Hinterkopf sei abnormal stark ausgebildet, und dieses vermeintliche Faktum habe ihn zur Verzweiflung getrieben. In Wirklichkeit war sein Hinterkopf besonders flach, aber das änderte nichts an der Weise, in der er selbst die Sache sah. Solche bekannten menschlichen Ängste sind dem Leid überaus ähnlich, welches das Geschöpf beim ersten Anblick seines Spiegelbilds empfindet. Man stelle sich vor, wie das wäre, wenn man selbst erwachsen würde, ohne je das eigene Spiegelbild gesehen zu haben. Welche ästhetischen Schockerlebnisse würden da womöglich auf einen warten! Das Geschöpf dürfte kaum das erste Wesen sein, das angesichts der eigenen Erscheinung niedergeschlagen ist und sich dadurch dem Verhängnis ausgeliefert glaubt.

Isolation: Angehörige, Freunde und andere

Das Familienleben Victor Frankensteins wird in der Erzählung stark idealisiert. Es ist die Ursache uneingeschränkten häuslichen Glücks, nie versiegender Freundlichkeit und Anteilnahme und auch sonst von allem, was man von liebenden Angehörigen erwarten könnte. Vor allem Victors Vater ist ein Musterbeispiel väterlicher Güte. Das Glück, das im Haushalt der Frankensteins zu finden ist, wird deutlich herausgestrichen. Victor ist sogar der frohe Verlobte seiner perfekten Cousine Elisabeth, mit der er geschwisterlich aufgewachsen ist. Die Familie wird als Quelle reiner und schlichter Warmherzigkeit hingestellt, als *Summum bonum*. Das Geschöpf hingegen ist dazu verdammt, wie eine Vollwaise ganz ohne Angehörige zu leben. Ihm ist die Möglichkeit versperrt, auch nur einen Teil der Familienwonne zu empfinden, die für Victor etwas Selbstverständliches ist. Kaum ist das Geschöpf auf der Welt, wird es auch schon von seinem Erzeuger verlassen, den es durchaus nicht unberechtigt als seinen Vater ansieht. Als es blinzelnd das Bewußtsein erlangt, läuft Victor sogleich fort, weil er von seiner eigenen Schöpfung beunruhigt und angewidert ist.

> Wie kann ich meine Gefühle bei dieser Katastrophe schildern, wie den Unhold beschreiben, den ich unter so unendlichen Mühen und mit Sorgfalt gebildet hatte? ... Nahezu zwei Jahre hatte ich angestrengt gearbeitet, zu dem einzigen Zweck, einem unbelebten Leib Leben einzuhauchen ... aber als ich es jetzt erreicht hatte, schwand die Schönheit des Traumes, atemberaubendes Entsetzen und Abscheu erfüllten mein Herz. Außerstande, den Anblick des von mir geschaffenen Geschöpfes zu ertragen, rannte ich aus der Kammer und ging lange Zeit in meinem Schlafzimmer ruhelos auf und ab. (97 f.)

Das Geschöpf wird also im gleichen Augenblick, in dem es zur Welt kommt, von seinem »Vater« verlassen. So etwas wie eine Mutter hat es nie gehabt.[4] Familienbande fehlen ihm völlig.

Es könnte demnach den Anschein gewinnen, als könne der Gegensatz zwischen Victor und seiner Schöpfung im Hinblick auf die Verbindung mit Angehörigen gar nicht krasser sein, und als sei der Abstand zwischen uns und dem Geschöpf dementsprechend groß. Aber untersuchen wir die Angelegenheit durch weniger rosarote Brillengläser! Erinnert die prekäre Lage des Geschöpfs nicht indirekt an unsere eigene? Kommt seiner Abgeschiedenheit und Verlassenheit nicht eine Art von symbolischer Wahrheit zu? Es wird durch den Willen einer anderen Person auf die Welt gebracht, ohne in dieser Angelegenheit etwas zu sagen zu haben, und dann wird es von seinem Erzeuger, der seine väterliche Verantwortung nicht übernehmen kann, sich selbst überlassen. Jetzt, da Victor das Ergebnis seiner Bemühungen sieht, will er es wieder loswerden. Das Geschöpf muß nun, so gut es geht, zu überleben versuchen und sich dabei seiner naturgegebenen Anlagen bedienen. Es ist in einer feindseligen Welt ausgesetzt worden. Jetzt fällt es nicht mehr schwer, das auf die Normalsituation zu übertragen. Keiner von uns hat darum gebeten, auf die Welt zu kommen. Wir alle werden in die Welt katapultiert, weil andere es so wollen, und es wird von uns erwartet, daß wir uns dabei nach den Bedingungen der Welt richten. Die Nabelschnur wird früh und jäh durchgetrennt, und anschließend sind wir im wesentlichen auf uns selbst gestellt. Wir müssen ganz von selbst atmen, essen und uns bewegen. Wir sind *abgetrennte Wesen*, in sich abgeschlossene Systeme. Und wir wissen, daß das – die Getrenntheit und Verschiedenheit von anderen Wesen – unsere wesentliche Natur ausmacht. Das Gefühl der existentiellen Isolation, des Auf-sich-selbst-Gestelltseins, ist eine verbreitete menschliche Erfahrung, die sich von unserer metaphysischen Grundautonomie herleitet. Das Ich ist kein Teil einer größeren, umfangenden psychischen Realität, sondern ein in sich abgeschlossenes und diskontinuierliches Wesen. Wir werden von anderen geschaffen, aber wir *verschmelzen* nicht mit ihnen. Unsere Identität ist nicht die ihre. Wir könnten sagen: »Ich existiere, also bin ich etwas Abgetrenntes«.[5] Bei der Geburt wird man physisch vom Leib der Mutter getrennt, aber zugleich geschieht das tiefer reichende Ereignis, daß man seine Rolle als unabhängiges Bewußtseinszentrum zu spielen beginnt. Unser Weg durch die Welt ist unser eigener; unsere Erfahrungen müssen wir selbst machen. Die Geburt – der Beginn der Existenz – ist wesentlich eine Fluchtbewegung zwischen Eltern und Kind, ein plötzliches Auseinanderzerren. Denn dieses Ereignis beinhaltet notwendig die Schaffung eines unabhängigen Bewußtseinsträgers. Anschließend kann sich die Familie nur bemühen, den der Struktur der Dinge ontologisch eingravierten Riß abzumildern. Das Ideal der kontinuierlichen Beziehung zu anderen (Überschneidung oder Eintauchen) ist von Anfang an außer Kraft gesetzt.

Ein Kunstwerk oder eine technische Erfindung erleben die Verschiedenheit von ihrem Erzeuger schon einfach deshalb nicht, weil sie kein Bewußtsein besitzen. Wir hingegen können uns dieser Einsicht nicht entziehen, und damit geht ein gewisses Ressentiment einher. Die unumgänglichen Leiden und Streitigkeiten dieses Lebens müssen wir allein ertragen, obwohl wir – ohne unsere Zustimmung zu geben – von anderen hervorgebracht wurden, die mit unseren Problemen nicht in der gleichen Weise fertig werden müssen wie wir selbst. Ist das nicht unfair? Wo ist der Vertrag, den wir unterzeichnet haben, um uns auf eine solche Ordnung einzulassen? Unsere Eltern sind ganz grundlegend die Urheber unseres Leidens und unseres wesentlichen Alleinseins. Daher wird man, selbst wenn die Eltern ihre Verantwortung sehr ernst nehmen, im Grunde das Gefühl haben, daß sie nicht erfüllen, was wir von ihnen verlangen. Denn was wir verlangen, kann – wie die Dinge stehen – gar nicht erfüllt werden. Das ist so, als würde unser Bewußtsein von einer metaphysischen Unmöglichkeit gequält – der Beseitigung der interpersonalen Grenzen –, nach deren Wirklichkeit wir uns dennoch sehnen. Wir träumen, umsonst freilich, von einer Verschmelzung der Ichs. Und natürlich gibt es auch viele Bereiche, in denen die Eltern ihre Verantwortung tatsächlich nicht in der gebotenen Weise wahrnehmen. Auf jeden Fall muß das *Gefühl* der Vernachlässigung stets vorhanden sein, denn die Welt kommt nicht jeder Laune des Kindes stets entgegen. Das bedeutet: Uns schwebt ein Ideal elterlicher Verantwortung vor, wonach alle unsere Probleme – sogar das Leiden an der Existenz, ja selbst das Faktum der Ichheit – von unseren Eltern gemeistert werden. Aber dieses Ideal kann nicht verwirklicht werden. Daher das dumpfe Gefühl der Verärgerung und des Preisgegebenseins. Victors Handeln im Umgang mit seinem Geschöpf ist daher nur eine dramatische Spielart dessen, was wir alle erleben. Er erzeugt etwas, und dann flieht er; genauso wie unsere Eltern uns, wenn sie uns hervorbringen, von ihnen *getrennt* erzeugen. Die Verbindung zu den Eltern wird schon durch die Herstellung dieser Verbindung getrennt, im tiefsten Grunde durch das bloße Faktum der interpersonalen Verschiedenheit. Daß man von den Eltern »im Stich gelassen« wird, ist das übliche und notwendige Geschick.

Hinzu kommt die unbestreitbare Belastung, die Kinder mit sich bringen. Victor ist leidenschaftlich darauf bedacht, ein bewußtes Lebewesen zu schaffen, doch sobald es tatsächlich lebt und sichtbar atmet, geht ihm plötzlich auf, welche Last er sich damit aufgebürdet hat. Das dürfte eigentlich kein ungewöhnliches Erlebnis sein, obwohl es vielleicht beunruhigend wirkt, wenn man es zugibt. Wie viele Menschen sind unversehens, ohne weiter darüber nachzudenken, absichtlich oder unabsichtlich zu Eltern geworden, nur um dann schockiert zu sein angesichts der schweren Last, die sie sich damit aufgehalst haben? Sobald Kinder vorhanden sind, werden der Bereich der Sorgen und die Möglichkeit des Kummers erheblich größer. Angst um andere wird nun zu einem Bestandteil des Alltags. Die eigene Freiheit wird drastisch beschnitten. Nur eine absurd sentimentale Auffassung des Elterndaseins könnte diese selbstverständlichen Wahrheiten bestreiten. Und auch hier wieder ist es eine bedauerliche Tatsache, daß viele Eltern, sobald sie der Last ansichtig werden, davonlaufen. Innerlich müssen alle fliehen – oder jedenfalls zurückschrecken –, zumindest soweit sie die enorme Verantwortung spüren, die sie da auf sich geladen haben. Vom Standpunkt des Kindes betrachtet, muß dieses Gefühl der Belastung die eigenen Selbstgefühle prägen und das Ressentiment schüren, das von der bloßen unabhängigen Existenz herrührt. Daß man in diese Welt des Hungers, der Furcht und des Todes hineingestoßen wird und dann auch noch von den Schuldigen als Last behandelt wird – das muß ja wirken wie der Gipfel der Ungerechtigkeit. Das Kind hat das Gefühl, daß ihm die Eltern volle Aufmerksamkeit *schulden*, während sich die Eltern gegen die Last sträuben, die sie sich aufgeladen haben. Es ist zwar womöglich nicht so leicht zu akzeptieren, aber es gibt tatsächlich – wenn man die Sache allein vom Klugheitsstandpunkt betrachtet – einen unbestreitbaren Interessenkonflikt zwischen Eltern und Kindern. Im Falle von Victor und seinem »Kind« erreicht der Konflikt epische Größe. Später macht das Geschöpf seinem »Vater« heftige Vorwürfe, er sei seinen elterlichen Pflichten nicht nachgekommen. Victor sei unter der Last der Vaterschaft zusammengebrochen. Wie viele Kinder haben ihren Vätern ähnliche Vorwürfe gemacht?

Anschließend durchstreift das von Victor verlassene Geschöpf allein und gemieden die ländliche Gegend. Es findet sich ausgesetzt in dieser weiten und stürmischen Welt. Als sie einander schließlich wieder treffen, sagt das Geschöpf zu Victor: »Vor dem Verlassen deiner Wohnung hatte ich mich, da ich ein Gefühl von Kälte spürte, mit Kleidungsstücken versehen, aber sie genügten nicht als Schutz vor dem Nachttau. Ich war ein armes, hilfloses, unglückliches Wesen; ich wußte nichts, konnte nichts unterscheiden, aber von allen Seiten drangen Schmerzen auf mich ein, ich setzte mich hin und weinte« (177). Klar ist, daß das Geschöpf hier an seinen Erzeuger appelliert. Es brauchte Schutz gegen die grausamen Peitschenschläge der Natur. Das ist offenbar eine Erfahrung, in die wir uns ohne weiteres hineinversetzen können: Das dort draußen in der Feuchtigkeit und Kälte, das könnte auch man *selbst* sein. Über die Anfangszeit des Geschöpfs wird mit der deutlichen Absicht berichtet, die normale Entwicklung der Menschen in ontogenetischer wie phylogenetischer Hinsicht zu rekapitulieren. Manchmal ähnelt das Geschöpf einem Säugling in der Wildnis; ein andermal verhält es sich wie ein Urmensch, der den Weg der Geschichte des Menschengeschlechts von neuem beschreitet. Seine Erlebnisse spiegeln die unseren. Unklare Empfindungen werden nach und nach von deutlichen Wahrnehmungen verdrängt. Das Feuer wird entdeckt und hochgeschätzt. Die barbarischen Eigenschaften des Menschen und der Natur werden offenkundig. Ähnlich wie wir selbst gelangt das Geschöpf allmählich zur Reife.

Seine ersten Begegnungen mit Menschen sind, da sie ausschließlich von seinem abstoßenden Äußeren bestimmt werden, feindseliger Art. Seine eigenen Absichten sind in diesem Stadium keineswegs gewalttätig, sondern trotz des furchterregenden Angesichts ist das Geschöpf sanft und freundlich. Natürlich spürt es die Ungerechtigkeit seiner Zurückweisung. Außerdem ist es ständig den verheerenden Gewalten der Natur ausgeliefert und leidet unter Kälte und Hunger, Unbequemlichkeit und Angst. Es ist eine harte, gefährliche Welt, in die es unfreiwillig geschleudert wurde. Auch dies sind menschliche Universalien. Wir werden nach unserer äußeren Erscheinung, unseren Kleidern und unserer Herkunft beurteilt. Es kann sein, daß man uns bloß aufgrund unserer körperlichen Verschiedenheit und ohne rationalen Grund ablehnt. Besonders offensichtlich ist hier die Analogie zum Rassismus, aber es gibt offenbar viele Formen von körperbezogener Voreingenommenheit. Trotz unserer freundlichen Absichten und unserer edlen Taten kann es sein, daß wir in anderen Furcht auslösen. Der äußere Körper ist einfach leichter zu beobachten als das innere Ich, und bei sozialen Interaktionen hat das Äußere tendenziell die Oberhand, was ungünstige Resultate nach sich zieht. Das Auge ist ein oberflächliches Organ. Der empfundene Bruch zwischen Innen und Außen – das Gefühl, der eigene Körper sei ein unzuverlässiger Sendbote – wird durch diese sozialen Reaktionen noch vertieft. Wir haben das Gefühl, wir müßten ständig die eigene äußere Erscheinung überschreiten, um andere dazu zu veranlassen, uns so zu sehen, »wie wir wirklich sind«. Die ersten Erfahrungen, die das Geschöpf in der großen Welt macht, erinnern an unsere eigenen Erfahrungen auf dem Schulhof, wo uns zum erstenmal klar wird, daß wir überhaupt eine körperliche Erscheinung haben und daß diese weitgehend – und in unfairer Weise – ausschlaggebend ist für die Art und Weise, in der man uns behandelt.

Den strengen Gewalten der Natur – Kälte, Feuchtigkeit, Wind, Feuer und Todesbedrohung – sind wir ebenfalls alle unterworfen. Freilich, das Geschöpf hat kein Zuhause, wo es Schutz und Unterstützung fände, während wir (normalerweise) ein solches Heim besitzen, aber das Geschöpf verhilft uns zu der Einsicht, wie zerbrechlich unsere eigenen Maßnahmen zur Eindämmung der feindseligen Natur sind. Nur allzu leicht könnte es geschehen, daß wir obdachlos werden und Hunger leiden, den Elementen ausgesetzt, unsere Nächte unter dem frostigen Sternenhimmel verbringend. Die Natur könnte unser Zuhause durch Überschwemmung, Feuer oder Erdbeben zerstören, so daß wir Kräften ausgesetzt wären, denen nichts an uns liegt. Zwischen unseren normalen Schutzmöglichkeiten und den brutalen Kräften der Natur steht leider nur sehr wenig. Wir stehen dem Geschöpf näher, als wir einzusehen geneigt sind. Die Furcht vor Zurückweisung, Obdachlosigkeit und Einsamkeit gehört zur allgemeinen menschlichen Angst. In einem tiefen Sinn treffen schon alle drei Eigenschaften auf uns zu: Wenigstens einige Personen, von denen wir akzeptiert werden wollen, lehnen uns ab, und von denen, die uns nicht ablehnen, werden wir nur selten ausreichend akzeptiert. Unsere Technik ermöglicht keinen endgültigen Schutz gegen die Natur. Und wir alle sind von der Geburt bis zum Tode abgetrennte, autonome und einsame Ichs. Es gibt graduelle Unterschiede und Unterschiede im Detail, aber die Grundsituation des Geschöpfs ist zugleich die Situation des Menschen, eine Situation der sozialen und natürlichen Verletzbarkeit. Wir alle sind Geschöpfe aus bloßem Fleisch und Blut in einer Welt, die sich nicht durch Mildtätigkeit auszeichnet. Wir sind, einer wie der andere, gebrechliche Monster.

Während einer besonders rührenden Phase im Leben des Geschöpfes kommt eine Familie ins Spiel, die von dem Geschöpf durch einen Spalt in der Wand des Schuppens beobachtet wird, in dem es sich niedergelassen hat. Diese Leute hat man, obwohl sie offensichtlich hochanständig sind, betrogen und beraubt. Sie wissen nichts von der Anwesenheit des Geschöpfes, das ihnen bei der häuslichen Tätigkeit zuschaut. Das Geschöpf betrachtet sie – vor allem den blinden Vater – als Freunde und sammelt nachts Holz für sie, was sie beglückt und verwundert. Das Geschöpf lernt sprechen und lesen, indem es sie beobachtet, und wird überhaupt zu einem zivilisierten Wesen.

> Allmählich wurde mir etwas noch Wichtigeres klar: Diese Menschen verfügten über ein Verständigungsmittel, einander mit artikulierten Lauten ihre Gefühle und Gedanken kundzutun. Ich merkte, daß ihre Laute beim Zuhörer Schmerz oder Freude, Lächeln oder Traurigkeit auslösten. Das war eine göttliche Fähigkeit, die ich mir glühend wünschte ... Immerhin erkannte ich durch aufmerksamen Fleiß ... die Bedeutung der Wörter, die sich auf ihre üblichen Gebrauchsgegenstände bezogen. Ich lernte die Wörter *Feuer*, *Milch*, *Brot* und *Holz* verstehen und anwenden. (191 f.)

Das klingt wie Augustinus, wenn er berichtet, wie er die Muttersprache gelernt hat[6], und sicher war Mary Shelley mit den damals aktuellen Theorien über Spracherwerb und geistige Entwicklung vertraut. Dadurch, daß das Geschöpf eine Sprache lernt, wird es wirklich zu einem von uns. Damit erwirbt es die Fähigkeit, die für die menschliche Gemeinschaft bestimmend ist. Jetzt kann es mit uns *reden*. Es ist nicht länger ein sprachloser Fremdling, der grunzende und brüllende Laute von sich gibt. Jetzt besitzt es *Vernunft*.

Die Angleichung an die normale menschliche Situation wird noch verstärkt, als Safie eintrifft, ein arabisches Mädchen, das auch nicht die Landessprache beherrscht und ebenfalls schlimmes Unrecht erduldet hat. Das Geschöpf bildet sich sogar etwas darauf ein, daß es sprachlich begabter ist als Safie: »Am Tage strengte ich mich an, die Sprache meiner Nachbarn möglichst bald zu beherrschen, und ich darf mich rühmen, schnellere Fortschritte gemacht zu haben als die Araberin, die noch sehr wenig verstand und nicht den richtigen Tonfall fand, wohingegen ich fast jedes Wort, das gesprochen wurde, begriff und wiederholen konnte« (202). Es war schließlich seine erste Sprache, sein Muttersprache, während Safie bemüht war, eine Fremdsprache zu lernen. Hier wird offenbar nicht der Abstand zwischen uns und dem Geschöpf betont, sondern die Nähe. Als es später manches über den Aufbau der Gesellschaft und den Gang der Geschichte erfährt, vergleicht es sich mit Sklaven und Vagabunden, indem es sagt: »… ich wußte, daß ich weder Geld noch Freunde oder irgendwelches Hab und Gut besaß« (204 f.). Das Geschöpf ist der Benachteiligte, der Unterdrückte, der Besitzlose. Das bist du selbst in deinen schlimmsten Alpträumen.

In diesem Stadium seines Lebens ist sein Charakter trotz der bisherigen Ablehnung immer noch tugendhaft und sanft. »Noch immer betrachtete ich Verbrechen als etwas fernliegend Abscheuliches; vor meinen Augen hatte ich immerwährende Güte und Großmut, so daß ich den Wunsch hegte, auf der Bühne mitzuspielen, auf der sich so viele bewundernswerte Eigenschaften entfalteten« (217). An diesem Punkt hätte es irgendein hoffnungsvoller Heranwachsender sein können, der etwas leisten und anständig sein will. Wer weiß, vielleicht wird noch einmal ein großer Schriftsteller oder ein Politiker oder sonst etwas aus ihm? Ganz pointiert fragt das Geschöpf: »Wer war ich? Was war ich? Woher kam ich? Was war meine Bestimmung?« (219) – genauso wie irgendein nachdenklicher Junge.

Das Geschöpf spürt, daß die geistigen Kräfte in seinem Inneren wachsen, und es fragt sich, was es damit anfangen wird.

Das Geschöpf vergleicht sich außerdem, durchaus zu Recht, mit Adam, denn auch Adam hatte keinen Vater im konventionellen Sinn. Als es Miltons *Verlorenes Paradies* liest, stellt es fest: »Oft verglich ich die einzelnen Szenen mit meiner eigenen Lage. Wie Adam hatte ich keinerlei Beziehung zu einem anderen Lebewesen« (221). Eigentlich ist das Geschöpf ein Adam ohne Scheuklappen, mit äußerst feinem Wahrnehmungsvermögen für seine kontingente Lage und seine körperliche Konstitution – »ein unvollkommenes und einsames Wesen« (190), das in die Welt hinausgestoßen wurde. Beide erleben auch den Sturz von der Unschuld zum Bösen. Der Sturz des Geschöpfes ist allerdings weitgehend durch ästhetische Überlegungen vermittelt – durch seine Häßlichkeit –, während der Fall Adams Erkenntnisgründe hat – er erfährt zuviel. Es ist das Schicksal Victors, das in einem an Gott gemahnenden Wissensdurst wurzelt, wobei der Wissenschaftler die Rolle Gottes spielt. Der Unterschied zwischen dem Geschöpf und Adam liegt nach Anschauung des Geschöpfes darin, daß Gott der Schönheit seiner Schöpfung mehr Aufmerksamkeit geschenkt hat. »Gott in seiner Barmherzigkeit formte den Menschen schön und ebenmäßig nach seinem Abbild, meine Gestalt aber ist eine mißlungene Nachahmung deiner eigenen, durch die Ähnlichkeit nur noch abstoßender. Satan hatte Gefährten, seine Dämonen, die ihn verehrten und ermutigten, ich aber bin allein und werde verabscheut« (222). Das ist jedoch, wie wir gesehen haben, eine Übertreibung sowohl der ästhetischen Trefflichkeit des Menschen (wurde unser Inneres etwa auch nach dem Ebenbild Gottes geschaffen?) als auch unserer sozialen Glückseligkeit. Wenn man der Sache auf den Grund geht, sind wir *alle* grotesk mißgebildet und sozial isoliert.

Als das Geschöpf beschließt, sich den Bewohnern der Kate zu zeigen, wird ihm ein feindseliger und verständnisloser Empfang zuteil, obwohl es mit dem blinden Vater vorher ganz gut zurechtgekommen war. Der monströse Eindringling wird vom Sohn verprügelt, die Schwester fällt in Ohnmacht, und das Geschöpf flieht von der Bildfläche. Anstatt Freundschaft und Mitgefühl zu empfangen, nach denen es sich gesehnt hat, wird es wie ein gefährlicher Feind behandelt. Ganz zu Recht stellt es fest: »Ich habe einen guten Charakter und noch keinem etwas zu Leide getan, in gewisser Weise bin ich sogar wohltätig. Aber ein unseliges Vorurteil trübt ihre Augen, und anstatt in mir einen mitfühlenden, gütigen Freund zu sehen, halten sie mich nur für ein abscheuliches Ungeheuer« (228). Das ist, wie man verstehen kann, ein schrecklicher Schlag für es, und es beschließt, gräßliche Rache an seinem Schöpfer zu nehmen, weil dieser es einer derart elenden Existenz überantwortet hat. Das Geschöpf ist zu Beginn seines Lebens ganz unschuldig, wird nach moralisch irrelevanten Kriterien beurteilt, zu Unrecht abgelehnt und bestraft und beginnt erst dann, den Drang nach Rache zu verspüren. Es ist das Gefühl der äußersten Ungerechtigkeit, das seinen Zorn zum Schluß schürt. Diese Ungerechtigkeit hat ihren Ursprung in der bei menschlichen Beziehungen ausschlaggebenden Rolle des *Gesichtssinns*. Es ist das *Aussehen* des Geschöpfes, das sein Schicksal besiegelt. Wenn alle blind wären, könnte es mit einer gerechteren Aufnahme rechnen, doch der Gesichtssinn wirkt so stark, daß er jede sonstige Überlegung ausschaltet. Das Leben des Geschöpfes scheitert an der zufälligen Tatsache, daß Menschen Augen und einen Sinn fürs Ästhetische haben.[7] In einem gewissen Sinne ist es bloß Pech, daß die Dinge so geordnet sind. Hier erblicken wir einen Spiegel, der uns vorgehalten wird, damit wir alle kontingenten Umstände erkennen, die für das Schicksal der Menschen bestimmend sind. Wir alle tragen dieses erdrückende Glücksgewicht mit uns herum, das unser Schicksal bestimmt und nach unserem Eindruck gar nichts zu tun hat mit unserem eigentlichen Wesen. Das erscheint alles so durch und durch *zufällig*. Wäre das Geschöpf nicht häßlich, sondern schön erschaffen worden, wäre es ihm zweifellos ganz anders ergangen. Es ist das Opfer seiner eigenen kontingenten Hülle, und zwar genauso, wie wir selbst Opfer der uns umgebenden Hülle kontingenter Umstände sind.

Die Episode mit den Kätnern kann ohne weiteres als Gleichnis für menschliche Freundschaft gelesen werden, zumindest was einige ihrer Erscheinungsformen betrifft. Man kommt sich äußerst nahe, hegt hohe Glückserwartungen, ohne die potentiellen Freunde anders als ganz oberflächlich zu kennen. Man erblickt sie von weitem, sozusagen durch einen Spalt, obwohl man sie vielleicht tagtäglich sieht und mit ihnen spricht. Sie scheinen einem Ideal menschlicher Kameradschaft zu entsprechen. Man versucht, näher heranzukommen, und hofft mit einiger Beklommenheit, jenes spezielle Band der Intimität zu knüpfen. Man ist sich schmerzlich im klaren darüber, daß sich die anderen dabei nur an unsere äußere Identität halten können. Man möchte die Isolation überwinden, dieses Gefühl, die Dinge nur als Statist sehen zu dürfen, wobei man sie vielleicht um ihre glücklichen, reibungslosen Beziehungen beneidet. Aber es kann sein, daß sie unsere Geste der Freundschaft zurückweisen, was möglicherweise an einem belanglosen Umstand ohne Bedeutung liegt. Es kann sein, daß die anderen ohne stichhaltigen Grund Angst vor uns haben. Und selbst wenn es gelingt, Freundschaft zu schließen, besteht immer die Gefahr der Zurückweisung und der Mißverständnisse. Stets nagt der Zweifel, ob die anderen genug für mich übrig haben. Wie treu sind sie? Wann würden sie mich verraten? Im Rahmen menschlicher Beziehungen kommen solche Fragen und Befürchtungen nur allzu häufig vor. Der Begriff des *Vertrauens* ist tief in alle unsere sozialen Beziehungen verflochten, und das ist ein Begriff, der über ein gewaltiges emotionales Potential verfügt, das zum Guten wie zum Bösen gereichen kann. Das Geschöpf hat versucht, Vertrauen in seine Kätner zu setzen, und dafür hat es den Preis großen emotionalen Schadens bezahlt. Seine Freunde haben es betrogen. Von nun an ist der Haß bestimmender als alles andere.

Wut, Rache, Neid

Der durchgreifende Wandel in der Psyche des Geschöpfs hat nichts Unverständliches an sich. Es reagiert mit nachvollziehbarer Wut auf diejenigen, die es ihrerseits ungerecht behandelt haben. Kurz nach dem Vorfall mit den Kätnern wird ihm eine weitere gewaltsame Abfuhr zuteil. Nachdem das Geschöpf einem ertrinkenden Mädchen das Leben gerettet hat, wird es – wieder wegen seines furchterregenden Aussehens – auf grausame Weise von einem Bauern niedergeschossen. Über das Resultat sagt es: »Die freundlichen und sanftmütigen Gefühle, welche ich noch vor kurzem gehegt hatte, verwandelten sich in zähneknirschende Wut« (241). Jetzt wird es gewalttätig, *innerlich* monströs und trachtet, alles zu zerstören, was seinem gleichgültigen Erzeuger lieb ist. Zunächst ermordet es Victors jungen Bruder. Dann lenkt es den Mordverdacht auf die unschuldige Justine und weidet sich an ihrer Hinrichtung. Sodann bringt es Victors besten Freund Clerval um. Und schließlich erwürgt es Victors Braut, die anmutige Elisabeth, in der Hochzeitsnacht. Die Rache des Geschöpfs ist gewiß extrem, aber es wird als jemand hingestellt, der Grund zur Klage hat, nämlich daß Victor es nur erschaffen hat, um es einem elenden und einsamen Dasein zu überlassen. *Er* zumindest hätte zu seinem Geschöpf halten und dessen körperliche Unzulänglichkeiten ertragen müssen. Die gutgemeinten Handlungen des Geschöpfs und seine gütigen Gefühle sind zurückgewiesen und niedergetrampelt worden. Er ist das Opfer schlimmer Ungerechtigkeiten geworden, und jetzt muß ihm Rache zuteil werden. Der Neid, den das Geschöpf auf Victors zufriedenes, normales Leben – seine Familie, seine Freunde, seine Braut – empfindet, drängt es zu seinen bösen Handlungen. Sein Rachedurst ist daher nach menschlichem Ermessen verständlich.

Wir begehen zwar vielleicht nicht solche Verbrechen wie das Geschöpf, aber die Gefühle, von denen es dazu bewogen wird, sind uns nicht fremd. Auch wir können unter dem stechenden Schmerz der auf bloßen Äußerlichkeiten basierenden Ablehnung leiden; auch wir können auf diejenigen neidisch sein, die (wie wir meinen) nicht ebenso von der Gesellschaft ausgeschlossen sind wie wir selbst. Es kann so aussehen, als führten andere Menschen ein zauberhaftes Leben, von dem wir selbst zu Unrecht ausgeschlossen sind. Victors Zusammenleben mit Angehörigen und Freunden ist zweifellos bis zur Lächerlichkeit idealisiert – es gibt niemanden, dem menschliche Beziehungen so reines Glück bereiten. Aber so stellen wir uns das Leben der glücklichen Anderen leicht vor (bis der Vorhang grob zurückgezogen wird). Verglichen mit diesem Ideal wirkt das eigene Leben eher kümmerlich. Und selbst wenn man das Gefühl hat, mit den eigenen persönlichen Beziehungen Glück gehabt zu haben, schwebt einem dennoch ein Bild vor, das über alles im menschlichen Leben Erreichbare hinausgeht. Man hat die Vorstellung von einem sozialen Utopia, mit dem verglichen unser wirkliches Leben kläglich unvollkommen ist. Die Empfindungen des Geschöpfes können wir also ohne weiteres verstehen. Seine Wut ist uns begreiflich, denn es ist eine Wut, die wir in schwächerer Form selbst kennen. Als das Geschöpf Victor erklärt, was es mit seinem Leben auf sich hat, erkennen wir, daß sein Leben auch das unsere hätte sein können. Wir sehen sogar, daß es das unsere *ist*, wenn man es aus schiefem Winkel und vergrößert betrachtet.

Das Geschöpf bietet Victor einen Ausweg an, auf dem er sich der geplanten Rache entziehen könne. Dieser Ausweg soll darin bestehen, daß er eine weibliche Partnerin erschafft, die ebenfalls aus Leichenteilen zusammengesetzt ist, die auch häßlich ist und die von den Menschen verachtet wird. Beinahe erfüllt Victor diese Forderung, um nur ja von seinem »Sohn« in Ruhe gelassen zu werden. Aber im letzten Augenblick macht er einen Rückzieher, denn er fürchtet den Schaden, den die beiden der Menschheit zufügen könnten, er macht sich Sorgen wegen der

Möglichkeit, daß das weibliche das männliche Geschöpf zurückweisen könnte, und er ist bekümmert wegen der Aussicht, daß sie es womöglich *nicht* zurückweist, so daß schreckliche Nachkommen auf die Erde losgelassen würden. Also wird dem Geschöpf in seiner Isolation sogar dieser Trost genommen, obwohl es gelobt, zusammen mit seiner Partnerin in die Eiswüste des Nordens zu verschwinden und die Menschheit nie wieder zu belästigen. Auch hier ist uns die Psyche des Geschöpfs vertraut. Wir suchen ebenfalls den tröstenden Partner, dessen Gesellschaft uns genügt, der unsere Unzulänglichkeiten akzeptiert und der uns nicht so zurückweist wie andere. Wir streben nach einer idealen Bindung aus romantischer Liebe, einer endgültigen Lösung des Einsamkeitsproblems. *Das* würde, wie wir meinen, unsere grundlegendsten Bedürfnisse erfüllen. Aber uns gelingt es ebensowenig wie dem Geschöpf, das Gesuchte zu finden. Nichts scheint sich zu dem Erhofften zusammenzufügen. Das Ich bleibt im Grunde unangetastet, auf allen Seiten von Gräben und Mauern umgeben.[8] Dem menschlichen Wünschen wohnt so etwas wie notwendige Unerfüllbarkeit inne: Es ist übertrieben, unrealistisch, von unerbittlichem Platonismus geprägt. Das Vorgestellte ist immer reiner und feiner als das Erreichte. Eben darum zieht die Erfüllung der Wünsche – besonders der romantischen Wünsche – oft die schlimmsten Depressionen und Enttäuschungen nach sich. Das Wünschen ist von Phantasie erfüllt, und die Phantasie trägt uns in unmögliche Welten der Befriedigung und Wonne.[9] Wir wissen also, was es heißt, wenn die Aussichten auf romantische Wonne zunichte gemacht werden. Victor zerreißt die künftige Partnerin des Geschöpfs vor dessen Augen, und das ist eine außerordentlich eindringliche und entsetzliche Weise, die eigenen romantischen Hoffnungen zerschmettert zu sehen. Das Geschöpf wird in seiner Liebe enttäuscht, ehe seine Braut den ersten Atemzug tut.

Kurz, das Geschöpf ist ein Wesen, das diese trostlosen Wahrheiten des menschlichen Lebens auf konkrete und praktische

Weise erfährt. Es dramatisiert die Grundstruktur unserer eigenen Existenz. Seine Lebensgeschichte enthält eine philosophische Pointe bezüglich der Frage, wer und was wir eigentlich sind.

»Ich werde in deiner Hochzeitsnacht bei dir sein«

Da dem Geschöpf keine eigene Partnerin vergönnt ist, wird es dafür sorgen, daß auch Victor nicht in den Genuß ehelicher Freuden kommt. Es warnt Victor: »Mensch, du magst mich hassen, doch sieh dich vor! Du wirst Stunden des Jammers erleben, und bald wird der Blitz niederfahren, der dich für immer unglücklich macht. Sollst du etwa glücklich sein, während ich zerschmettert am Boden liege?« (288). Und dann stößt es seine gefürchtete Drohung aus: *»Ich werde in deiner Hochzeitsnacht bei dir sein.«* Diese Formulierung wird dann im Text mehrmals wiederholt, immer in Kursiven und überaus pointiert. Als solche *besagt* sie zwar nicht, daß ein Mord begangen werden wird, aber eben das ist es, was geschieht. Die Formulierung selbst ist rätselhaft finster und vielsagend. Was bedeutet sie? Warum wird sie mit solcher Vehemenz geäußert? Sie klingt seltsam und stellt sich als eine Art Rätsel dar. Anscheinend soll so etwas wie Zusammenarbeit oder Einverständnis angedeutet werden. Welcher Art jedoch? Jedenfalls werden die Worte von Victor tragisch mißverstanden, denn er begreift sie als eine verhüllte Morddrohung, die sich auf ihn selbst bezieht, während der scharfsinnige Leser errät, daß das Geschöpf eher Victors Braut Elisabeth im Sinn hat. Hier scheint Victor geradezu vorsätzlich zu verkennen, was völlig offensichtlich sein sollte. Das Ergebnis seines Irrtums ist die Ermordung seiner Braut.

Man könnte meinen, aus der Formulierung sei ein Anflug von Homoerotik herauszuhören und das Geschöpf wolle sagen, daß hochzeitlich gesprochen nicht Elisabeth, sondern es selbst bei Victor sein werde. Aber dem entsprechen keine sonstigen Anklänge dieser Geschichte, und in sexueller Hinsicht steht das Geschöpf offenbar auf der heterosexuellen Seite. Es hat also nicht die Absicht, in der Hochzeitsnacht die Stelle der Braut einzunehmen. Ich möchte in Einklang mit der hier vorgeschlagenen allgemeinen Interpretationsrichtung meinen, daß der freilich verhüllte Sinn der Äußerung des Geschöpfs folgender ist: In der Hochzeitsnacht wird Victor *selbst* ein Monstrum sein. Das Monstrum wird in dem Sinne »bei« ihm sein, daß Victor dann eine monströse Identität annehmen wird. Ob Mary Shelley diese Bedeutung bewußt gemeint hat, weiß ich nicht[10], aber diese Interpretation macht verständlich, was sonst ein literarisches Rätsel wäre, und sie paßt nach meiner Deutung zur Gesamtthematik des Buchs. Der angedeutete Gedanke besagt, daß in Victors Hochzeitsnacht, die zugleich die Nacht von Elisabeths Entjungferung ist, ein Akt von einiger Bestialität vollzogen wird, ein Akt, der Verwundung und Blut beinhaltet. Während Victor bisher die liebevolle und sanfte Bruderfigur war, wird er nun in ein sexuelles Monstrum verwandelt. Sex offenbart nicht nur die eher monströse Seite des menschlichen Körpers, sondern er bringt auch eine monströse Psyche zum Vorschein. Sex verlangt einen Akt monströser Verletzung, der mit monströser Raserei einhergeht. So jedenfalls konnte es einer Jungfrau zu Beginn des 19. Jahrhunderts erscheinen. Die Befürchtungen der Braut nehmen die Form der Angst vor dem Monstrum an, das in der Nacht ihrer Defloration aus ihrem neuen Gatten hervortreten wird. *Sie* wird in ihrer Hochzeitsnacht mit einem Monstrum zusammensein.

Das Geschöpf verkündet klar und deutlich, daß es in der Nacht der Entjungferung da sein und daß es *bei* Victor sein wird, als wolle es gemeinsam mit ihm handeln. Was geschieht nun wirklich in dieser Nacht? Elisabeth törichterweise allein lassend, schreitet Victor durch die Gänge, um nach dem Geschöpf zu suchen.

> Da hörte ich einen schrillen Schrei. Er kam aus Elisabeths Zimmer … Sie lag starr, leblos quer über dem Bett, ihr

> Kopf hing hinunter, die Haare verdeckten teilweise ihr bleiches, verzerrtes Gesicht. Wohin ich mich auch wenden mag, immer habe ich dasselbe Bild vor mir, die blutlosen Arme und den vom Mörder aufs bräutliche Totenbett geschleuderten Körper. (334 f.)

Daß sie von dem Geschöpf geschändet und vergewaltigt wurde, ist nicht auszuschließen. Gewiß ist ihr auf ihrem Brautbett körperliche Gewalt von ihm angetan worden. Das Geschöpf hat einen gewalttätigen Akt an ihr begangen, von dem man annehmen könnte, daß er den Geschlechtsakt symbolisieren soll, den Victor gleich hätte vollziehen sollen. Wer übergroße Angst vor dem ersten Geschlechtsakt hat, könnte ihn sich durchaus in derart übertriebener Form ausmalen. Das Geschöpf hat in Elisabeths Hochzeitsnacht tatsächlich als ein gewalttätiges Monstrum an ihr gehandelt, wie es Victor in weniger schlimmer Form womöglich ebenfalls getan hätte. Die Analogie zwischen ihnen ist sicher zu finden.

Der Grund, weshalb die unheilvolle Formulierung des Geschöpfs dermaßen herausgestrichen wird, besteht demnach darin, daß auf die monströse Natur der sexuellen Anlagen des Mannes aufmerksam gemacht werden soll. Damit wird angedeutet, daß der Mann durch Sex in ein Wesen anderer Art verwandelt werden kann, in ein triebhaftes und gewalttätiges, nicht wiederzuerkennendes bestialisches Wesen. Das Geschöpf ist schließlich ein *männliches* Monstrum, das mit allen für diese spezielle Spielart des Typus kennzeichnenden Begierden und Accessoires ausgestattet ist. Diese Andeutung wird im Text natürlich nicht offen ausgesprochen – das wäre unfein, um es mild auszudrücken –, aber es ist durchaus nicht unplausibel, ihr Vorhandensein dort aufzuspüren. Das sexuelle Monstrum gehört schließlich zu den besonders zugänglichen Erscheinungsformen der Monstrosität.

Tod

Und wie stirbt das Geschöpf? Einsam und den schlimmen Elementen Feuer und Eis ausgeliefert, indem es auf einem Floß im arktischen Meer verbrennt. Sein Tod ist dramatisch und elementar. Es stirbt, ohne die Qual seiner Abgeschiedenheit je zu lindern. Sobald Victor tot ist, hat es keinen Grund mehr zu leben, denn jetzt ist jeder menschliche Kontakt, den es je gehabt hat, ausgelöscht. »Ich werde sterben. Ich werde nicht mehr die Seelennot fühlen, die mich jetzt verzehrt, und nicht mehr die Beute unbefriedigter, aber unerfüllbarer Wünsche sein. Der mich ins Leben gerufen hat, ist tot, und wenn auch ich nicht mehr bin, wird die Erinnerung an uns beide bald ausgelöscht sein« (382). Für das Geschöpf ist der Tod die einzige Lösung der Einsamkeitsqual. Es stirbt allein und weil es allein ist.

Aber auch dieser Einsamkeit entspricht etwas in der menschlichen Erfahrung. Wir sind nie in höherem Maße allein als im Tode, wenn das individuelle Bewußtsein seine einsame Fahrt in die Nichtexistenz (oder wohin auch immer) antritt. Keiner kann uns begleiten oder unsere Hand halten. Wer stirbt, verläßt den Bereich menschlicher Verbindungen. Und ebenso, wie der Einsamkeit des Geschöpfes letztlich nur durch den Tod abgeholfen werden kann, verhält es sich auch bei uns: Die solipsistische Notsituation gelangt erst dann zu einem Abschluß, wenn das Ich gar nicht mehr da ist, um seine wesentliche Getrenntheit von anderen zu spüren. Erst wenn ich nicht mehr *bin*, höre ich auf, *nicht* du zu sein. Da es in der wesentlichen Natur des Ichs liegt, allein zu sein, kann diesem Zustand nur ein Ende bereitet werden, wenn auch das Ich aufhört.

Das Geschöpf stirbt durch Feuer. Das Feuer ist vielleicht die dramatischste und schrecklichste der Elementarkräfte: gierig und blind, ätherisch, aber dennoch tödlich. Das Feuer steht für das Anarchische und Unkontrollierbare in der Natur, und wir fürchten es mehr als alles andere. Gegen seine federleichte Berührung hat bloßes Fleisch keine Aussicht. Das Feuer kann Leben erhalten, aber es kann das Leben auch genauso leicht nehmen. Beim Tod durch das Feuer stellt die Natur ihre unwiderstehliche Macht über das menschliche Dasein unter Beweis. In dieser Hinsicht symbolisiert das Feuer jedoch alle unaufhaltsamen Kräfte, die zu unserer Auslöschung führen. Letzten Endes werden wir alle von solchen natürlichen Feinden verzehrt. Das Geschöpf hat sein ganzes Leben lang mit der Natur gerungen, aber zum Schluß wird es von ihr besiegt. Früher oder später müssen wir alle ihr unterliegen. Die Natur ist die unentrinnbare Helferin des Todes – sie ist das letzte Zerstörungsmonstrum.

Fazit

Das Leben des Geschöpfes ist nach meinem Vorschlag ein Modell oder Spiegel des menschlichen Lebens, und zwar nicht in dem banalen Sinn, daß »wir alle auch eine böse Seite haben«, sondern in dem Sinn, daß sein eigentliches Wesen für die Grundstruktur der menschlichen Existenz steht. Damit will ich natürlich nicht sagen, daß dieses trostlose Bild des menschlichen Lebens die ganze Wahrheit ausmacht; aber es ist ein Teil der Wahrheit, und zwar der Teil, den wir lieber außer acht lassen. In *Frankenstein* erhalten wir die Möglichkeit, diesen Teil der Wahrheit in der Phantasie zu erleben, indem wir ihn auf ein Wesen projizieren, das wir als etwas uns Fremdes begreifen können. Doch während der ganzen Zeit, da wir es nach außen projizieren, erkunden wir unsere eigenen Ängste und Ungewißheiten. Das Geschöpf fasziniert uns, weil wir in ihm soviel von uns selbst in verhüllter Form sehen. Es vermittelt ein Gefühl der Sicherheit, wenn wir unsere eigene Situation in dieser Weise erkunden, denn wir können uns dabei sagen, daß all dies einer anderen Person widerfährt. Wollte man diesen Stoff direkt behandeln und den Leser bewußt in die Lage versetzen, in der er sich in Wirklichkeit ohnehin schon befindet, so wäre das zu beunruhigend. Daher wird hier indirekt und metaphorisch vorgegangen. Die Geschichte scheint besonders bei jungen Menschen Anklang zu finden, vor allem bei Heranwachsenden, und nach meiner Vermutung liegt das daran, daß die darin enthaltenen düsteren Wahrheiten über das menschliche Leben dem jugendlichen Verstand allmählich klar werden. Die offenen Augen und der nicht abgestumpfte Geist der Jugend sind bereit, diese schroffen Realitäten in sich aufzunehmen. Als Mary Shelley diese Geschichte schrieb, war sie, wie schon bemerkt, selbst noch fast eine Heranwachsende. Die Gefahren der Natur, das Problematische im Familienleben, die Schwierigkeiten des menschlichen Zusammenlebens, die Realitäten des Leibes und dessen soziale Rolle, die Aussicht auf lebenslängliche Gefangenschaft in der eigenen Subjektivität, Neid auf andere, Unrechtsgefühle, Wut, Extreme der Hochstimmung und der Verzweiflung – alle diese Dinge belasten das Bewußtsein des Heranwachsenden mit voller Kraft. Nach einer gewissen Zeit werden wir taub für diese Elementartatsachen, oder wir entwickeln Verfahren, um uns gegen sie zu wehren. Aber der Heranwachsende betrachtet sie mit runden und weit geöffneten Augen voller Ich-Bewußtsein.

Diese ganze Malaise enthält allerdings auch eine tröstliche Botschaft. Falls das sentimental geschilderte Familienleben Victors in Wirklichkeit bloßer Schein ist, befinden wir uns jedenfalls alle in der gleichen schwierigen Lage: Wir alle sind Frankensteins Monster, und keiner von uns ist Frankenstein. Zum Schluß sorgt das Geschöpf dafür, daß Victors Lage nicht mehr viel besser ist als seine eigene, was zugleich die Unwirklichkeit der vorherigen Schilderung von Victors Leben bestätigt. Das Geschöpf hat der Welt mit rohen physischen Mitteln die Wahrheit aufgezwungen. Seine elende Situation wird die Norm. Es beseitigt den Abstand zwischen sich selbst und uns. Wir alle leben in der gleichen privaten Hölle. Wir sind samt und sonders einsame Monster, die voller Bitterkeit und Reue durch die

Wildnis rasen und auf den Tod warten, damit er uns aus dieser Isolation erlöse. Es ist nicht so, als würden einige von uns ein ontologisch zauberhaftes Leben führen, während andere zur Monstrosität verdammt sind, sondern wir *alle* sind groteske Träger einer nicht zu behebenden Einsamkeit. Wäre ich Victor gewesen, hätte ich dem Geschöpf diesen Standpunkt klargemacht; dann hätte es eingesehen, daß seine Lage gar nicht so einzigartig war, wie es annahm. Eigentlich bestand gar keine Notwendigkeit, sich durch Annäherung ihrer Lebenslagen an Victor zu rächen, denn sie befanden sich – wie wir alle – *schon vorher* in der gleichen unabdingbaren Not. Sachlich und oberflächlich gesehen, gibt es freilich enorme Unterschiede zwischen Victor und seinem Geschöpf. Aber es gibt auch eine Perspektive, aus der sie nicht himmelweit verschieden aussehen.

Außerdem veranschaulicht die Geschichte eine weitere Einsicht, nämlich die Möglichkeit, alltäglichen Wahrheiten Interesse und Gestalt zu verleihen, indem man sie durch eine phantasievolle Erzählung zum Ausdruck bringt. Es gibt bestimmte Grundtatsachen, die wegen ihrer Wichtigkeit für uns ständig von neuem entdeckt und umformuliert werden müssen. Doch wenn man sie, wie ich es vorhin getan habe, in schlichter Form darlegt, nimmt man ihnen häufig ihre Lebendigkeit und degradiert sie zu Banalitäten. Aber oft sind es gerade die Banalitäten, an denen wir unseren Geist üben müssen, ohne daß sie uns dabei wie Banalitäten vorkommen. Ein gelungenes Werk der Literatur ist eben eine Umgestaltung des Offensichtlichen, die es uns ermöglicht, es wie etwas Neues zu sehen. Man braucht gar nicht unbedingt etwas Neues zu sagen, sondern es genügt, den Leser an das zu erinnern, was er schon weiß (und sei's auch nur implizit). Gerade in dieser Hinsicht ist *Frankenstein* eine beeindrukkende Leistung, denn Mary Shelley hat einen Weg gefunden, das Offensichtliche zu sagen, während sie über außergewöhnliche Ereignisse zu berichten scheint. In diesem Sinne macht Percy Bysshe Shelley im Vorwort zu *Frankenstein* die scharfsinnig Bemerkung, das Buch biete »der Phantasie einen Blickpunkt, von dem die menschlichen Leidenschaften umfassender und übersichtlicher gezeichnet werden können als von irgendeinem anderen, den die Geschehnisse unter normalen Verhältnissen bereitstellen können«. So wird uns das Ungewöhnliche des Gewöhnlichen zum Bewußtsein gebracht.

KAPITEL 8

Schluß: Geschichten und Moral

Die neuere Moralphilosophie hat, soweit sie der analytischen Tradition angehört, der Sprache sehr viel Aufmerksamkeit geschenkt. Sie stellt Fragen wie diese: Sind moralische Äußerungen Tatsachenbehauptungen oder Äußerungen von Gefühlen oder verhüllte Imperative? Gibt es so etwas wie ein »ist«, aus dem sich ein »sollen« ableiten ließe? Wie sind Worte wie »tapfer« und »großzügig« zu analysieren? Was bedeutet es, wenn man jemandem ein Recht zuspricht? Worauf bezieht sich das Wort »gut«? Aber trotz dieser Konzentration auf die Sprache der Moral ist nur selten gefragt worden, welche Diskursform besonders geeignet ist, um ethische Informationen mitzuteilen oder zu ethischen Reflexionen anzuregen. Wie verwenden wir die Sprache, um moralische Gedanken zu verdeutlichen? Welche Arten von »Text« gelten als geeignet für die moralische Bildung? Hier müssen wir auf umfassendere Strukturen der moralischen Rede blicken, in deren Rahmen moralische Ansprüche überzeugend dargestellt werden. In der Wissenschaft ist die *Theorie* der Rahmen des Diskurses der Überredung – welches ist nun der Rahmen der moralischen Überredung? Wie verfahren wir faktisch, wenn wir moralische Lehren verbreiten bzw. uns aneignen? Meiner Meinung nach hat die analytische Moralphilosophie durch Nichtberücksichtigung dieser Fragestellung das Studium der Ethik auf recht unnatürliche Weise eingeschränkt, und zwar nicht nur auf sprachlicher Ebene, sondern auch im Hinblick auf die erörterten Themen. Abschließend möchte ich nun einen knappen und programmatischen Blick auf das Verhältnis zwischen der Moral und einigen Textsorten werfen (wobei »Text« jede – sei es gesprochene oder geschriebene oder auch nur erwogene – Art von sprachlicher Äußerung einschließt).

Es gibt, wie ich meine, zwei herkömmliche Vorbilder für moralische Texte, die praktischerweise beide durch Beispiele aus der Bibel veranschaulicht werden können. Der erste Texttypus wird von den Zehn Geboten exemplifiziert. Das ist eine Liste moralischer Vorschriften, die in diesem Fall von Gott diktiert wurden und dazu bestimmt sind, auswendig gelernt und befolgt zu werden: »Du sollst nicht stehlen« usw. Die Form der Sätze ist hier einfach und uneingeschränkt, und die darin enthaltenen Befehle sollen mechanisch befolgt werden. Diese Liste bildet so etwas wie ein Handbuch der Moral. Sie gibt an, was man tun muß, um ein guter Mensch zu sein. Es wird kein Versuch unternommen, die moralischen Vorschriften in ein Verhältnis zu dem jeweiligen Charakter, den Motiven oder dem konkreten Zusammenhang zu setzen. Die ethischen Verfügungen existieren in ihrem eigenen, unabhängigen Reich, wo sie den Willen Gottes oder das Sittengesetz zum Ausdruck bringen. In puncto Abstraktheit und Allgemeinheit ähneln sie den Axiomen der euklidischen Geometrie. Spinoza hat bekanntlich den Versuch unternommen, einen moralischen Text zu verfassen, der dem Vorbild der *Elemente* Euklids folgen sollte.[1] Sie alle haben die Vorzüge der Klarheit, Eindringlichkeit und Einprägsamkeit. Man beherzige sie, und man wird nicht weit in die Irre gehen. Dies möge der *Gebotsstil* der moralischen Rede heißen.

Daneben gibt es aber einen weiteren Stil der Vermittlung moralischer Lehren, und dieser Methode des ethischen Unterrichts hat sich Jesus von Nazareth gern bedient, indem er Gleichnisse benutzte. In diesen Fällen wird eine Erzählung konstruiert, in der konkrete Charaktere vorkommen, die verständliche Motive und Persönlichkeitszüge haben und in Situationen geraten, in denen eine Entscheidung getroffen werden muß, wie z. B. beim

Gleichnis vom verlorenen Sohn.[2] Metaphern können häufig zum Einsatz kommen (man denke etwa an das Gleichnis vom Sämann)[3], und vielfach nimmt das Gleichnis die Form eines Rätsels an, das auf seiten des Hörers eine gewisse Interpretationsleistung verlangt. Im Regelfall endet ein solches Gleichnis mit einer Frage, die den Hörer auf die Probe stellt, um festzustellen, ob er die aufgeworfenen moralischen Probleme begriffen hat (man denke an das Gleichnis von den anvertrauten Pfunden).[4] Diese Art von moralischen Texten funktioniert, indem sie die volkspsychologischen Kenntnisse des Hörers in Anspruch nimmt und sie in einem dramatischen oder narrativen Kontext zur Anwendung bringt. Die ethische Lehre soll sich mittels dieser Aktivierung zusammenwirkender Fähigkeiten von selbst ergeben. Solche Texte ähneln nun gerade *nicht* den *Elementen* Euklids oder irgendeiner anderen wissenschaftlichen Abhandlung. Vielmehr ist das Gleichnis ein kleines Kunstwerk, das nicht nur moralische Aufmerksamkeit verlangt, sondern auch ästhetisch beurteilt sein will. Es bedient sich der Kraft der Erzählform, um eine moralische Lektion zu lehren. Dementsprechend braucht es nicht wortwörtlich auswendig gelernt zu werden, sondern es bedarf der *Interpretation*. Der Stoff muß geistig verarbeitet und verdaut werden. Dieser Stil möge der *Gleichnisstil* des moralischen Diskurses heißen.

Nach meinem Eindruck haben sich die Philosophen in zu hohem Maße vom Gebotsparadigma und nicht genügend vom Gleichnisparadigma beeinflussen lassen. Der moralische Diskurs ist im wesentlichen als eine Liste moralischer Vorschriften oder Behauptungen gedeutet worden, und die einzige Frage ist die nach der richtigen Analyse dieser Vorschriften oder Behauptungen. »Stehlen ist verfehlt« – wie lautet die richtige Analyse dieses Satzes? Diese Tendenz spiegelt wahrscheinlich die kulturelle Tradition, in der die Philosophen stehen, zumindest insoweit es darum geht, wie die moralischen Fragestellungen formuliert werden. Die moralische Erziehung ist hauptsächlich mit

Hilfe von Sätzen der Form »Tu dies! Tu jenes nicht!« bewerkstelligt worden. Aber auch durch den Einfluß der Wissenschaft wird diese Tendenz verstärkt: Ersonnen werden müsse ein ethisches *System* oder eine ethische *Theorie*, die – in Analogie zu den Prinzipien der Physik und der Chemie – aus Gesetzen und Axiomen besteht. Die Zehn Gebote haben die gleiche Grundstruktur wie die Newtonschen Gesetze oder die Tabelle der chemischen Elemente. Sie bilden eine Liste isolierbarer Einheiten, deren logische Form universell ist und die gemeinsam bestimmen, wie sich die Dinge verhalten sollen. Diese moralischen Gesetze (man beachte das Wort!) betreffen tendenziell Handlungen, und bei ihrer Formulierung spielt das Wort »sollen« eine wichtige Rolle. Das moralische Denken befaßt sich im Grunde mit dem, was wir *tun sollen*. Diese Auffassung wird überdies von einer Anschauung der Moral unterstützt, wonach diese einer Menge von Gesetzen im juristischen Sinne ähnlich sei, also einer Liste von Statuten, welche diverse erlaubte bzw. verbotene und mit Strafen belegte Handlungen nennen. Unmerklich wird die Ethik so zum Studium der ethischen Handlungsregeln, bei denen es sich um normative Verallgemeinerungen handelt, die angeben, wie man sich verhalten sollte. Derartige Regeln lassen sich leicht von der Kanzel predigen. Man kann sie auch auswendig lernen, wie es häufig mit mathematischen und naturwissenschaftlichen Kenntnissen geschieht. Sie bedürfen außerdem kaum einer subtilen Betrachtung oder der Interpretation, sondern der Hörer wird dazu angehalten, die betreffenden moralischen Vorschriften passiv in sich aufzunehmen und sodann ihnen entsprechend zu handeln. Solche Vorschriften kommen auch manchem peniblen Moralphilosophen gelegen, der sich dann an sie halten kann, denn sie sind Inseln relativer Klarheit in einem moralischen Leben, das verwirrend und verfahren wirken kann. Techniken der logischen Analyse lassen sich problemlos anwenden, und die Resultate können mit angeschlossenem QED verkündet werden. Bei einem Gebot weiß man, woran man ist.

Aber neben – und vielfach im Wettstreit mit – dieser Tradition ethischer Äußerungen gibt es die Form der Geschichte, zu der nicht nur das Gleichnis gehört, sondern auch das Schauspiel, die Kurzgeschichte, das Epos, der Roman und der Film. Im Rahmen dieser Formen werden ethische Themen in dramatische Handlung umgesetzt, Charaktere vorgeführt, Komödien und Tragödien auf Beispiele bezogen. Die Kunst wird in den Dienst der Moral gestellt, und zwar in vielen verschiedenen Weisen.[5] Hier sind es nicht unsere wissenschaftlichen Fähigkeiten und Denkweisen, die aktiviert werden, sondern unsere künstlerischen Fähigkeiten in ihrer ganzen Komplexität und Verzweigtheit. Wir müssen uns auf einen gewaltigen Vorrat an nicht artikulierten Kenntnissen des menschlichen Lebens stützen. Diese Kenntnisse lassen sich nicht ohne weiteres zu theoretischen Prinzipien verschlüsseln, und unsere ästhetischen Reaktionen spielen dabei eine wichtige Rolle. So betreten wir Neuland, wo sich der wissenschaftlich geschulte Philosoph analytischer Schule beruflich leicht unzuständig fühlt. Normale Menschen hingegen – und das heißt: wir alle – finden diese Art des moralischen Diskurses besonders appetitlich und nahrhaft. Sie ist, wie es scheint, vollkommen dazu bestimmt, unsere moralischen Fähigkeiten in Anspruch zu nehmen. Unser moralisches Verstehen und die Form der Geschichte scheinen wie füreinander gemacht. Auswendiglernen ist nicht nötig; alles scheint ganz wie von selbst zu laufen. Dies ist die Art und Weise, in der unser moralisches Vermögen *gern* arbeitet. Es kostet kaum Mühe – ja, es ist sogar angenehm –, eine Geschichte zu erfassen, obwohl die Geschichte vielleicht eine Fülle moralisch wichtiger Andeutungen enthält.

Insbesondere der Roman ist eine ganz andere Textsorte als die wissenschaftliche Abhandlung. Der Roman ist auch völlig verschieden von philosophischen Texten, bei denen sich die Philosophen natürlich besonders wohl fühlen. Die Romanform ist daher von den Philosophen tendenziell außer acht gelassen worden. Der Roman ist nicht der Ort, an dem sie nach kanonischen Äußerungen ethischer Wahrheit suchen.[6] Dennoch ist der Roman für die meisten gebildeten Menschen offensichtlich eines der wichtigsten ethischen Informationsmittel. Der Film spielt bei den weniger am Wort Interessierten eine ähnliche Rolle. Bei der Lektüre eines Romans macht man ethische Erfahrungen, die mitunter recht tiefschürfend sind, und man gelangt zu ethischen Schlußfolgerungen, indem man manche Charaktere verurteilt und andere bewundert. Man *durchlebt* (während man im Sessel sitzt) eine bestimmte Reihe moralischer Herausforderungen, wenn man sich in das Leben der vorgeführten Charaktere hineinversetzt. Häufig dient der Roman dazu, eine gemeinsame menschliche Erfahrung herauszukristallisieren und dieser – wie ich es im vorigen Kapitel anhand des Beispiels *Frankenstein* dargelegt habe – in der Phantasie einen gewissen Drall zu geben. Geschichten können moralische Fragen pointieren und klären, indem sie eine dialektische Beziehung herstellen zwischen der eigenen Erfahrung des Lesers und den Schicksalsprüfungen, die von den Romancharakteren bestanden werden müssen. Enorm viele moralische Gedanken und Gefühle kommen ins Spiel, wenn man Romane liest (bzw. Stücke oder Filme sieht oder sich mit Gedichten und Kurzgeschichten befaßt). Eigentlich ist es keine Übertreibung, wenn man behauptet, dies sei für die meisten Menschen vor allem im Rahmen der heutigen Kultur das wichtigste Mittel zur Aneignung ethischer Einstellungen. Unser ethisches Wissen ist ästhetisch vermittelt. Bei der moralischen Bildung gibt es ein offensichtliches Wechselspiel zwischen Kunst und Ethik: Das Künstlerische und das Ethische werden gleichzeitig und auf komplexe, einander durchdringende Weisen verarbeitet. Das ist nicht der schlichte Gebotsansatz ethischer Schulung, aber es ist ein Ansatz, der funktioniert und überaus weit verbreitet ist. Nach meiner Einschätzung ist das dermaßen offensichtlich, daß es mir nachgerade peinlich ist, darauf hinzuweisen.

Trotz allem lassen die Philosophen jedoch den Beitrag literarischer Werke zum ethischen Verständnis systematisch außer acht. Eines meiner Ziele in diesem Buch besteht darin, diese Tendenz zu korrigieren. Es sollten Versuche gemacht werden, mit der Einbettung des Ethischen ins Literarische zurechtzukommen, denn wir benötigen neue Methoden und Stile der Erörterung von Geschichten und Moral. Unsere Erörterungen werden weniger abstrakt und dafür unmittelbarer sein, denn nun kommen wir näher an die gelebte ethische Erfahrung heran. Man wird einsehen, daß das Ethische untrennbar mit anderen – vor allem ästhetischen – Belangen verknüpft ist, aber auch mit spezifischen Details bezüglich der Charaktere und des Zusammenhangs. Die allquantifizierte ethische Vorschrift wird hier nicht die Standardform sein (was allerdings nicht heißt, daß ich etwas gegen diese Form habe, wenn sie an angemessenem Ort auftaucht). Wir werden das Allgemeine und das Besondere in einer Art und Weise vermischen müssen, die für die orthodoxe ethische Abhandlung keineswegs typisch ist. Vor allem werden Fragen des *Charakters* weit größere Bedeutung erlangen, sobald man in dieser Form an die Ethik herangeht, denn literarische Werke handeln durchweg von der Wechselbeziehung zwischen Charakter und Verhalten. Die herkömmliche Konzentration auf moralische Normen und Handlungstypen wird hier kein angemessenes Werkzeug sein. Um eine Person ethisch zu beurteilen, muß man imstande sein, ihren Charakter zu analysieren, und die Literatur stellt dafür immer noch (und wahrscheinlich auch künftig) das beste begriffliche Rüstzeug zur Verfügung. In der Literatur ist der Charakter eine *Conditio sine qua non*. Für die Literatur ist der Charakter das, was Raum und Zeit für die Physik sind.

Damit wird ein ganzer Bereich moralischen Interesses erschlossen, der von der üblichen Einteilung in Metaethik und normative Ethik nicht abgedeckt ist. Im vorliegenden Buch ist der Versuch gemacht worden, einen Teil dieses Bereichs in Beschlag zu nehmen und seine potentielle Ergiebigkeit aufzuzeigen. Es ist nicht so, als wäre es prinzipiell *unmöglich*, diesen Fragen anders als durch Einordnung in einen literarischen Zusammenhang nachzugehen. Doch in diesem Zusammenhang ist ihre Erforschung besonders naheliegend, und es sind literarische Werke, von denen sie oft in fruchtbarer Weise aufgeworfen werden. Es ist enorm hilfreich, wenn man es mit einem bestimmten Charakter in einem spezifischen Kontext zu tun hat, mit Bezug auf den ethische Ideen ins Spiel gebracht und erprobt werden können. Ohne diese Spezifizität verliert die Diskussion leicht ihre Lebendigkeit und ihren Halt, so daß die moralischen Allgemeinheiten schlaff in der Luft hängen. Die Stärke einer ethischen Idee liegt in ihren Anwendungen, also darin, wie sie *sich darstellt*. In der Literatur kann man eine ethische Idee auf Herz und Nieren prüfen und ihre Fähigkeit erproben, Zustimmung von anderer Seite zu finden. Außerdem können wir ihre Justierungsmöglichkeiten, ihre Grenzen und ihre Rückwirkungen erkunden. Wir können uns der moralischen Realität in ihrer ganzen Komplexität und mit all ihren Dramen stellen.

Das Gute und das Böse können wir mit Hilfe des literarischen Werks in einer Weise *sehen* und *spüren*, in der das keiner philosophischen Abhandlung gelingt, es sei denn, sie nähme die Errungenschaften der Literatur mit an Bord. Das Unlebendige und die Fadheit, die der akademischen Moralphilosophie oft zum Vorwurf gemacht werden, würde man gar nicht empfinden, wenn die Rolle der Literatur im moralischen Diskurs ernster genommen würde. Denn die moralische Erfahrung lebt von der Geschichte. Ich merke oft, um wieviel engagierter und scharfsichtiger meine Studenten sind, wenn ich einer ethischen Lehrveranstaltung keinen philosophischen, sondern einen literarischen Text zugrunde lege. Außerdem bemerke ich an ihren moralischen Äußerungen kaum etwas von dem üblichen (und deprimierenden) altklugen Relativismus, sobald die Taten bestimmter Charaktere im Brennpunkt ihrer Aufmerksamkeit stehen. Das ist nach meinem Dafürhalten ein Beleg dafür, daß die literarischen Werke ihr wirkliches moralisches Vermögen in Anspruch nehmen: Jetzt sind sie moralisch engagiert, empört oder mitfühlend, völlig vertieft in moralische Begriffe und nicht abgelenkt von philosophischen Belanglosigkeiten.[7]

Hier könnte man einwenden, meine Betonung der Erzählform als eines Vehikels moralischen Denkens sei durchaus vereinbar mit einem Verfahren, das lieber aus dem wirklichen Leben gegriffene Episoden in den Brennpunkt des Interesses rückt. Warum sollten wir unsere Aufmerksamkeit nicht Biographien, historischen Werken oder Zeitungsmeldungen zuwenden? Dies sind allesamt konkrete Erzählformen, bei denen es um spezifische Einzelpersonen geht, die allerdings nicht erdichtet sind. Gegen diesen Vorschlag möchte ich keinen grundsätzlichen Einwand erheben. Ja, nach meiner Überzeugung besteht das optimale Verfahren darin, das Faktische und das Literarische im Wechselspiel einzusetzen. Es gibt jedoch triftige Gründe, weshalb das Faktische in der Praxis längst nicht so gut funktioniert wie die Literatur. Das liegt einfach daran, daß die Techniken der *Kunst* in der unmittelbar faktenbezogenen Rede nicht zum Zuge kommen. Der Schriftsteller strukturiert seine Geschichte nach ästhetischen Kriterien und er modelt seine Charaktere und die Ereignisse, an denen sie beteiligt sind, unter Berücksichtigung bestimmter Themen. So kommen dem dargebotenen moralischen Stoff alle Vorteile einer künstlerischen Bearbeitung zugute: Kohärenz, Transparenz, ästhetische Form, schöpferisches Talent. Der Künstler *konstruiert* seine Geschichte im Hinblick auf bestimmte Ziele, die zum Teil oder weitgehend moralischer Art sind. Er macht seine Charaktere dem Leser zugänglich, damit ihre Wesenszüge beurteilt werden können.[8] Wir brauchen uns nicht um das Problem der Undurchsichtigkeit zu kümmern, das im wirklichen Leben unseren Zugang zu Personen und Ereignissen stört, also das Problem: Was ist wirklich passiert? Was waren die wirklichen Motive? Der Romancier kann dem Leser schlicht mitteilen, was auf seine Charaktere zutrifft. Er kann einfach die Informationen geben, die man braucht, um moralische Wertungen zu fundieren. Außerdem gibt es hier den Vorteil, daß das Schicksal keiner Person vom eigenen Urteil abhängt, so daß man das Dargebotene ganz ungehemmt erkunden und verurteilen kann. Die erdichtete Welt ist eigentlich die ideale Welt für ethische Expeditionsreisen; sie ist sicher, praktisch, ohne Nachwirkungen und ausdrücklich für unsere Nachforschungen und zu unserem Vergnügen angelegt. Von Logan Pearsall Smith stammt der bekannte Ausspruch: »Die Leute behaupten, das Leben sei eine Wucht, aber ich bleibe lieber bei meinen Büchern.«[9] Solche Bücherwürmer wollen die meisten von uns wohl nicht werden, aber was den Erwerb ethischer Kenntnisse angeht, spricht eine Menge für dieses Verfahren.

Abschließend möchte ich auf einen Gemeinplatz hinweisen, dessen Einfluß auf das philosophische Nachdenken über die Moral allerdings stärker sein sollte als bisher. Häufig hört man, die Lektüre eines bestimmten Romans habe das Leben eines Menschen verändert, und tatsächlich ist nicht zu bezweifeln, daß der Roman den Leser zu verwandeln vermag. Als ich achtzehn Jahre alt war, hat das Buch *Ein Porträt des Künstlers als junger Mann* von James Joyce eine starke Wirkung auf mich ausgeübt. Solche tiefreichenden Änderungen der Einstellung sind im Regelfall ethischer Art. Ein Roman kann dem Leser eine völlig neue ethische Betrachtungsweise beibringen. Das ist so, als durchlebte man selbst die Ereignisse der Geschichte und würde durch diesen Einfluß zu einer neuen moralischen Sichtweise gebracht. Die Rätselhaftigkeit dieses Vorgangs ist ein Teil seiner Stärke. Der Roman fungiert als moralischer Ansporn und Leitfaden und zieht moralische Umwälzungen unterschiedlicher Größe nach sich. Ist das nicht ein Sachverhalt, dem die Moralphilosophen mehr Aufmerksamkeit schenken sollten? Beweist es nicht die ethische Bedeutung der Erzählungsform? Nach meiner eigenen Auffassung gehört diese Art phantasievoller Erfahrung zu den wichtigsten Triebkräften des moralischen Lebens. Die Geschichte der Moral ist die Geschichte moralischer Geschichten.

Anmerkungen

KAPITEL 1
Einleitung: Die Reichweite der Moralphilosophie

1 Ich habe sogar ein Buch darüber geschrieben mit dem Titel *Moral Literacy*.
2 Aristoteles, *Nikomachische Ethik*.
3 Martha Nussbaum hat in ihrem Buch *Love's Knowledge* ebenfalls versucht, eine Verbindung zwischen Moralphilosophie und Literatur herzustellen, wobei sie allerdings ganz anders vorgeht als ich. Siehe ferner den III. Teil von Richard Rortys *Kontingenz, Ironie und Solidarität*; auch dieser Versuch ist sowohl stilistisch wie inhaltlich völlig verschieden von meinem eigenen Ansatz.
4 Journalisten erwärmen sich häufig für dieses Thema. Entfacht wird dieses Interesse normalerweise durch schauerliche Verbrechen dieser oder jener Art. Ähnlich verhält es sich mit der Erörterung in: Lyall Watson, *Dark Nature*.
5 Eine bemerkenswerte Ausnahme ist Robert E. Nortons Buch *The Beautiful Soul*. Norton ist allerdings kein Moralphilosoph, sondern Germanist. Ich war sehr überrascht (und erfreut), als Nortons Buch erschien, denn ich hatte angenommen, außer mir interessiere sich niemand für das Thema. Überdies ist es eine hervorragende historische Untersuchung.
6 Ich glaube allerdings, daß es wichtig ist, das allgemeine Wesen des moralischen Diskurses auf artikulierte Weise erfaßt zu haben, ehe man sich auf ernsthafte ethische Erörterungen einläßt, und sei es auch nur, um den nachteiligen Wirkungen einer nicht ausgesprochenen schlechten Philosophie vorzubeugen. Daher rührt der praktische Wert der Metaethik. In der Moralphilosophie ist es im Grunde nicht möglich, das Theoretische und das Angewandte auseinanderzuhalten.
7 Im Falle der Moralphilosophie besteht eine besondere Pflicht,

die Philosophie und das Leben miteinander zu verbinden, denn das Leben ist der Ort, an dem das moralische Leben gelebt wird (sofern mir diese Tautologie nachgesehen wird). Die Erfahrung des Lebens – die Einsicht in das, was es heißt, ein rationaler Mensch zu sein – ist zur Gänze von moralischen Vorstellungen durchdrungen. Die Literatur beschäftigt sich vor allem mit dem gelebten menschlichen Leben, und an jedem Punkt ist Moralität mit dem Leben verflochten. Eine angemessene Moralphilosophie muß Möglichkeiten ausfindig machen, den Begriff des moralischen Lebens zu artikulieren; es genügt nicht, bloß eine Liste moralischer Streitfragen aufzustellen.

KAPITEL 2
Das Gute

1 Dieser Gedanke geht zumindest bis auf David Humes *Traktat über die menschliche Natur* zurück. Die Anhänger dieser Position sind zu zahlreich, um sie namentlich zu nennen. Die vielleicht allgemeinste Formulierung des Gedankens lautet, das Gute sei das, was wir gut *finden*, also das, was einen guten *Eindruck* auf uns macht. Hier möchte ich keine besondere Lesart, sondern eine möglichst allgemeine Deutung dieses Standpunkts erörtern.

2 Dieser lobenswert freimütige Ausdruck stammt aus A. J. Ayers Erörterung ethischer Aussagen im sechsten Kapitel seines Buches *Sprache, Wahrheit und Logik*. Ayers Darlegung der emotivistischen Theorie ist nach meinem Eindruck unter allen vorliegenden Erläuterungen immer noch die klarste und sinnreichste.

3 In meinem Buch *The Subjective View* bespreche ich (im achten Kapitel) eine solche Theorie, die dabei allerdings nicht gut abschneidet. Bemerkenswerte neuere Erörterungen dieser Thematik stammen von David Lewis, Mark Johnston und Michael Smith (*Dispositional Theories of Value*) sowie von John McDowell (*Values and Secondary Qualities*).

4 Die klassische Fundstelle ist G. E. Moores Buch *Principia Ethica*. Siehe vor allem das Vorwort zur zweiten Auflage, in dem Moore viel dazu beiträgt, seine frühere Erörterung des naturalistischen Fehlschlusses zu klären. Hier lasse ich mich nicht darauf ein, die Grundeinsicht Moores umfassend zu verteidigen,

denn diese Grundeinsicht ist nach meinem Dafürhalten ausreichend fundiert und allgemein akzeptiert. Meiner Meinung nach ist die allgemeine These Moores völlig unumstößlich und ganz unerläßlich für eine triftige Philosophie der moralischen Werte.

5 Eine detaillierte Erläuterung gibt Alfred Tarski in *Der Wahrheitsbegriff in den formalisierten Sprachen*.

6 Die Analogie zwischen Farben und Werten habe ich zwar schon in meinem Buch *The Subjective View* bestritten, aber dort habe ich meine Ablehnung nicht ausdrücklich mit dem naturalistischen Fehlschluß in Verbindung gebracht. Jetzt habe ich den Eindruck, daß dies der ausschlaggebende Punkt ist.

7 Eben dies ist im Grunde der Standpunkt, den Mark Johnston vertritt, vgl. Lewis, Johnston und Smith, *Dispositional Theories of Value*. An dieser Stelle möchte ich Johnston für die Gespräche danken, die er mit mir über seine Theorie geführt hat.

8 Vgl. die bekannte Erörterung im ersten Kapitel von Gilbert Harmans Buch *The Nature of Morality*. Eine ausführlichere Kritik an Harmans Argumentation findet sich im folgenden Kapitel.

9 Vgl. Thomas Nagels Erörterung des Rätsels des Meinens in *Was bedeutet das alles?* Außerdem siehe McGinn, *Die Grenzen vernünftigen Fragens*, 4. Kapitel. Sonderbarkeit ist keine Besonderheit der moralischen Werte, sondern eigentlich ein Kennzeichen des Philosophischen. Gerade dieses Moment übersieht J. L. Mackie in ganz auffälliger Weise, wenn er im 1. Kapitel seines Buches *Ethik. Auf der Suche nach dem Richtigen und Falschen* den Begriff des Sonderbaren behandelt.

10 *Supervenieren (supervenient, Supervenienz*, engl. *supervene* usw.) drückt eine Abhängigkeitsbeziehung zwischen den Elementen zweier Eigenschaftsmengen A und B aus. Wenn die Elemente der Menge A Elementen der Menge B supervenieren, können in A nur dann Unterschiede auftreten, wenn auch in B Unterschiede gegeben sind, während in B Unterschiede vorhanden sein können, ohne daß entsprechende Unterschiede in A vorkommen. (Anm. d. Übers.)

11 Das ist eine der wichtigsten Einsichten, die Moore in seinem bahnbrechenden Aufsatz *The Conception of Intrinsic Value* darlegt.

12 Diesen Farbenrelativismus verteidige ich in meinem Buch *The Subjective View*, vor allem im 1. Kapitel.

13 Auf den Externalismus gehe ich in meinem Buch *Mental Content*

ausführlich ein. In der dort verwendeten Terminologie gilt der moralische Inhalt als »schwach« extern. Das heißt, moralische Gedanken werden durch das objektiv Gute individuiert, aber es ist nicht möglich, den moralischen Inhalt einfach durch Veränderung der Umgebungsumstände des denkenden Subjekts zu modifizieren.

14 John Locke, *Versuch über den menschlichen Verstand*, insbesondere 3. Buch, Kapitel VI.

15 Dieser antipsychologistische Einwand findet sich neben anderen in Edmund Husserls *Logischen Untersuchungen*, Band I, S. 170 ff.

16 Eine Erläuterung des semantischen Skeptizismus gibt Saul Kripke in *Wittgenstein über Regeln und Privatsprache*. Über die Implikationen, die ein solcher Skeptizismus bei subjektivistischer Interpretation für die Ethik hat, scheint sich noch niemand ausgelassen zu haben, obwohl sie offenbar verheerend wären. Objektivistisch geprägte ethische Anschauungen sind in dieser Hinsicht nicht anfällig.

17 Moore, *Principia Ethica*.

18 Zu dieser Frage im allgemeinen siehe Bernard Williams, *Internal and External Reasons*. Die Vorstellung, das Gute sei seinem inneren Wesen nach motivierend und daher etwas wesentlich Psychisches, stößt – trotz mancher Unterschiede hinsichtlich der für nötig erachteten psychologischen Zustände (wie z. B. Überzeugungen und Wünsche) – vielfach auf Zustimmung.

KAPITEL 3
Erkenntnis des Guten

1 *Introduction to Morality*, 1. Kapitel.

2 *Ethics and the Limits of Philosophy*, 8. Kapitel. Obwohl die Argumente der beiden Autoren überaus ähnlich sind, unterläßt Williams seltsamerweise jeden Hinweis auf die Erörterung Harmans.

3 Dies war die Anschauung vieler Vertreter des logischen Positivismus: Die theoretischen Sätze der Physik etwa seien keine »Tatsachenbehauptungen«. Heute hört man ähnliche Äußerungen über die Aussagen der Volkspsychologie. Wer sich hinsichtlich der moralischen Aussagen für eine solche Anschauung ent-

scheidet, wird gut daran tun zu bedenken, in welche Gesellschaft er sich damit begibt.

4 Damit meine ich die hauptsächlich auf Thomas Kuhns Buch *Die Struktur wissenschaftlicher Revolutionen* zurückzuführende Idee, die Wissenschaft sei (um es grob auszudrücken) wenig mehr als eine Projektion der Soziologie. Einen solchen Standpunkt lehne ich freilich völlig ab.

5 Bertrand Russell, *Probleme der Philosophie*, 7. Kapitel.

6 Siehe Paul Benacerraf, *Mathematical Truth*.

7 Locke, *Versuch über den menschlichen Verstand*, 3. Buch, Kapitel XI, § 16 (Band II, S. 154 f.).

8 Ebd., 4. Buch, Kapitel XII, § 8 (S. 329).

9 Ebd., 4. Buch, Kapitel XII, § 11 (S. 332).

10 Russell, *Probleme der Philosophie*, S. 67 f.

11 Diese Betrachtungsweise wird von Noam Chomsky ausführlich dargestellt, vgl. *Probleme sprachlichen Wissens*, 5. Kapitel.

12 Zum Begriff der Erkenntnis als einem Unterscheidungsvermögen siehe McGinn, *The Concept of Knowledge*. Hier wäre anzumerken, daß es unschwer gelingt, in bezug auf das ethische Wissen Beispiele à la Gettier zu ersinnen. (Wie das geht, ist eine Hausaufgabe, deren Lösung ich dem Leser überlasse.) Das deutet darauf hin, daß der *Begriff* des Wissens oder der Erkenntnis auch bei der Anwendung auf den Bereich des Ethischen die gleiche Funktion erfüllt wie sonst üblich. Die Behauptung, im Hinblick auf ethische Aussagen könne man eigentlich nicht von *Wissen* sprechen, steht in krassem Gegensatz zu unserer normalen Begriffsverwendung.

13 Thomas Reid, *Essays on the Intellectual Powers of Man*, S. 726.

14 Auch John Rawls vergleicht das ethische Wissen mit unserer Sprachbeherrschung; vgl. *Eine Theorie der Gerechtigkeit*, S. 66 f.

15 *Probleme sprachlichen Wissens*, S. 148 f.

16 Vgl. Moore, *The Conception of Intrinsic Value*. Moore hält das sogar für eine vorläufige *Definition der Werte*.

17 Diese Vorstellung von der moralischen Erkenntnis als einem Nebenprodukt könnte man mit Chomskys Vorschlag vergleichen, die arithmetische Kompetenz sei ein Nebenprodukt des Sprachvermögens. Vgl. *Probleme sprachlichen Wissens*, S. 162–164, 176–178.

18 Dieses Zwei-Schichten-Bild der ethischen Erkenntnis ähnelt dem Zwei-Schichten-Bau des sprachlichen Wissens. Die Regeln

der Grammatik kennen wir implizit, dank unserer unterbewußten angeborenen Fähigkeiten. Außerdem besitzen wir aber auch explizites, bewußtes grammatisches Wissen, von dem die Linguisten hoffen, daß es eines Tages das implizite Wissen rekapitulieren wird. Ebenso gibt es einerseits das *in* unserem »Moralmodul« enthaltene implizite Wissen und andererseits die expliziten Erkenntnisse, die wir *in bezug auf* dieses implizite Wissen zu formulieren trachten. Die Unvollständigkeit oder Unsicherheit der reflexiven Erkenntnisebene ist kein Grund anzunehmen, die implizite Ebene sei nicht sicher, zuverlässig und richtig.

19 Eine ausführlichere Darstellung findet sich im 6. Kapitel meines Buchs *Problems in Philosophy*.

20 Das geheimnisvolle Wesen des Bewußtseins erörtere ich in meinem Buch *Die Grenzen vernünftigen Fragens*.

KAPITEL 4
Der böse Charakter

1 Die Seitenangaben im Text beziehen sich auf die in der Bibliographie genannte Ausgabe. Eine nützliche Erörterung dieser Erzählung findet sich in Peter Kivys Artikel *Melville's Billy, and the Secular Problem of Evil: the Worm in the Bud*.

2 Hier spiele ich auf den Abschnitt 302 von Wittgensteins *Philosophischen Untersuchungen* an, in dem die Unterscheidung zwischen *deinen* Schmerzempfindungen und *meinen* Schmerzempfindungen in deinem Körper betont wird.

3 Siehe John Perry, *The Essential Indexical*.

4 Hier könnte man einwenden, unser Interesse richte sich nicht auf den Schaden selbst, sondern im Grunde auf eine Reihe von Aktivitäten, die de facto Schaden verursachen. Es ist jedoch überaus fraglich, ob wir das gleiche Interesse an Tätigkeiten zeigen würden, die zwar ähnlich beschaffen wären, aber *keinen* Schaden verursachten (etwa so etwas wie Boxkämpfe, bei denen niemand verletzt wird). Das Leid und die Gefahr gehören für die Beteiligten wie für die Zuschauer zur eigentlichen Anziehungskraft gewalttätiger Sportarten.

5 Das Bedürfnis nach Sportlichkeit reicht daher tiefer als die Forderung, sich so zu benehmen wie ein »Gentleman«. Sportlich-

keit ist unerläßlich, um die Gefahren für die Psyche abzuwehren, die dem Streben nach Sieg über andere innewohnen. Wenn man dem Verlierer die Hand schüttelt, sagt man gewissermaßen: »Ich freue mich nicht darüber, daß du unglücklich bist.« Triumphalismus und der Niedergang des sportlichen Anstands sind also Zeichen eines tiefer reichenden Mißstands. Man muß immer Wert auf eine deutliche Unterscheidung zwischen angemessenem und unangemessenem Wettstreit legen (worin ich den Seminarraum ebenso einschließe wie den Fußballplatz oder den Boxring).

6 Vgl. McGinn, *Die Grenzen vernünftigen Fragens*. In diesem Buch nenne ich zahlreiche Geheimnisse, die nach meinem Dafürhalten nicht zu entschlüsseln sind.

7 Jean-Paul Sartre, *Das Sein und das Nichts*, S. 511.

8 Dieses Zitat findet sich in Simone de Beauvoirs Einleitung zu einer amerikanischen Auswahlausgabe von de Sades Schriften, *The 120 Days of Sodom and Other Writings*, S. 20. Für Leser, die de Sades Schriften nicht kennen, möchte ich die Warnung aussprechen, daß sie größtenteils völlig ekelerregend sind.

9 Ebd., 23.

10 Große Lust bereitet auch die an sie gerichtete Mitteilung, daß sie betrogen wurde, so daß zur Verführung noch Sadismus hinzukommt.

11 Ich möchte vermuten, daß Neid auf Tiere tatsächlich eine recht tiefsitzende Eigenschaft ist und die sadistische Art und Weise erklären kann, in der sie häufig behandelt werden. Es fällt gar nicht schwer, Neid darüber zu empfinden, daß das Leben eines wilden Tiers – in krassem Gegensatz zu manchem Menschenleben – frei, verhältnismäßig unbeschwert und von keiner ethischen Fessel behindert ist. Tiere brauchen nicht einmal zur Arbeit zu gehen!

12 Das bestätigt die im 3. Kapitel aufgestellte Behauptung, die moralische Wahrheit sei nicht zwingend. Die Moralität kennt keine außerhalb angesiedelte Grundlage; ihre Rechtfertigung liegt in ihr selbst.

13 Freilich weiß das Publikum, daß Gewaltfilme bloßer Schein sind, aber das ändert nichts an den dadurch hergestellten hedonistischen Verbindungen – man genießt das Gewaltspektakel trotzdem. Stier- und Boxkämpfe sind noch reinere Beispiele für die Verbindung von Unterhaltung und Gewalt, ganz zu schwei-

gen von öffentlicher Folter, Hahnenkämpfen, Hetzjagden und was es dergleichen sonst noch gibt.

14 Dieses schockierende Buch veranschaulicht zugleich, wie auch andere Ursachen begeisterten Verhaltens der Gruppengewalt nutzbar gemacht werden, so z. B. Heimatstolz, Patriotismus und das Vergnügen an gemeinsamem Essen und Trinken. Alle diese Elemente wirken zusammen, um größte Freude über das gemeinsame Tun auszulösen, durch das anderen Personen enormes Leid angetan wird. Höchstwahrscheinlich ist es nur mit Hilfe der Freuden des Gruppenhandelns gelungen, Männer zum Kampf in der Truppe zu verlocken. Zum einsamen Kampf bedarf es ganz anders gearteter Motive, die sich nicht so leicht in Anspruch nehmen lassen.

15 Meine Betonung der Empfindungen und Gefühle richtet sich absichtlich gegen das von der ökonomischen Entscheidungstheorie nahegelegte Modell menschlichen Verhaltens. Das Verhalten einer Person wird vor allem durch ihre *Gefühle* gesteuert. Wünsche sind deshalb von Bedeutung, weil die Befriedigung der Wünsche mit bestimmten Gefühlen einhergeht. Ein bewußt handelnder Akteur ist in erster Linie eine Lust und Schmerz empfindende Instanz, ein Träger von Gefühlsregungen. Das reine Böse bleibt unverständlich, solange man nicht einsieht, welche Rolle es bei der Erzeugung von Lustempfindungen spielt.

KAPITEL 5
Die Schönheit der Seele

1 Siehe Williams, *Ethics and the Limits of Philosophy*, S. 143–145.

2 Norton beschränkt sich fast durchgehend auf historische Fragen und wagt kaum eine unabhängige Erläuterung. Zum Schluß lehnt er die Auffassung von der schönen Seele aus Gründen ab, die er bei Hegel vorfindet (und die ich meinerseits für unklar erachte). Das vorliegende Kapitel läßt sich als eine Argumentation auffassen, die darauf hinausläuft, daß eine derartige Ablehnung fehl am Platze ist. Dennoch ist Nortons Buch eine wertvolle Untersuchung der Tradition, die ich hier fortsetzen möchte.

3 Reid, *Essays on the Intellectual Powers of Man*, Essay VIII. Die im

folgenden angegebenen Seitenverweise beziehen sich auf dieses Buch.

4 Platon, *Der Staat*, III, 402d.

5 Ich bin mir im klaren darüber, daß ich diese Zeile bereits im vorigen Kapitel zitiert habe. Dort diente das Zitat jedoch einem ganz anderen Zweck – es ging nicht um Schönheit, sondern um Neid. Außerdem ist es eine prächtige Zeile.

6 Wilde, *Das Bildnis des Dorian Gray*, S. 126.

7 Allerdings sollten nicht *alle* zur Bewertung ästhetischer Werke benutzten Begriffe mit aufgenommen werden. Der Begriff der *Originalität* etwa wäre nicht angemessen, denn es ist offenbar möglich, in origineller Weise bösartig zu sein. Die einschlägigen Begriffe müssen auf diejenigen beschränkt werden, die in direktem Zusammenhang mit Schönheit und Häßlichkeit stehen. Außerdem müssen wir uns vorsehen, wie wir Begriffe vom Typ »Größe« und »Herrlichkeit« interpretieren. Diese dürfen nicht im Sinne bloß imposanten oder überragenden Ausmaßes verstanden werden, denn diesen Kennzeichnungen können auch manche Formen des Bösen entsprechen. Ich möchte annehmen, daß es in der Praxis nicht schwerfällt anzugeben, wann man es mit Fällen echter Schönheit zu tun hat. Anziehende Wirkung und Entzücken sind die üblichen Kriterien dafür.

8 Der Teufel wird manchmal so geschildert, als besitze er *einige* positive ästhetische Attribute. Nicht immer ist er häßlich und abstoßend, sondern er kann auch verführerisch und charmant sein. Hin und wieder kann es vorkommen, daß ihm ein raffinierter künstlerischer Geschmack zugeschrieben wird. Ich möchte jedoch vermuten, daß er niemals so beschrieben wird, als käme ihm echte Schönheit der Seele zu; im *Kern* ist er immer abscheulich. Solche gemischten Schilderungen spielen mit unseren begrifflichen Assoziationen und nutzen die Art und Weise aus, in der wir von Natur aus das Gute mit dem Schönen gleichsetzen. Derartige Schilderungen sind ironisch und verspielt – begriffliche Metaphern. Der Teufel wird auch nicht immer so beschrieben, als käme ihm gar keine Tugend zu; es kann sein, daß er tapfer, loyal und geistig unabhängig ist. In dem Fall ist er aber nicht völlig böse und kann daher auch jene ästhetischen Eigenschaften besitzen, die mit seinen Tugenden einhergehen. Ich würde sagen: Wenn man den Teufel als ein Wesen *definiert*, dem alle moralischen Qualitäten abgehen und alle Laster zukommen,

werden wir nicht dazu geneigt sein, in seiner Psyche auch nur eine Spur von Schönheit ausfindig zu machen.

9 Daneben gibt es eine ganze Kategorie von Tiernamen, deren man sich aufgrund der vermeintlich abstoßenden Eigenschaften der betreffenden Tiere bedient, so z. B. »Geschmeiß«, »Ratte«, »Schwein«, »Schlange«, »Insekt«, »Wurm« usw. Außerdem gibt es die bösartigen, halb tierischen, halb menschlichen Zwitter: Vampire, Werwölfe, Fliegenmenschen und dergleichen. Alles, was uns ästhetisch abstoßend vorkommt, scheint irgendwie in unser Moralvokabular Eingang zu finden.

10 Die Schönheit läßt sich nur bis zu einem bestimmten Punkt ins Innere der Person verlagern, wenn man ihre Bösartigkeit nicht preisgeben will. Die Oberflächenschönheit eines Bösen wird immer als eine Art von *Maske* begriffen, welche die innere Häßlichkeit verbirgt. Mitunter lassen wir sogar die Möglichkeit zu, ein bestimmter Mensch könne mehrere – teils gute und teils böse – Persönlichkeiten besitzen, die vielleicht hierarchisch um ein Zentrum herum angeordnet sind. In einem solchen Fall haben wir es mit unterschiedlich gekennzeichneten ästhetischen Gegenständen im Inneren eines einzigen menschlichen Körpers zu tun. Was wir *nicht* zulassen, ist die Möglichkeit, ein und dieselbe Seele könne durch und durch schön und dennoch zugleich moralisch verwerflich sein.

11 Siehe Norton, *The Beautiful Soul*, insbes. S. 279 f.

12 Wäre die ästhetische Komponente lediglich metaphorisch, würden wir auf solche Zuschreibungen mit bloßem Als-ob-Entzükken oder Als-ob-Widerwillen reagieren. So reagieren wir aber gar nicht, sondern unsere gefühlsmäßigen Reaktionen sind völlig ernst und »buchstäblich« gemeint.

13 Regie: David Lean, Drehbuch: Noel Coward (1945). Eine Besprechung dieses Films (deren Sichtweise meiner eigenen nicht entspricht) findet sich in Richard Dyers Buch *Brief Encounter*. Natürlich gibt es keinen Ersatz für das eigene Erleben beim Sehen des Films.

14 Das ist natürlich nicht die einzige Auffassung. Ich möchte die ÄTT durchaus nicht auf diese Art der stillen und zurückgezogenen Tugend festlegen. Offenbar muß man auch dynamischere und heroischere Arten der Tugend in Betracht ziehen, bei denen diverse Formen von »Grellheit« nötig sein können. Die schöne Seele braucht nicht demütig, still und zurückhaltend zu sein,

sondern sie kann sich auch spektakulär, aktiv und stark äußern. Einige Gemälde von Turner beispielsweise lassen (in meinen theoriebeladenen Augen jedenfalls) an eine derart feurige und nach außen wirkende Seele denken.

15 Seitenverweise im Text beziehen sich auf die in der Bibliographie genannte Ausgabe.

16 Besonders deutlich wird das in der Szene, in der es Humbert gelingt, heimlich, an Lolitas Knie gedrückt, zu masturbieren, während die beiden zusammen auf dem Sofa sitzen (61–66). Er dringt in Lolitas Privatbereich ein, während er uns versichert, ihrer Unschuld sei nichts zuleide getan worden. Überdies beschreibt er den sündigen Augenblick in der für ihn so bezeichnenden ekstatischen Prosa: »... und immerfort das innere Auge eines Besessenen auf das ferne goldene Ziel gerichtet, verstärkte ich vorsichtig die zauberhafte Reibung, die, wenn auch nicht tatsächlich, so doch in der Vorstellung, die physisch nicht zu entfernende, aber psychologisch leicht lösliche Textur der stofflichen Trennungsschicht (Pyjama und Schlafrock) zwischen dem Gewicht von zwei sonnengebräunten Beinen, die quer über meinem Schoß lagen, und dem verborgenen Tumor einer unsagbaren Leidenschaft verschwinden ließ« (63). Was eigentlich sexueller Mißbrauch eines Kindes ist, wird hier in der Sprache hochfliegender Poesie wiedergegeben.

17 Zugleich haben wir Angst vor dieser Art der moralischen Enthüllung – und zwar nicht nur im Hinblick auf uns selbst. Wären wir alle glücklicher, wenn jeder – genauso wie Dorian Gray – sein eigenes Seelenbildnis auf dem Dachboden hätte? In moralischer Hinsicht hätte das sicher enorme Auswirkungen auf die Art der Lebensführung.

18 Es fällt nicht leicht, genau anzugeben, *wieso* der Narzißmus eigentlich ein Laster ist, obwohl das intuitive Gefühl stark dafür spricht. Es kann eigentlich kaum nur daran liegen, daß sich der Narzißt in zu hohem Maße selbst schmeichelt. Vermutlich hängt es eher damit zusammen, daß die Liebe dadurch in die falsche Richtung gelenkt wird, denn der Narzißt liebt sich selbst auf Kosten anderer. Er hängt ausschließlich an sich selbst. Er ist ein treuer Onanist und in seinen Leidenschaften reflexiv monogam. Zum Vergleich denke man an Woody Allens bekannten Ausspruch: »Sagen Sie nichts gegen das Masturbieren – das ist Sex mit jemandem, den ich liebe!«

19 Man darf nicht vergessen, daß Tugend nach meiner Einschätzung nicht immer von der phlegmatischen, faden Sorte ist. Tapferkeit, Phantasie und Individualität können ebenfalls einen tugendhaften Charakter ausmachen, einen Charakter, der, wie ich behaupten möchte, besonders reizvoll ist. Blinder Konformismus ist bestimmt kein Bestandteil eines richtigen Tugendbegriffs.

20 Norton stellt in *The Beautiful Soul* fest, daß die Idee der moralischen Schönheit zunächst als Alternative zu religiös fundierten Motiven für moralisches Verhalten angesehen wurde (S. 55–79). Anstatt die Moral durch Angst vor der Hölle und Sehnsucht nach dem Himmel zu begründen, wurde das Motiv nun im Ideal der Selbstvervollkommnung angesiedelt. Dementsprechend waren die religiösen Moralisten zutiefst gegen die Idee einer ästhetischen Moralität eingestellt – und zwar aus triftigen Gründen, wenn man ihre eigene Auffassung der moralischen Motivation des Menschen zugrunde legt. (Nach meiner persönlichen Anschauung ist jede Suche nach moralischen Motiven außerhalb des Bereichs der moralischen Regeln selbst verfehlt.)

21 *Mean Streets*, Regie: Martin Scorsese (1973).

22 Nach meiner Überzeugung ist das Geheimnis nicht lösbar, vgl. McGinn, *The Problem of Consciousness*. Auf jeden Fall ist der Geist heute ein Geheimnis, einerlei, wessen Maßstäbe man zugrunde legt. Da die Tugend unlösbar mit der Eigenschaft bewußter Subjektivität verbunden ist, wird geistige Schönheit notwendig Bewußtsein voraussetzen. Das Geheimnis des Bewußtseins greift also notwendig auf den Begriff der geistigen Schönheit über. Genauer ausgedrückt, die *Konstitution* des Trägers der geistigen (und infolgedessen der moralischen) Schönheit – mithin des bewußten Subjekts – ist uns unbekannt.

23 Es könnte allerdings ein – zusätzlicher – Grund sein, die Möglichkeit einer Zurückführung des Psychischen auf das Physische zu leugnen, denn die ästhetischen Eigenschaften des Geistes spiegeln sich nicht in den ästhetischen Eigenschaften des Gehirns. Selbst bei der schönsten Seele bietet das Gehirn einen recht unangenehmen Anblick! Mit dem Geist muß es also schon mehr auf sich haben als mit dem Gehirn, soweit wir es heute kennen.

KAPITEL 6
Das Bildnis: Dorian Gray

1 Die Seitenangaben im Text beziehen sich auf die im Literaturverzeichnis genannte Übersetzung. Im folgenden wird vorausgesetzt, daß der Leser mit der Handlung einigermaßen vertraut ist.
2 So wird Dorian in der Verfilmung des Romans von Hurd Hatfield gespielt, wobei oft eine Art Rahmen hinter seinem Kopf zu sehen ist (*The Picture of Dorian Gray*, Regie: Albert Lewin, 1945).
3 In dem Roman *Lucky Jim* von Kingsley Amis findet sich eine zugleich bissige und komische Stelle, an der die Vorteile der Gutaussehenden beherzt aufgezählt werden (242 f.). Als es darum geht, daß Christine viel schöner aussieht als Margaret, meint der Erzähler, der sich darüber Gedanken macht, daß »es unendlich viele Hinsichten gibt, in denen hübsche Dinge hübscher sind als häßliche Dinge«.
4 Besonders deutlich fällt mir diese Zwiespältigkeit oft in der Sporthalle auf, weil man sich dort in halbbekleidetem Zustand sprachlos zur Schau stellen muß und so die eigene körperliche Gestalt offenbart, während man seine Seele für sich behält. Die Betonung des Körpers hebt dessen ästhetische Verschiedenheit vom Geist noch zusätzlich hervor. Vielleicht spüren Mannequins und Menschen mit ähnlichen Berufen diesen Bruch ständig.

KAPITEL 7
Wer ist Frankensteins Monster?

1 Seitenverweise im Text beziehen sich auf die im Literaturverzeichnis genannte Ausgabe. Eine gewisse Vertrautheit mit der Handlung wird hier vorausgesetzt. Zu erwähnen wäre vielleicht, daß das Buch viel reichhaltiger und interessanter ist, als die diversen Filmfassungen ahnen lassen.
2 *Alien*, Regie: Ridley Scott, 1979.
3 Das ist die Täuschung, bei der zwei gleich lange Geraden ungleich aussehen, weil die Winkel der an den Enden jeder Geraden eingezeichneten Pfeilspitzen verschieden sind.
4 Es bedarf wohl kaum der Ergebnisse der modernen klinischen

Psychologie, um vorherzusagen, welche Nachwirkungen dieses völlige Fehlen der Mutter haben wird. Das Geschöpf leidet von Anbeginn seines Lebens und auch später immerfort unter »Deprivation« durch Entzug der Muttergestalt. Ihm mangelt aller weibliche Einfluß.

5 Das Cartesische *cogito, ergo sum* (»ich denke, also bin ich«) zeigt (natürlich) nur, daß *ich* existiere. Keine derartige Argumentation läßt sich verwenden, um zu zeigen, daß *du* existierst. Diese grundlegende Asymmetrie beweist die irreduzible Vielzahl der Ichs – die wesentliche Andersheit des anderen. Daher droht die ständige Gefahr des philosophischen Solipsismus.

6 Vgl. die erste Bemerkung in Wittgensteins *Philosophischen Untersuchungen*, in der Augustinus zitiert wird.

7 Ich hatte einmal einen Einfall für eine (nie geschriebene) Kurzgeschichte, die diese Erkenntnis veranschaulichen sollte. Der Grundmechanismus der Handlung bestand darin, daß eine ganze bisher völlig blinde Gemeinschaft oder Gattung plötzlich das Sehvermögen erlangt. Was würde aus den bisherigen Ehen, sobald die Gatten feststellen, wie ihre Partner aussehen?

8 Von derartigen Bildern wimmelt es in den Schriften Bertrand Russells, der das Gefühl der Isolation offenbar schmerzlich empfunden hat; vgl. die Biographie von Ray Monk, *Bertrand Russell: the Spirit of Solitude*.

9 Im Gegensatz dazu stehen die Wünsche der Tiere, die tatsächlich befriedigt werden können. Tiere haben, wie es scheint, Wünsche, ohne sich irgendwelche Ideale auszumalen. Die Erfüllungsbedingungen ihrer Wünsche sind daher realistisch und diesseitig. Das Tier sehnt sich gescheiterweise nicht nach dem wesentlich Unerreichbaren.

10 Ich vermute allerdings, daß sie es zwar bewußt gemeint hat, es aber für ratsam hielt, die Andeutung nur ganz *sotto voce* auszusprechen. Die Formulierung wird mit derartiger Durchtriebenheit wiederholt, daß eine solche Lesart im Hintergrund lauern muß.

KAPITEL 8
Schluß: Geschichten und Moral

1 Benedictus de Spinoza, *Die Ethik nach geometrischer Methode dargestellt.*
2 Lukas 15.
3 Matthäus 13.
4 Lukas 19.
5 Damit behaupte ich freilich nicht, daß die Literatur sonst nichts leistet, sondern ich behaupte nur, daß dies ein wichtiger Teil ihrer Aufgabe ist. Ich glaube sogar, daß die Rolle, welche die Moral in literarischen Texten spielt, in letzter Zeit unterschätzt worden ist, vor allem aufgrund der relativistischen und formalistischen Tendenzen, von denen die Literaturwissenschaft heute so häufig heimgesucht wird. Ich möchte behaupten, daß eine angemessene Erörterung der Literatur schlicht unmöglich ist, wenn man die ethische Dimension des Textes nicht ernsthaft in Betracht zieht.
6 Eine Ausnahme ist Nussbaum, *Love's Knowledge*. Vgl. auch Rorty, *Kontingenz, Ironie und Solidarität*, Teil III. Die Gemeinsamkeit der Interessen sollte allerdings nicht darüber hinwegtäuschen, daß unsere Ansätze grundverschieden sind.
7 Sobald das moralische Vermögen in Anspruch genommen ist, wirkt die Moral-Skepsis hohl, wie ja auch in der Hitze des Gefechts keine Vorstellung abwegiger wäre als eine skeptizistische Anschauung der Außenwelt. In beiden Fällen handelt es sich um *philosophische* Zweifel, nicht um »echte« Zweifel (wie Wittgenstein sagen würde). Es ist erstaunlich, wie sehr sich die Menschen moralisch engagieren, sobald sie mit einer echten moralischen Fragestellung konfrontiert werden, sei es auch nur in literarischer Form. Die Skepsis drängt sich nur auf, wenn der Motor leerläuft.
8 Das vielleicht offenkundigste Anschauungsbeispiel hierfür sind die Romane von Jane Austen. Das sind klar geschriebene Essays – oder auch Tests – zum Thema Charakterbeurteilung, und außerdem sind sie einfach und schlicht (wenn auch keineswegs ohne Raffinement).
9 Logan Pearsall Smith, *Afterthoughts* (1931), »Myself«.

Literaturverzeichnis

Amis, Kingsley, *Lucky Jim*, Penguin, New York 1954.

Aristoteles, *Die Nikomachische Ethik*, übers. von Franz Dirlmeier, Stuttgart 1980.

Ayer, Alfred Jules, *Sprache, Wahrheit und Logik*, übers. von Herbert Herring, Stuttgart 1970.

Benacerraf, Paul, »Mathematical Truth«. In: Paul Benacerraf/Hilary Putnam (Hrsg.), *Philosophy of Mathematics*, 2. Aufl., Cambridge University Press, Cambridge 1983, S. 403–20.

Buford, Bill, *Geil auf Gewalt. Unter Hooligans*, übers. von Wolfgang Krege, München/Wien 1992.

Choderlos de Laclos, Pierre Ambroise François, *Gefährliche Liebschaften*, übers. von Hans Kauders, Stuttgart 1976.

Chomsky, Noam, *Probleme sprachlichen Wissens*, übers. von Michael Schiffmann, Weinheim 1996.

Dyer, Richard, *Brief Encounter*, BFI Publishing, London 1993.

Harman, Gilbert, *Das Wesen der Moral. Eine Einführung in die Ethik*, übers. von Ursula Wolf, Frankfurt am Main 1981.

Hume, David, *Ein Traktat über die menschliche Natur*, 2 Bde., übers. von Theodor Lipps, Hamburg 1989.

Husserl, Edmund, *Logische Untersuchungen*. In: *Husserliana*, Bd. XVIII f., hrsg. von Ursula Panzer, Den Haag/Boston/Lancaster 1984.

Kivy, Peter, »Melville's *Billy* and the Secular Problem of Evil: The Worm in the Bud«. In: *The Monist* 63, Nr. 4 (Oktober 1980), S. 480–93.

Kripke, Saul A., *Wittgenstein über Regeln und Privatsprache. Eine elementare Darstellung*, Frankfurt am Main 2001.

Kuhn, Thomas S., *Die Struktur wissenschaftlicher Revolutionen*, 2., rev. und um das Postskriptum von 1969 erg. Aufl., übers. von Kurt Simon, Frankfurt am Main 1996.

Lewis, David/Mark Johnston/Michael Smith, »Dispositional

Theories of Value«. In: *Proceedings of the Aristotelian Society*, Erg.-Bd. 65 (1989), S. 89–174.

Locke, John, *Versuch über den menschlichen Verstand*, 2 Bde., übers. von C. Winckler, Hamburg 1981.

Mackie, John Leslie, *Ethik: Auf der Suche nach dem Richtigen und dem Falschen*, übers. von Rudolf Günters, Stuttgart 1981.

McDowell, John, »Values and Secondary Qualities«. In: Geoffrey Sayre-McCord (Hrsg.), *Essays on Moral Realism*, Cornell University Press, Ithaca (NY) 1988, S. 166–80.

McGinn, Colin, »The Concept of Knowledge«. In: *Midwest Studies in Philosophy* 9, University of Minnesota Press, Minneapolis (Minn.) 1984, S. 529–54.

–, *The Subjective View*, Clarendon Press, Oxford 1982.

–, *Mental Content*, Basil Blackwell, Oxford 1989.

–, *Moral Literacy: Or, How to Do the Right Thing*, Hackett, Indianapolis (Ind.) 1991.

–, *Die Grenzen vernünftigen Fragens. Grundprobleme der Philosophie*, übers. von Joachim Schulte, Stuttgart 1996.

–, *Wie kommt der Geist in die Materie? Das Rätsel des Bewußtseins*, München 2001.

Melville, Herman, *Billy Budd, Seemann*, engl./dt., München 1996.

Miller, Robert (Hrsg.), *The Complete Gospels*, Polebridge Press, Sonoma (Calif.) 1994.

Monk, Ray, *Bertrand Russell. The Spirit of Solitude*, Jonathan Cape, London 1996.

Moore, George Edward, *Principia Ethica*, übers. und hrsg. von Burkhard Wisser, Stuttgart 1996.

Nabokov, Vladimir, *Lolita*, übers. von Helen Hessel u. a., Hamburg 1994.

Nagel, Thomas, *Was bedeutet das alles? Eine ganz kurze Einführung in die Philosophie*, übers. von Michael Gebauer, Stuttgart 1990.

Norton, Robert, *The Beautiful Soul: Aesthetic Morality in the Eighteenth Century*, Cornell University Press, Ithaca (NY) 1995.

Nussbaum, Martha, *Love's Knowledge: Essays on Philosophy and Literature*, Oxford University Press, New York 1990.

Perry, John, »The Problem of the Essential Indexical«. In: Nathan Salmon/Scott Soames (Hrsg.), *Propositions and Attitudes*, Oxford University Press, Oxford 1988, S. 83–101.

Platon, *Politeia – Der Staat*, übers. von Friedrich Schleiermacher. In: Platon, *Werke*, Bd. 4, Darmstadt 1990.

Rawls, John, *Eine Theorie der Gerechtigkeit*, übers. von Hermann Vetter, Frankfurt am Main 1975.

Reid, Thomas, *Essays on the Intellectual Powers of Man*, MIT Press, Cambridge (Mass.) 1969.

Rorty, Richard, *Kontingenz, Ironie und Solidarität*, übers. von Christa Krüger, Frankfurt am Main 1989.

Russell, Bertrand, *Probleme der Philosophie*, übers. von Eberhard Bubser, Frankfurt am Main 1997.

Sade, Donatien Alphonse François Marquis de, *Die hundertzwanzig Tage von Sodom oder Die Schule der Ausschweifung*, München 1999.

Sartre, Jean-Paul, *Das Sein und das Nichts*, übers. von Justus Streller, Hamburg 1962.

Sayre-McCord, Geoffrey (Hrsg.), *Essays on Moral Realism*, Cornell University Press, Ithaca (NY) 1988.

Shelley, Mary Wollestonecraft, *Frankenstein oder Der moderne Prometheus*, übers. von Ursula von Wiese, München 1993.

Smith, Logan Pearsall, *All Trivia: Trivia, More Trivia, Afterthoughts, Last Words*, Constable, London 1933.

Spinoza, Benedictus de, *Die Ethik*, lat./dt., übers. von Jakob Stern, Stuttgart 1984.

Tarski, Alfred, »The Concept of Truth in Formalised Languages«. In: John Corcoran (Hrsg.), *Logic, Semantics, Metamathematics*, 2. Aufl., Hackett, Indianapolis (Ind.) 1983, S. 152–278.

Watson, Lyall, *Dark Nature: A History of Evil*, HarperCollins, New York 1995.

Wilde, Oscar, *Das Bildnis des Dorian Gray*, übers. von Siegfried Schmitz, München 1988.

Williams, Bernard, »Internal and External Reasons«. In: ders., *Moral Luck: Philosophical Papers 1973–1980*, Cambridge University Press, Cambridge 1981, S. 110–23.

–, *Ethik und die Grenzen der Philosophie*, übers. von Michael Haupt, Hamburg 1999.

Wittgenstein, Ludwig, *Philosophische Untersuchungen*, Frankfurt am Main 1967.

Register

Abduktion 68 ff., 99
Aberglaube 40 f.
Abgeleitete Ästhetizität 162
Allen, Woody 282
Altruismus 103 f.
Amis, Kingsley 284
Angeborene Grundlage 106
– der moralischen Erkenntnis 77 ff.
– der Sprache 77 ff., 81 ff., 95
– des Moralvermögens 95
– unseres Verständnisses der Volkspsychologie 95
Anziehung/Abstoßung 109
Apriorische Erkenntnis 98 ff.
– des Evaluativen 98
– des Nichtevaluativen 98
Architektur 186 ff.
Aristoteles 17
Ästhetik 19, 188
Ästhetische Spaltung 158, 171 f., 183 f., 192 f., 220 ff., 235, 244, 281
Ästhetische Theorie der Tugend 148 ff., 159 ff., 214 ff., 223
– und ästhetisches Vergnügen (»Nabokovs Formel«) 172 ff.
Ästhetizismus 216 ff.
Asymmetrie der Erklärung moralischer Werte 117 f.
Augustinus 246
Austen, Jane 286
Ayer, A. J. 273

B-Wesen 102 ff.
Beauvoir, Simone de 278
Bedeutung 41 ff.
Befehl 90, 263 ff.
Behaviourismus 146
Benacerraf, Paul 276
Bibel 263
Biologische Funktion 95 f.
Böses
– Analyse des 102 f., 107 ff., 116, 122 f., 142
– der böse Charakter 19, 102 ff., 153, 159
– Erklärungen 117 ff., 131 ff., 145 f.
– geistiger Aufbau 19
– Rationalität des 137 ff.
– und Monstren 224
– und Naturalismus 136 f.
– Wesen des 18 f., 105, 132 ff.
Brief Encounter 164 ff.
Buford, Bill 144

Chomsky, Noam 77, 81

Coward, Noel 281

Deduktiv-nomologisches Erklärungsmodell 76
Descartes, René 284
Dispositionale Theorien moralischer Eigenschaften 25 f., 34 ff., 57
– nicht reduktionistische 29, 39
– reduktionistische 29, 39, 47, 91
Dyer, Richard 281

Egoismus 105, 117, 133 f.
Eliminativismus 57
Empirismus 41, 63, 72 ff., 101, 162
Erkenntnisparadigmen 63 ff.
Erklärungskraft 30 ff.
Ethische Meinungsverschiedenheiten 82
Ethische Überzeugung 65 ff.
– und radikale Freiheit 88
Ethische Wahrheit 86
– nicht zwingend 86 ff.
– und Nutzen 85 ff.
Ethischer Diskurs
– Paradigmen des 262 ff.
Ethischer Fortschritt 80 f.
Ethisches Empfinden 18, 98
Euklid 263 f.
Evolutionstheorie 104
– und Altruismus 104
Existentialismus 88
Existenz 42
Externalismus bezüglich moralischer Eigenschaften 51, 55

Farben 26, 29, 37 f., 42, 47
Filme 143, 164 ff., 267
Freundschaft 249 f.

G-Wesen 102 f.
Gettier-Beispiele 276
Gewalt 114 f., 138, 142 ff., 159, 224, 226, 251, 255 f.
Gleichnis 263 ff.
Goethe, Johann Wolfgang 149
Gruppenverhalten 144 f.
Güte des Charakters 20

Harman, Gilbert 77, 274 f.
Harmonie 160 f.
Hatfield, Hurd 284
Hauptthese 151 f.
Hegel, Georg Wilhelm Friedrich 149
Hitler, Adolf 224
Hugo, Victor 156
Hume, David 273
Husserl, Edmund 275
Hutcheson, Francis 149

Ich/Selbst 41, 109, 203 ff.
– Bestimmtheit durch Indikatoren 108
– Einsamkeit 239 ff., 257
– und Bild 199 ff.
– Verschiedenheit des 107 f.
Induktion 68 ff.
Internalität 53 ff.
Introspektion 9, 55 f.

Jesus von Nazareth 178, 263
Johnson, Celia 165
Johnston, Mark 273 f.
Joyce, James 271

Kant, Immanuel 98, 149
Kinder 241
Kivy, Peter 277
Kognitionswissenschaft 9
Kognitive menschliche Natur 85
Kognitivistische Auffassung der moralischen Wahrheit 20, 97
Konvention G 27 f., 32, 49
Konvention W 27
Körper 158, 233 ff.
Kripke, Saul 275
Kuhn, Thomas 276
Kunst, Kunstwerk 176 f., 182, 213 ff., 241, 266, 270
– und Moralität 192 ff.
– und Schönheit der Seele 184 ff.

Laclos, Choderlos de 126
Lean, David 281
Lewin, Albert 284
Lewis, David 273 f.
Literaturkritik 17
Locke, John 53, 71 f., 275 f.
Logisches Schließen 61
Lust/Schmerz 129
– kausale Kraft 125 f., 128 f.
Lynch, David 157

Mackie, J. L. 274
Maske 157
Mathematik 9, 32 ff., 41, 51 f., 63, 71 ff.
McDowell, John 273
Melville, Herman 105, 107, 115, 120
Metaethik 12, 15 f., 19, 268, 272
Milton, John 248
Monk, Ray 285
Monstrosität 223 ff., 230 ff.
Moore, G. E. 59, 273 ff.
Moralische Eigenschaften 97
– als ansteckend 138 f.
– als einfache 59 f.
– als nichtnatürliche 58 f., 91
– begrifflich nicht weiter zurückführbar 59 f.
– evaluatives Wesen der 32 ff., 49 f., 86 ff.
– supervenieren natürlichen/kausalen 91 ff., 97
– und Motivation 60 f., 137 f.
Moralische Erkenntnis 20, 77 ff., 97 ff.
– als angeboren 101
– als grundlegend 100
– als intuitiv 100 f.
– als nichtinduktiv 101
– Wahrnehmungsmodell der 99 ff.
Moralische Fragestellungen 55 ff.
Moralische Intentionalität 38, 50 ff.
Moralische Objektivität 12
Moralische Rationalität 30, 40
Moralischer Charakter 17 ff., 106 f., 111, 185, 215, 267 f.
– und Schönheit 147 ff.
– und Willensfreiheit 185
Moralischer Hochmut 181 f.
Moralischer Irrtum 91
Moralischer Psychologismus 23 ff., 39, 55 ff.
Moralischer Text 263
Moralisches Gesetz 90, 265

Moralisches Urteil 38 ff., 56 f.
– und ästhetisches Urteil 163
– und Emotivismus 178, 180
Moralpsychologie 19, 104, 135, 140 f., 159, 180
– des Bösen 102 ff.
– und Nutzen 103, 112, 134
– und Wahl 141 f.
Moralvokabular 148, 262 f.
– ästhetische Züge des 147 ff., 156, 163 f., 280
– dichtes 147 f.
– evaluatives 147 f.
– poröses 147 f.
Müller-Lyer-Illusion 237
Mysterium 97, 118 f., 135, 189 f.
Mythos des Gegebenen 74

Nabokov, Vladimir 11, 171 ff.
Nachahmung 145, 187
Nagel, Thomas 274
Narzißmus 180 ff.
Natur 243 ff.
Naturalistische Erkenntnistheorie 97
Naturalistische moralische Eigenschaft 31, 38
Naturalistischer Fehlschluß 26, 61
Natürliche Arten 52 f.
Natürlicher Standpunkt 9
Naturwissenschaftliche Erkenntnis 67 ff.
Neid 106 f., 114 f., 129 ff., 251 ff.
Newton, Isaac 265
Nichtinduktive Erkenntnis 69 f.
Nichtkausale Rolle
– ästhetischer Eigenschaften 93
– logischer Eigenschaften 71, 93
– moralischer Eigenschaften 31 ff., 52, 59, 66 f., 71, 75 ff., 93
Nominales Wesen 53
Nomologische Notwendigkeit 33
Nonkognitivismus 24 f., 69, 180
Normative Ethik 15 f., 19, 29 f.
Norton, Robert E. 149, 272, 279, 281 f.
Nussbaum, Martha 272, 286

Panästhetizismus 189
Perry, John 277
Philosophische Methodologie 9 f.
Platon 149, 152, 159, 173 ff., 279
Plotin 149
Pragmatische Wahrheitstheorie 85 f.
Praktische Ethik 15 f.
Prokrustes 58
Psychologismus 55 ff.

Rache 115 f., 251 ff.
Rawls, John 276
Realitätskriterium, kausales 41
Redlichkeit, intellektuelle 88 f.
Reid, Thomas 77 ff., 150 ff., 162, 183 f.

Relativismus 12, 43 ff., 83 f., 88
Rivalität 115 ff.
Romantische Sehnsucht 253
Rorty, Richard 272, 286
Russell, Bertrand 70, 72 f., 276, 285

Sade, Marquis de 124 f., 128, 131, 140
Sadismus 120 ff.
Sartre, Jean-Paul 122 f., 131 f., 278
Satan 118 f., 157, 178, 196, 199, 204, 248
Schadenfreude 114
Schiller, Friedrich 149
Schluß auf die beste Erklärung 56, 67 f.
Schönheit 20
Scorsese, Martin 283
Scott, Ridley 284
Seele 193 ff., 201 ff., 220 f.
– Schönheit der 148 ff., 220
Semantischer Skeptizismus 57 f.
Shaftesbury, Lord 149
Shakespeare, William 107, 200
Shelley, Mary 18, 226 ff., 237 f., 246, 255, 259 f.
Shelley, Percy Bysshe 260
Skeptizismus 12, 39, 42, 84, 88
Smith, Logan Pearsall 286
Smith, Michael 273 f.
Solipsismus 285
Spinoza, Benedictus de 263, 285
Sprachanalyse 9
Sprache 79 f., 161, 262 f., 276
Subjektivismus 12, 24 f., 52
Supervenienz 44 ff., 59, 91 ff., 274
– und Ästhetische Theorie der Tugend 154

Tarski, Alfred 27, 274
Täuschung 220 ff.
Tod 113, 138, 257 f.
Turner, William 281

Überredung 126 ff., 262
Unterscheidung zwischen Erscheinung und Wirklichkeit 53 f.
Unterscheidung zwischen Vehikel und Inhalt 54
Utilitarismus 82

Verführung 126 ff., 280
Verifikationismus 83
Vermeer, Jan 167 ff.
Verpflichtung 34 f.
Versprechen 83
Volkspsychologie 81, 95 f., 120, 133, 135, 264

Watson, Lyall 272
Wettkämpfe 116 f.
Wilde, Oscar 18, 153, 192 f., 198 ff.
Willensfreiheit 41, 96, 141, 221
Williams, Bernard 77, 275, 279
Wittgenstein, Ludwig 41, 277, 285 f.

Sachbücher bei Klett-Cotta

Franz Josef Wetz:
Die Würde der Menschen ist antastbar
Eine Provokation

440 Seiten, gebunden, ISBN 3-608-91908-2

Die aktuellen Diskussionen über Embryonenforschung, Humangenetik, Organtransplantation, Abtreibung, Hirntod, Euthanasie, aber auch Homosexualität, Drogen und Todesstrafe – alle kommen ohne Rückgriff auf die Menschenwürde nicht mehr aus. Gerichte, Parteien, Verbände, Organisationen und Einzelpersonen berufen sich darauf, wenn sie der Biotechnik Grenzen ziehen, der Ethik Ziele vorgeben, dem Gesetz Nachdruck verleihen und der Politik einen Auftrag erteilen.
Aber wer kann auf Anhieb sagen, was Menschenwürde ist? Folgt man der geistesgeschichtlichen und rechtsphilosophischen Entwicklung dieses Begriffs bis hin zu parlamentarischen Debatten und gerichtlichen Urteilen, dann wird schlagartig deutlich, daß unter Menschenwürde immer eine dem Menschen angeborene Eigenschaft verstanden wurde, deren Wert nur metaphysisch begründbar ist.
Doch wie kann in unserem durch und durch säkularen Zeitalter mit abnehmender Religiosität die menschliche Würde noch begründet werden? Man kann die Menschenwürde nur retten, wenn man sie auf den Boden der heutigen Realität zurückholt. Was bleibt, ist der konkrete Auftrag, menschenwürdige Verhältnisse zu schaffen.

»Franz Josef Wetz bringt kategoriales Licht in das argumentative Durcheinander um die unterschiedlichsten ethischen und philosophischen Definitionen von menschlicher »Wesenswürde«. Er tut dies mit der Kompetenz analytischer Unaufgeregtheit und stilistischer Klarheit, die man sich von einem wissenschaftlichen Standardwerk wünscht.«
Richard Herzinger / Die Zeit

Sachbücher bei Klett-Cotta

Franz Josef Wetz:
Die Kunst der Resignation

192 Seiten, gebunden, ISBN 3-608-94252-1

Sinn, Sinnlosigkeit und Unsinn gehören zu den mißbrauchten Wörtern, mit denen unsere Zeit den Geist quält. Wie oft ist die Rede von Sinnkrise, dem Verfall ewiger Werte und dem Ende der großen Sinngeschichten.
Franz Josef Wetz zeigt Auswege aus der Sinnkrise der Moderne auf. Er verfällt dabei weder den Götzen unserer gottverlassenen Zeit noch dem Nihilismus, sondern empfiehlt eine Kunst der Resignation: Ohne Sinn – und trotzdem glücklich.

Colin McGinn:
Die Grenzen des vernünftigen Fragens

Aus dem Englischen von Joachim Schulte
256 Seiten, gebunden, ISBN 3-608-91088-3

»Colin McGinns Gedanken über das Wesen und die Stellung der philosophischen Forschung sind klar und einleuchtend und nach meiner persönlichen Einschätzung auf dem richtigen Weg. Sie verdienen eine sorgfältige Lektüre und sollten dazu beitragen, viele Grundfragen unserer geistigen Tradition in ein neues und heilsameres Licht zu rücken.«
Noam Chomsky